KB100465

HSK 3급

고수들의

막판 7일!

실전모의고사

400제

“百发百中”

– 백 번 쏘아 백 번 맞추다 –

PREFACE

머리말

본서는 최근 몇 년간 출제된 HSK 3급 시험의 출제 경향을 분석하고 수년간 현장에서 중국어를 가르친 노하우를 담아 완성하였습니다. 아직은 중국어가 조금 낯설고 어렵게 느껴지는 분들을 위해 시험 보기 전 꼭 알아야 할 문제 유형들만 쏙쏙 골라 담았기 때문에 보다 쉽게 유형을 파악하실 수 있습니다. 또한 학생들을 직접 가르치면서 학생들이 어려워하는 부분과 오답률이 높은 문제도 함께 실었기 때문에 HSK를 독학하시는 분들도 본 교재를 통해 합격을 넘어 고득점까지 얻으실 수 있을 거라 확신합니다.

중국어를 6개월 이상 학습한 분들 중에는 3급을 너무 쉽게 생각하여 바로 4급에 응시하는 경우가 종종 있습니다. 3급의 기초가 다져지지 않은 상태로 4급을 응시할 경우, 어법뿐만 아니라 단어량도 차이가 있기 때문에 학습의 성취감보다는 버거움을 느낄 수 있습니다. 그렇기 때문에 오랫동안 시험을 준비했지만 기초 어법과 단어량 모두 제대로 다잡지 못해 불합격하는 학생을 보곤 했습니다. 돌다리도 두들겨 보고 건너라는 말이 있듯이 기초부터 차근차근 쌓아 올려 급수가 올라가도 무너지지 않는 단단한 발판을 만드는 것이 중요합니다.

3급 시험에서 가장 중요한 것은, 첫째로 단어량입니다. 아무리 자주 출제되는 어법을 달달 외우고 있어도 단어의 뜻과 품사를 모르면 결국 아무 소용이 없게 됩니다. 단어를 외울 때는 눈으로만 외우는 것이 아니라 손과 입이 바쁘게 읽고 쓰며 암기해야 합니다. 둘째는 자신감입니다. 내가 선택한 답이 틀렸을까 고민하면 다른 문제를 푸는 데 영향을 미치기 때문에 자신의 실력을 온전히 발휘하기 위해서는 자신감 있게 문제를 푸는 것이 중요합니다.

본서는 중국어를 6개월 이상 공부하여 기초가 탄탄한 학습자들이나 HSK종합서를 학습한 뒤 실전을 대비하고자 하는 학습자들에게 적합한 도서입니다. 시험 직전 소화할 수 있는 최적의 분량인 5회분 모의고사를 통해 실전 감각을 기르고 자신이 자주 틀리는 문제를 파악하여 취약점을 보완할 수 있도록 내용을 구성하였습니다. 본서를 통해 시험 전 문제를 푸는 자신감을 얻을 수 있길 바라며 여러분의 합격을 진심으로 기원하겠습니다. 마지막으로 이 책이 나올 수 있도록 도움을 주신 모든 분들께 감사의 말씀을 드립니다.

저자 김혜연, 김보름

HSK 소개

H A N Y U S H U I P I N G K A O S H I

HSK란?

HSK(汉语水平考试)는 제1언어가 중국어가 아닌 사람의 중국어 능력을 평가하기 위해 만들어진 중국 정부 유일의 국제 중국어 능력 표준화 시험입니다. 생활 · 학습 · 업무 등 실생활에서의 중국어 운용 능력을 평가하며 현재 세계 112개 국가, 860개 지역에서 시행되고 있습니다.

시험 방식

- HSK PBT(Paper-Based Test) : 시험지와 OMR답안지로 진행하는 시험
- HSK IBT(Internet-Based Test) : 컴퓨터로 진행하는 시험

HSK의 용도 및 등급별 수준

HSK는 국내외 대학(원) 및 특목고 입학 · 졸업 시 평가 기준, 중국 정부 장학생 선발 시 평가 기준, 각급 업체 및 기관의 채용 · 승진 시 평가 기준이 되는 시험입니다. 총 1급~6급으로 구성되어 있으며, 등급별 수준은 하단의 표와 같습니다.

급수	수준
HSK 6급 (5,000 단어 이상)	중국어로 정보를 듣거나 읽는 데 있어 쉽게 이해할 수 있으며, 구두상 또는 서면상의 형식으로 자신의 견해를 유창하고 적절하게 전달할 수 있다.
HSK 5급 (2,500 단어 이상)	중국어 신문과 잡지를 읽을 수 있고, 중국어 영화 또는 TV프로그램을 감상할 수 있다. 또한 중국어로 비교적 완전한 연설을 할 수 있다.
HSK 4급 (1,200 단어 이상)	여러 분야의 화제에 대해 중국어로 토론을 할 수 있다. 또한 비교적 유창하게 중국인과 대화하고 교류할 수 있다.
HSK 3급 (600 단어 이상)	중국어로 일상생활, 학습, 업무 등 각 분야의 상황에서 기본적인 회화를 할 수 있다. 또한 중국여행 시 겪게 되는 대부분의 상황에 중국어로 대응할 수 있다.
HSK 2급 (300 단어 이상)	중국어로 간단하게 일상생활에서 일어나는 화제에 대해 이야기 할 수 있다.
HSK 1급 (150 단어 이상)	간단한 중국어 단어와 문장을 이해하고 사용할 수 있으며, 기초적인 일상 회화를 할 수 있다.

접수 방법 & 구비 서류

인터넷 접수	HSK한국사무국 홈페이지(www.hsk.or.kr)를 통해 접수
우편 접수	구비 서류를 준비하여 HSK한국사무국에 등기우편으로 발송 ❖ 구비 서류 : 응시원서(홈페이지 다운로드), 사진 2장(1장은 응시원서에 부착), 응시비 입금영수증
방문 접수	서울공자아카데미에 방문하여 접수 ❖ 구비 서류 : 응시원서(홈페이지 다운로드), 사진 3장, 응시료

시험 당일 준비물

- **수험표** : 인터넷/우편 접수 시 홈페이지에서 출력, 방문 접수 시 접수처에서 배부
- **유효신분증 & 필기구** : '주민등록증, 운전면허증, 기간 만료 전의 여권, 주민등록증 발급신청확인서, 청소년증, 청소년증 발급신청확인서' 등의 신분증 & '**2B연필 및 지우개**' 등의 필기구

HSK 3급 시험의 구성

시험 내용		문항수		시험 시간	점수
듣기	제1부분	10	40문항	약 35분	100점
	제2부분	10			
	제3부분	10			
	제4부분	10			
듣기 영역에 대한 답안 작성시간				5분	
독해	제1부분	10	30문항	30분	100점
	제2부분	10			
	제3부분	10			
쓰기	제1부분	5	10문항	15분	100점
	제2부분	5			
총계		**80문항**		**약 85분**	**300점**

➡ 각 영역별 만점은 100점으로 총점 180점 이상이면 합격

➡ 성적 조회 : HSK IBT는 시험일로부터 2주 후 조회 가능, HSK PBT는 시험일로부터 1개월 후 조회 가능, 수험표 상의 수험번호와 성명을 입력하여 조회할 수 있음(중국고시센터 홈페이지 : www.chinesetest.cn)

➡ 성적표는 시험일로부터 45일 후 수령 가능하며 시험 성적은 시험일로부터 2년간 유효함

HSK 3급 영역별 소개

HANYU SHUIPING KAOSHI

듣기

듣기 제1부분 대화를 듣고 일치하는 사진 고르기(총 10문항 / 1번~10번)

··· 남녀의 짧은 대화를 듣고 시험지에 주어진 여러 사진 중 일치하는 것을 고르는 유형으로, 녹음은 두 번 씩 들려줍니다.

문제 예시

第1-5题

보기

A 

B 

C 

D 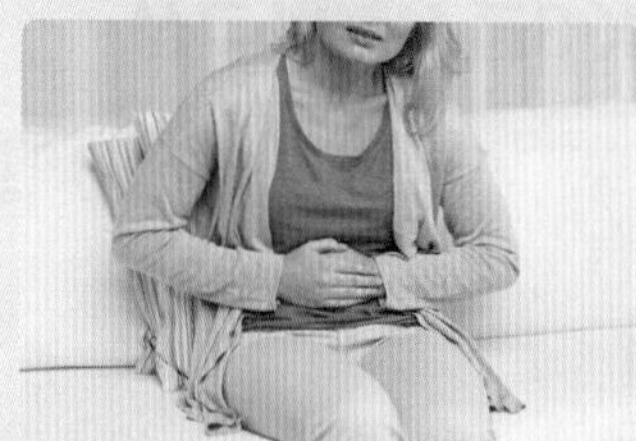

E 

F 

문제

1. □

녹음 지문

男：你肚子好些了吗？要不要去医院？
女：好多了，昨天晚上吃的鱼不太新鲜，吃点药就会好的。

듣기 제2부분 단문을 듣고 일치/불일치 판단하기(총 10문항 / 11번~20번)

⋯ 녹음의 내용과 시험지에 제시된 문장이 일치하는지 일치하지 않는지를 판단하는 문제로 녹음은 모두 두 번씩 들려줍니다.

문제 예시

문제

11. ★ 她不太喜欢那件衣服。 (　　)

녹음 지문

今天我在百货商场看到了一件连衣裙，颜色很漂亮，我很喜欢，不过价格有点贵，要两千多块钱。

듣기 제3, 4부분 대화를 듣고 질문에 답하기(총 20문항 / 21번~40번)

⋯ 남녀의 대화를 듣고 마지막에 제시하는 질문에 알맞은 답을 고르는 문제로 제3부분(21번~30번)은 남녀가 한 번씩 주고받는 대화이고, 제4부분(31번~40번)은 남녀가 두 번씩 주고받는 대화입니다. 녹음은 모두 두 번씩 들려줍니다.

문제 예시

| 제3부분 |

문제

21. A 修电脑
B 拿行李
C 买菜

녹음 지문 및 질문

女：小陈，帮我拿一下这个行李箱，好吗？谢谢！
男：没问题。您要搬家了？箱子怎么这么重啊？
问：女的想让小陈做什么？

| 제4부분 |

문제

31. A 写报告
B 吃饭
C 约会

녹음 지문 및 질문

男：饭都做好了，准备吃饭了。
女：等一会儿，这个报告马上写完。
男：吃后再写呗，菜冷了就不好吃了。
女：你先吃，我马上就写完了。
问：女的在做什么？

HSK 3급 영역별 소개

HANYU SHUIPING KAOSHI

독해

독해 제1부분 연결되는 문장 고르기(총 10문항 / 41번~50번)

⋯› 5개의 보기 중에서 제시된 문장과 의미가 연결되거나 서로 상응하는 문장을 고르는 문제입니다.

문제 예시

보기

A 这款手机你花了多少钱?
B 没事，你不用担心。
C 我觉得你还是去看医生好。
D 您开快点儿，好不好？会议半个小时以后就开始。
E 当然。我们先坐地铁，然后换出租车。
F 太好了！正好我肚子饿了。

문제

41. 我肚子还是不舒服，吃药也没用。 (　　)

독해 제2부분 빈칸에 알맞은 단어 넣기(총 10문항 / 51번~60번)

⋯› 문장의 빈칸에 들어갈 알맞은 단어를 제시된 보기 중에서 고르는 문제 유형입니다.

문제 예시

보기

A 终于　B 出差　C 便宜　D 声音　E 舒服　F 被

문제

51. 我弟弟(　　　)考上大学了!

독해 제3부분 지문을 읽고 질문에 답하기(총 10문항 / 61번~70번)

⋯→ 지문을 읽고 제시된 질문에 알맞은 답을 고르는 유형입니다.

문제 예시

문제 61. 我来北京都快两年了，刚来这儿的时候吃的、喝的都不习惯，瘦了五公斤。不过后来交几个朋友，我跟他们学了汉语和中国文化。北京已成为我的第二故乡。

★ 他为什么瘦了五公斤?

보기 A 锻炼身体　B 吃的不习惯　C 身体不舒服

쓰기

쓰기 제1부분 어순 배열하기(총 5문항 / 71번~75번)

⋯→ 제시된 어휘를 중국어의 어순에 맞게 배열하여 하나의 완벽한 문장을 완성하는 문제입니다.

문제 예시

문제 71. 那个箱子　把　拿下来　请

쓰기 제2부분 빈칸에 알맞은 한자 쓰기(총 5문항 / 76번~80번)

⋯→ 빈칸에 들어갈 알맞은 한자를 쓰는 문제로 빈칸 위에는 해당 한자의 병음이 제시되어 있습니다.

문제 예시

문제 76. 你会骑自(xíng)车吗?

교재의 구성 & 장점

HANYU SHUIPING KAOSHI

1

第二部分

第 11-20 题

例如：为了让自己更健康，他每天都花一个小时去锻炼身体。

★ 他希望自己很健康。 （ ✓ ）

★ 那块儿手表……看手表，才5点。过了一会儿再看表，还是 （ ✗ ）

11. ★ 他骑自行车上班。 （ ）

12. ★ 姐姐已经搬家了。 （ ）

13. ★ 他们正在散步。 （ ）

★ 外面下雪了 （ ）

17. ★ 他认为那个酒店不错。 （ ）

18. ★ 小李又迟到了。 （ ）

19. ★ 丈夫瘦了很多。 （ ）

20. ★ 他们在咖啡厅。 （ ）

6 · HSK 3급 고수들의 막판 7일! 실전모의고사 400제

최신 1~2년 출제 경향 반영 & 시험 직전 소화 가능한 5회분 모의고사

시험 직전에는 방대한 양의 문제보다는 오답을 복습할 수 있을 만큼의 문제를 풀고 핵심만 공부하는 것이 중요합니다. HSK에 자주 출제되는 문제 유형과 어법을 바탕으로, 최근 1~2년간 시험에 새롭게 출제된 어휘와 주제를 반영하여 모의고사 딱 5회분에 담았습니다.

2

정답 및 해설 | 실전모의고사 1

듣기 제1부분

1 ★☆☆ 하

女：都11点了，你怎么还没睡觉？

男：明天有考试，你先睡吧。

해설 녹음에서 남자가 明天有考试(내일 시험…)를 하고 있는 모습인 A이다.

Tip▶ '怎么'는 동사 앞에서 동작의 방법을…

예 到地铁站怎么走？ 지하철역까지…

他怎么还没来？ 그는 왜 아직 안…

어휘 都 dōu 부 모두, 다 点 diǎn 명 시 怎… 天 míngtiān 명 내일 有 yǒu 동 있다

실전모의고사 1 · 21

HSK전문강사들의 정답 노하우와 합격 비법을 논리적이고 명료한 해설로 수록하였습니다. HSK를 처음 응시하는 학습자들도 해설을 보고 풀이 방법을 자연스럽게 터득할 수 있습니다. 또한 필수 공략Tip이 있어 중요한 HSK 어법 포인트를 학습할 수 있습니다.

고수들의 정답 노하우가 담긴 명쾌한 해설 & 공략Tip

3

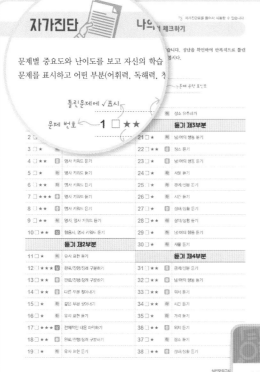

나의 취약점을 분석할 수 있는 문제 유형별 학습 자가진단표

각 문제의 난이도와 중요도, 출제 포인트를 자가진단표에 명시하였습니다. 학습자들은 자가진단표를 작성한 뒤 자신이 어떤 문제 유형과 학습 영역(어휘, 독해, 청취, 쓰기 등)이 취약한지 파악하여 시험 직전 집중적으로 공부해야 할 부분을 정리할 수 있습니다.

4

HSK 기본기가 부족한 학습자들을 위해, HSK 3급 기초어법을 쉽고 간단하게 이해할 수 있도록 한 장 분량으로 정리하였고, 3급 시험에 가장 많이 출제되는 품사별 빈출 어휘를 함께 수록하였습니다. 모의고사를 풀기 시작할 때와 시험 바로 직전 두 번에 걸쳐서 기본기를 탄탄히 다집니다.

한 장으로 보는 HSK 3급 기초어법으로 기본기 다지기

3급 합격 노하우 & 학습 가이드

HANYU SHUIPING KAOSHI

HSK 3급은 대부분 기초회화 학습을 마친 학습자들이 응시하는 시험으로, 처음 시험을 접한 분들은 문제 유형이 낯설고 어휘량도 많아 아는 단어에 의존해 감으로 푸는 경우가 많습니다. 따라서 시험을 준비하면서 아래와 같이 전략을 세우고 기본기를 다지는 것이 중요합니다.

기본 문장의 구조를 이해하여 어순을 파악하십시오.

4~6급 시험의 관문이라 할 수 있는 3급 시험은 복잡한 어법 용어가 아닌 간단한 문장 구조를 파악하는 데에 포커스가 맞춰져 있습니다. 따라서 3급 시험을 준비할 때 가장 선행되어야 할 것은 기본 문장의 구조를 이해하여 어순을 파악하는 것입니다.

2 어법에서 중요한 역할을 하는 단어의 용법을 꼭 익히십시오.

3급 어휘를 학습할 땐 각 품사별 단어가 문장에서 어떤 역할(주어, 술어, 목적어 등)을 하는지 알아야 하고, 또한 단어의 뜻뿐만 아니라 용법도 함께 파악해야 합니다. 예를 들어 '동태조사, 어기조사, 부사, 개사, 양사' 등과 같이 어법에서 중요한 역할을 하는 단어의 용법을 꼭 학습해야 합니다.

3 HSK 고수들의 문제 풀이 STEP을 완벽히 마스터하십시오.

HSK는 영역별 평가 능력이 다르고 정해진 시간 내 문제를 풀어야 하기 때문에 문제 유형 파악 및 '빠르게 정답을 도출하는 로직'을 제대로 알아야 합니다. 따라서 HSK 전문 강사진이 수년간 분석한 문제 풀이 STEP을 완벽히 자신의 것으로 만드십시오.

학습 진단 Q&A

질문	예	아니오
✓ 중국어를 6개월 이상 공부했어요.	□ 예	□ 아니오
✓ HSK를 준비할 수 있는 기간이 한 달 미만이에요.	□ 예	□ 아니오
✓ HSK 시험을 본 적이 있어요.	□ 예	□ 아니오
✓ 중국어의 '동사, 개사, 부사'를 구분할 줄 알아요.	□ 예	□ 아니오

합계: 예 ______ 개 / 아니오 ______ 개

학습 진단 Q&A 결과에 따른 학습 가이드

- '예'가 2개 이상 나오신 분들은 하단 학습 가이드의 2번부터 학습하십시오.
- '아니오'가 3개 이상 나오신 분들은 학습 가이드의 1번부터 학습하시길 권합니다.
- 결과에 상관없이 기초부터 쌓길 원하는 분들은 1번부터 학습하시기 바랍니다.

1. → 3급 종합서로 합격 공략법 70개 및 필수 어휘 600개를 영역별로 꼼꼼히 마스터
2. → 3급 실전모의고사 5회분 풀이로 시간 분배 능력 및 실전 감각 업그레이드
3. → 문제 유형별 자가진단표 체크를 통해 나의 취약점 분석 및 막판 정답률 높이기
4. → 한 장으로 보는 3급 필수 어법 및 빈출 단어를 암기하여 막판 핵심 다지기

3급 종합서

HSK 3급 고수들의 합격전략 4주 단기완성

3급 실전모의고사

HSK 3급 고수들의 막판 7일! 실전모의고사 400제

학습 플랜

학습 플래너 활용법

- 자신의 학습 기간에 맞는 플래너를 선택합니다.
- 학습 플래너에서 각 날짜별로 배정된 학습 내용을 그날그날 공부하도록 합니다.
- 학습을 완료하면 체크(V) 표시를 합니다.
- 문제를 풀 때는 OMR 답안지에 정답을 기입하여 실전처럼 풉니다.

막판 7일! 초단기 완성 플랜

❖ 학습 시작일 : ______월 ______일　　❖ 학습 종료일 : ______월 ______일

❖ 하루 평균 학습 시간 : ______시간　　❖ 시험 예정일 : ______월 ______일

DAY 01 (V)	DAY 02 ( )	DAY 03 ( )	DAY 04 ( )
______월 ______일	______월 ______일	______월 ______일	______월 ______일
모의고사 1회, 자가진단표 작성 및 분석	모의고사 2회, 자가진단표 작성 및 분석	모의고사 3회, 자가진단표 작성 및 분석	모의고사 4회, 자가진단표 작성 및 분석
DAY 05 ( )	DAY 06 ( )	DAY 07 ( )	Real Test!
______월 ______일	______월 ______일	______월 ______일	
모의고사 5회, 자가진단표 작성 및 분석	모의고사 1~5회 오답 다시 풀기	3급 기초어법 및 빈출 단어 암기	

··· 학습 기간이 7일인 플래너로 실제 시험과 동일하게 시간을 정해놓고 매일 1회분의 모의고사를 풉니다. 시험 직전 단 7일간 집중하여 실전 감각을 기를 수 있습니다.

2주! 단기 완성 플랜

❖ 학습 시작일 : _____월 _____일
❖ 학습 종료일 : _____월 _____일
❖ 하루 평균 학습 시간 : _____시간
❖ 시험 예정일 : _____월 _____일

Start!	DAY 01 (V) _____월 _____일 한 장으로 보는 3급 기초어법	DAY 02 ( ) _____월 _____일 모의고사 1회 듣기 영역	DAY 03 ( ) _____월 _____일 모의고사 1회 독해, 쓰기 영역, 자가진단표 작성
DAY 04 ( ) _____월 _____일 모의고사 2회 듣기 영역	DAY 05 ( ) _____월 _____일 모의고사 2회 독해, 쓰기 영역, 자가진단표 작성	DAY 06 ( ) _____월 _____일 모의고사 3회 듣기 영역	DAY 07 ( ) _____월 _____일 모의고사 3회 독해, 쓰기 영역, 자가진단표 작성
DAY 08 ( ) _____월 _____일 모의고사 1~3회 자가진단표 분석 및 오답 복습	DAY 09 ( ) _____월 _____일 모의고사 4회 듣기 영역	DAY 10 ( ) _____월 _____일 모의고사 4회 독해, 쓰기 영역, 자가진단표 작성	DAY 11 ( ) _____월 _____일 모의고사 5회 듣기 영역
DAY 12 ( ) _____월 _____일 모의고사 5회 독해, 쓰기 영역, 자가진단표 작성	DAY 13 ( ) _____월 _____일 모의고사 4~5회 자가진단표 분석 및 오답 복습	DAY 14 ( ) _____월 _____일 3급 기초어법 복습 및 빈출 단어 암기	Real Test!

⋯› 학습 기간이 14일인 플래너로 이틀에 1회분의 모의고사를 풀어 실전 감각을 기름과 동시에 오답을 꼼꼼히 분석하고 취약점을 보완할 수 있습니다.

이 책의 차례

CONTENTS

HANYU SHUIPING KAOSHI

고수들의 막판 7일!

HSK 3급

실전모의고사 400제

제 1 회

듣기

독해

쓰기

新汉语水平考试
HSK(三级)

模拟考试一

注　意

一、HSK(三级)分三部分：

1. 听力(40题，约35分钟)
2. 阅读(30题，30分钟)
3. 书写(10题，15分钟)

二、 听力结束后，有5分钟填写答题卡。

三、 全部考试约90分钟(含考生填写个人信息时间5分钟)。

一、听力

第一部分

第 1-5 题

A

B

C

D

E

F

例如：男：喂，请问张经理在吗？

女：他正在开会，您半个小时以后再打，好吗？ D

1.

2.

3.

4.

5.

第 6-10 题

A

B

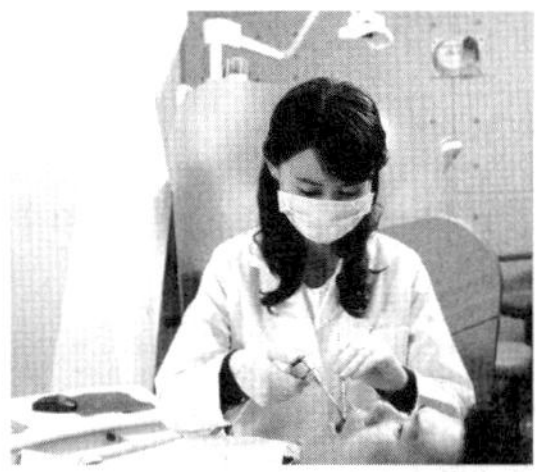

C

D

E

6. □

7. □

8. □

9. □

10. □

第二部分

第 11-20 题

例如：为了让自己更健康，他每天都花一个小时去锻炼身体。

★ 他希望自己很健康。 （ ✓ ）

今天我想早点儿回家。看了看手表，才5点。过了一会儿再看表，还是5点，我这才发现我的手表不走了。

★ 那块儿手表不是他的。 （ ✗ ）

11. ★ 他骑自行车上班。 （ ）

12. ★ 姐姐已经搬家了。 （ ）

13. ★ 他们正在散步。 （ ）

14. ★ 外面下雪了。 （ ）

15. ★ 电影院在银行对面。 （ ）

16. ★ 中国北方的冬天特别冷。 （ ）

17. ★ 他认为那个酒店不错。 （ ）

18. ★ 小李又迟到了。 （ ）

19. ★ 丈夫瘦了很多。 （ ）

20. ★ 他们在咖啡厅。 （ ）

第三部分

第 21-30 题

例如：男：小王，帮我开一下门，好吗？谢谢！
女：没问题。您去超市了？买了这么多东西。
问：男的想让小王做什么？
A 开门　B 拿东西　C 去超市买东西

21. A 太累了　B 想去游泳　C 不去公园了

22. A 飞机上　B 火车上　C 公共汽车上

23. A 认真写　B 别害怕　C 复习功课

24. A 信用卡　B 作业　C 照片

25. A 学生　B 同事　C 爷爷

26. A 今天晚上　B 明天早上　C 明天晚上

27. A 很贵　B 堵车了　C 没有时间

28. A 生病了　B 加班了　C 睡觉了

29. A 篮球　B 足球　C 网球

30. A 书包　B 钱包　C 面包

第四部分

第 31-40 题

例如：女：晚饭做好了，准备吃饭了。
男：等一会儿，比赛还有三分钟就结束了。
女：快点儿吧，一起吃，菜冷了就不好吃了。
男：你先吃，我马上就看完了。
问：男的在做什么？
A 洗澡　　B 吃饭　　C 看电视

31.　A 姐姐　　B 哥哥　　C 叔叔

32.　A 骑马　　B 唱歌　　C 看熊猫

33.　A 中间的　　B 右边的　　C 外面的

34.　A 10点　　B 10点半　　C 11点

35.　A 3,900元　　B 6,000元　　C 69,000元

36.　A 左边　　B 前边　　C 后边

37.　A 机场　　B 饭馆　　C 宾馆

38.　A 坏了　　B 太脏了　　C 太旧了

39.　A 不甜　　B 太甜　　C 很辣

40.　A 爬山　　B 买东西　　C 游泳

二、阅 读

第一部分

第 41-45 题

A 是啊，最近很多人出去的时候很少带现金了。

B 那我帮你换一条小一点儿的吧。

C 所以我希望我们班的学生都能在快乐中学习。

D 因为那家卖得挺便宜的。

E 当然。我们先坐公共汽车，然后换地铁。

F 然后呢？它们去哪儿了？

例如：你知道怎么去那儿吗？ (E)

41. 您好，我昨天在这儿买了条裤子，我妈穿着有点儿大。 ( )

42. 这家商店虽然不大，但每天都有很多客人。 ( )

43. 爸，那只猫和狗的故事你还没讲完呢。 ( )

44. 还是信用卡方便，商店、宾馆哪儿都能用。 ( )

45. 人在高兴的时候学得更快。 ( )

第 46-50 题

A 是，很好吃，但是有点儿贵。

B 因为绿的苹果比红的便宜。

C 我当然会做，做面包很简单。

D 这里车太多了，你们在前面下吧。

E 没事，我喜欢用冷水洗澡。

46. 你知道怎么做面包吗？ (　　)

47. 你怎么用冷水洗澡，不冷吗？ (　　)

48. 你为什么买绿的苹果？ (　　)

49. 上次你说的那家饭馆真好吃。 (　　)

50. 司机，这儿能下车吗？ (　　)

第二部分

第 51-55 题

A 发现　B 站　C 结婚　D 附近　E 声音　F 离开

例如：她说话的（ E ）多好听啊！

51. 他们俩刚开始交往，没想到他们这么快就（　　）了。

52. 你去问问（　　）哪儿有卖果汁的。

53. 你决定什么时候（　　）北京？

54. 别（　　）着了，去那儿坐一会儿。

55. 你是什么时候（　　）这个问题的？

第 56-60 题

A 买　B 舒服　C 或者　D 爱好　E 哪　F 听说

例如：A：你有什么（　D　）？
B：我喜欢体育。

56. A：你的衬衫在哪儿（　　　）的？
B：在我家附近新开的店买的。

57. A：（　　　）你们参加足球比赛了，结果怎么样？
B：我们得了第一名。

58. A：我的同事快要过生日了，我送她什么礼物好呢？
B：买个帽子（　　　）裙子。

59. A：老师，我今天有点儿不（　　　）。
B：你回家好好儿休息吧。

60. A：四个季节中你最喜欢（　　　）个？
B：我最喜欢冬天。

第三部分

第 61-70 题

例如：您是来参加今天会议的吗？您来早了一点儿，现在才八点半。您先进来坐吧。

★ 会议最可能几点开始？

A 8点　　B 8点半　　C 9点

61. 在工作中，我们应该注意跟同事的关系，因为很多问题需要和他们一起解决，需要他们的帮助。

★ 这段话主要讲的是：

A 要相信自己　　B 要关心老人　　C 同事关系很重要

62. 昨天回家的时候公共汽车上人特别多，没有坐的地方，我一路上都站着，站了一个多小时。

★ 他今天：

A 头疼　　B 站了很久　　C 跑了10,000米

63. 现在很多年轻人不太注意自己的身体，很少锻炼，而且喜欢吃垃圾食品。他们觉得自己会永远健康，健康问题离自己还很远。其实，这些不好的习惯正在慢慢地影响着他们的健康。

★ 年轻人的这些习惯：

A 很好　　B 会影响健康　　C 容易让他们变胖

64. 我丈夫很喜欢打篮球。每个星期六，他都会找一些朋友一起去打球。一打就是三四个小时。

★ 关于她丈夫，可以知道什么？

A 爱运动　　B 唱歌很好　　C 不愿意锻炼身体

65. 记者的工作其实很辛苦。为了更快地报道新闻，有时连吃饭、睡觉时间都没有。

★ 记者：

A 很累　　B 工作环境很好　　C 收入很高

66. 人们常说“机会只留给有准备的人”。这句话也对，但我觉得应该自己主动找机会，因为机会不是等来的。

★ 这段话主要说：

A 不用准备　　B 应该自己找机会　　C 没有机会

67. 刚开始抽烟的时候觉得自己抽烟很帅，后来知道了抽烟对身体不好，也影响别人的健康。

★ 抽烟：

A 对健康不好　　B 很帅　　C 对健康很好

68. 西红柿是很好的水果。从“西”字可以看出它不是中国的。西红柿是从西方过来的。它又叫“洋柿子”，“洋”也是外国的意思。

★ 西红柿：

A 中国的　　B 不好吃　　C 从外国过来的

69. 北京动物园是中国最大的动物园。有500多种动物，我们不但可以看到熊猫，也可以去海洋馆参观海底世界。

★ 北京动物园：

A 没有熊猫　　B 值得看　　C 门票很贵

70. 虽然他长得很帅，演得很好，舞也跳得很好，可是唱得不太好。我听过他唱的几首歌，都不怎么样。

★ 根据这段话，他是：

A 演员　　B 医生　　C 司机

三、书 写

第一部分

第 71-75 题

例如：小船　　上　　一　　河　　条　　有

河上有一条小船。

71. 红色的　　旧　　那件　　了　　衣服　　太

72. 这　　个子　　人　　个　　高　　很

73. 条　　安静　　那　　很　　街道

74. 一共　　年级　　五个　　他们　　有　　班

75. 越　　雨　　下　　了　　大　　越

第二部分

第 76-80 题

例如：没（ guān 关 ）系，别难过，高兴点儿。

76. 请再给我一（ cì ）机会。

77. 哥哥明天结婚，真（ wèi ）他高兴。

78. 我已经吃饱了，不要米（ fàn ）了。

79. 那个城市在中国的最（ nán ）边，环境非常好。

80. 先看看（ bié ）人怎么写，你再做决定。

MEMO

I wish you the best of luck!

시면접은 win 시대로 www.sdedu.co.kr/winsidaero

고수들의 막판 7일!

HSK 3급

실전모의고사 400제

제 2 회

듣기

독해

쓰기

新汉语水平考试
HSK(三级)
模拟考试二

注　意

一、HSK(三级)分三部分：

1. 听力(40题，约35分钟)
2. 阅读(30题，30分钟)
3. 书写(10题，15分钟)

二、 听力结束后，有5分钟填写答题卡。

三、 全部考试约90分钟(含考生填写个人信息时间5分钟)。

一、听力

第一部分

第 1-5 题

A

B

C

D

E

F

例如：男：喂，请问张经理在吗？

女：他正在开会，您半个小时以后再打，好吗？ D

1.

2.

3.

4.

5.

第 6-10 题

A 

B 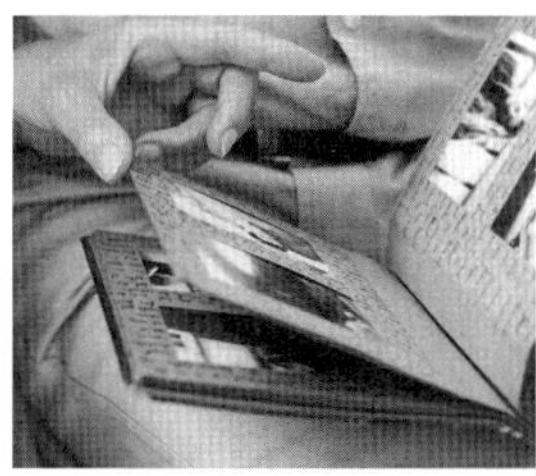

C 

D 

E 

6. ☐

7. ☐

8. ☐

9. ☐

10. ☐

第二部分

第 11-20 题

例如：为了让自己更健康，他每天都花一个小时去锻炼身体。

★ 他希望自己很健康。　　（ ✓ ）

今天我想早点儿回家。看了看手表，才5点。过了一会儿再看表，还是5点，我这才发现我的手表不走了。

★ 那块儿手表不是他的。　　（ ✗ ）

11. ★ 说话人现在不喜欢吃面条了。　　（　　）

12. ★ 他是出租车司机。　　（　　）

13. ★ 奶奶说话很慢。　　（　　）

14. ★ 他忘带手机了。　　（　　）

15. ★ 现在比以前胖了。　　（　　）

16. ★ 那家宾馆房间干净。　　（　　）

17. ★ 女儿会照顾人了。　　（　　）

18. ★ 他们只有一个孩子。　　（　　）

19. ★ 游泳很难学。　　（　　）

20. ★ 他最近常常见王阿姨。　　（　　）

第三部分

第 21-30 题

例如：男：小王，帮我开一下门，好吗？谢谢！
女：没问题。您去超市了？买了这么多东西。
问：男的想让小王做什么？
A 开门　B 拿东西　C 去超市买东西

21. A 早上　B 中午　C 晚上

22. A 旅游　B 留学　C 游泳

23. A 很好　B 一般　C 不太好

24. A 飞机上　B 地铁　C 出租车

25. A 朋友　B 同事　C 同学

26. A 75　B 80　C 85

27. A 颜色不好　B 太大了　C 太短了

28. A 看电视　B 做数学题　C 写日记

29. A 很累　B 不想工作　C 不用休息

30. A 换行李箱　B 换衣服　C 换钱

第四部分

第 31-40 题

例如：女：晚饭做好了，准备吃饭了。
男：等一会儿，比赛还有三分钟就结束了。
女：快点儿吧，一起吃，菜冷了就不好吃了。
男：你先吃，我马上就看完了。
问：男的在做什么？
A 洗澡　B 吃饭　C 看电视

31. A 没有机会　B 去中国了　C 找到工作了

32. A 公园　B 电影院　C 商店

33. A 不好看　B 很可爱　C 更老

34. A 买了手表　B 买了手机　C 已经收到了

35. A 出差　B 去吃饭　C 请假

36. A 超市　B 饭馆　C 家

37. A 没开空调　B 冷　C 热

38. A 看错了　B 看对了　C 看好了

39. A 地铁站　B 图书馆　C 体育馆

40. A 咖啡　B 啤酒　C 牛奶

二、阅 读

第一部分

第 41-45 题

A 我喜欢去国外旅游，每次去国外旅游的时候都买一张。

B 最近天气一直不好，不是刮风，就是下雨。

C 因为我弟弟下周结婚，所以回来了。

D 我终于明白这个题怎么做了，谢谢你。

E 当然。我们先坐公共汽车，然后换地铁。

F 你可以把它放到冰箱里，半个小时后会更好喝。

例如：你知道怎么去那儿吗？ (E)

41. 张明，你怎么突然从国外回来了？ ( )

42. 你怎么有这么多地图？ ( )

43. 这种饮料不是很酸，我特别喜欢。 ( )

44. 不客气，下次遇到不懂的就来问我。 ( )

45. 好久没见到太阳了，希望明天是个晴天。 ( )

第 46-50 题

A 都小了，我准备给她买几件新的。

B 终于爬上来了，太不容易了。

C 当然可以，就在我的包里，你自己拿吧。

D 爸爸打算把我的小猫送走，我很难过。

E 不用谢，主要是她自己这半年来学习非常努力。

46. 女儿的历史成绩现在提高了不少，谢谢老师。 （ ）

47. 你的照相机可以借我用一下吗？ （ ）

48. 你哭了吗？眼睛怎么这么红？ （ ）

49. 女儿今年长高了不少，这些裤子还能穿吗？ （ ）

50. 是啊，这山真高，我们爬了五个小时才爬上来。 （ ）

第二部分

第 51-55 题

A 变化　B 季节　C 决定　D 附近　E 声音　F 新鲜

例如：她说话的（ E ）多好听啊！

51. 这个城市（　　　）真大啊，过去那些老房子，现在已经都不是以前的样子了。

52. 这个西瓜可以先尝一尝，再（　　　）买不买。

53. 春、夏、秋、冬，你最喜欢哪个（　　　）？

54. 这些苹果已经不（　　　）了。

55. 我家（　　　）有一个公园，我早上经常去那里跑步。

第 56-60 题

A 清楚　　B 本　　C 毕业　　D 爱好　　E 简单　　F 离

例如：A：你有什么（　D　）？
B：我喜欢体育。

56. A：幸福其实很（　　　）。
B：对啊，我下班以后，躺在床上休息，就非常幸福。

57. A：这（　　　）小说让人很感动，你也看看吧。
B：你可以借给我吗？

58. A：我们住的宾馆（　　　）机场远吗？
B：不太远，坐出租车十多分钟就到了。

59. A：喂，你把车钥匙放在哪儿了？
B：你声音太小，大一点儿好吗？我听不（　　　）。

60. A：你明年就（　　　）了，有什么打算吗？
B：没有什么打算。

第三部分

第 61-70 题

例如：您是来参加今天会议的吗？您来早了一点儿，现在才八点半。您先进来坐吧。

★ 会议最可能几点开始？

A 8点　　B 8点半　　C 9点

61. 一些新老师一开始讲课的时候，都会担心讲不好，学生不喜欢，但时间长了，多练习几次就好了。

★ 新老师会担心：

A 没有黑板　　B 讲不好　　C 学生喜欢

62. 每年做一次健康检查非常重要，这样如果发现了问题，就能马上去看医生。

★ 每年都要：

A 旅游一次　　B 做健康检查　　C 骑一次马

63. 这辆车有上下两层，很多人都愿意坐上边，因为可以看到城市的风景，一路上经过的地方，都可以看得更清楚。

★ 关于这辆车，可以知道什么？

A 一共有两层　　B 司机不热情　　C 下层不能坐人

64. 姐，我们要准备吃的，我买了几个面包，所以你下班经过商店时，去买一些饮料吧。

★ 说话人让姐姐：

A 穿皮鞋　　B 别上班　　C 去买东西

65. 在北京，很多地方坐地铁都能到。如果你去北京玩儿，可以在地铁站附近找一家宾馆住，这样你去哪儿玩儿都很方便。

★ 根据这段话，在北京坐地铁：

A 很便宜　　B 很方便　　C 很舒服

66. 为了提高汉语水平，我每天都听中国新闻，而且还读了很多中国小说，看到不错的句子的时候，我就会把它写下来。

★ 说话人主要讲什么？

A 环境问题　　B 汉语不难　　C 学汉语的办法

67. 如果在考试中遇到不会的问题，不要着急，因为这十个题里只需要回答八个问题就可以了。

★ 在考试中遇到不会的问题时：

A 不要着急　　B 找别人帮忙　　C 不做

68. 旁边909室昨天搬来了一对年轻的夫妻，跟他们聊天儿后，发现我们是一个公司的同事，世界可真小啊！

★ 那对夫妻：

A 不爱说话　　B 很年轻　　C 是同学

69. 喂，我今天得加班，不能跟你去买衣服了，明天去吧，如果有什么事儿，就给我打电话。

★ 为什么不能去买衣服了？

A 要加班　　B 要出差　　C 要去喝酒

70. 我很喜欢春天，因为天气不太冷，草和树都绿了，花也开了，大家也不用穿那么多的衣服了。

★ 根据这段话，春天：

A 阴天多　　B 要多穿衣服　　C 看到花

三、书写

第一部分

第 71-75 题

例如：小船　　上　　一　　河　　条　　有

<u>河上有一条小船。</u>

71. 希望您　　年轻　　越来越

72. 已经　　张经理　　请假了

73. 好极了　　最近　　天气　　几天的

74. 声音　　请把　　一点儿　　关小

75. 树　　真高　　长得　　街道两边的

第二部分

第 76-80 题

例如：没(guān 关)系，别难过，高兴点儿。

76. 我没见过这种鸟，你知道(tā)是什么鸟吗？

77. 这几天大家住在宾馆一共(huā)了12,080块钱。

78. 我住在这个楼的12(céng)。

79. 他经常骑着绿色的自(xíng)车。

80. 我不喜欢夏天，夏天太(rè)了。

MEMO

I wish you the best of luck!

시면접은 win 시대로 www.sdedu.co.kr/winsidaero

고수들의 막판 7일!

HSK 3급

실전모의고사 400제

제 3 회

듣기

독해

쓰기

新汉语水平考试
HSK(三级)

模拟考试三

注　意

一、HSK(三级)分三部分：

1. 听力(40题，约35分钟)
2. 阅读(30题，30分钟)
3. 书写(10题，15分钟)

二、 听力结束后，有5分钟填写答题卡。

三、 全部考试约90分钟(含考生填写个人信息时间5分钟)。

一、听力

第一部分

第 1-5 题

A

B

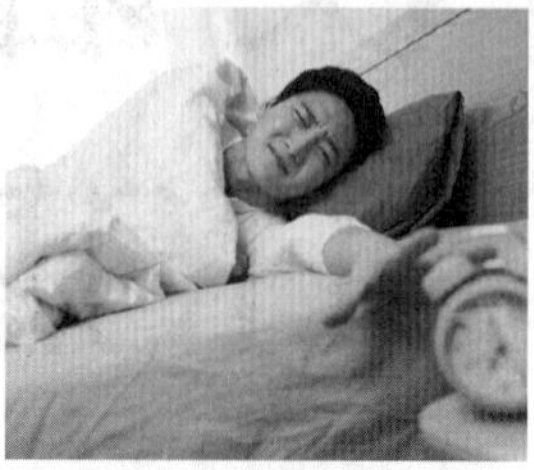

C

D

E

F

例如：男：喂，请问张经理在吗？

女：他正在开会，您半个小时以后再打，好吗？ D

1.

2.

3.

4.

5.

第 6-10 题

A

B

C

D

E

6. □

7. □

8. □

9. □

10. □

第二部分

第 11-20 题

例如：为了让自己更健康，他每天都花一个小时去锻炼身体。

★ 他希望自己很健康。　　(✓)

今天我想早点儿回家。看了看手表，才5点。过了一会儿再看表，还是5点，我这才发现我的手表不走了。

★ 那块儿手表不是他的。　　(✗)

11. ★ 他们要在地图上找一个国家。　　(　　)

12. ★ 说话人觉得冬天很漂亮。　　(　　)

13. ★ 生气时做的决定一般是对的。　　(　　)

14. ★ 他们现在用的冰箱旧了。　　(　　)

15. ★ 张阿姨很热情。　　(　　)

16. ★ 说话人在和别人聊节目。　　(　　)

17. ★ 花园不大。　　(　　)

18. ★ 说话人希望大家对自己要求更高。　　(　　)

19. ★ 和爷爷说话要大点儿声。　　(　　)

20. ★ 说话人买到了机票。　　(　　)

第三部分

第 21-30 题

例如：男：小王，帮我开一下门，好吗？谢谢！
女：没问题。您去超市了？买了这么多东西。
问：男的想让小王做什么？
A 开门　　B 拿东西　　C 去超市买东西

21. A 吃饱了　　B 想吃面包　　C 不爱吃鸡蛋

22. A 公园　　B 饭馆　　C 眼镜店

23. A 很便宜　　B 很难看　　C 很贵

24. A 爬山　　B 等电梯　　C 做练习

25. A 嘴　　B 鼻子　　C 眼睛

26. A 搬家　　B 不吃糖　　C 结婚

27. A 坐一会儿　　B 别害怕　　C 走慢点儿

28. A 菜单　　B 节目单　　C 笔记本

29. A 病好了　　B 感冒了　　C 有些生气

30. A 电脑　　B 报纸　　C 电视

第四部分

第 31-40 题

例如：女：晚饭做好了，准备吃饭了。
男：等一会儿，比赛还有三分钟就结束了。
女：快点儿吧，一起吃，菜冷了就不好吃了。
男：你先吃，我马上就看完了。
问：男的在做什么？
A 洗澡　　B 吃饭　　C 看电视

31. A 弟弟　　B 哥哥　　C 妹妹

32. A 右边的　　B 左边的　　C 中间的

33. A 去公园　　B 骑马　　C 看熊猫

34. A 东边　　B 南边　　C 北边

35. A 4,500块　　B 5,400块　　C 540块

36. A 不干净　　B 灯坏了　　C 空调坏了

37. A 不会说汉语　　B 不愿意工作　　C 学过汉语

38. A 检查行李　　B 放心　　C 带手机

39. A 拿了第一名　　B 没拿第一名　　C 没准备

40. A 打篮球　　B 开车　　C 爬山

二、阅 读
第一部分

第 41-45 题

A 这个句子的意思你懂了吗？

B 是啊，我们也应该像他一样每天锻炼身体。

C 当然要去！我觉得这是很好的机会。

D 冰箱里有蛋糕、牛奶。

E 当然。我们先坐公共汽车，然后换地铁。

F 这个周末有时间吗？我们一起吃饭吧。

例如：你知道怎么去那儿吗？ （ E ）

41. 如果饿了，就自己拿吧。 （ ）

42. 爷爷已经75岁了，但还是很健康！ （ ）

43. 我也不太明白，你再问问其他同学吧。 （ ）

44. 公司让我去上海工作，我去不去呢？ （ ）

45. 好啊，星期六还是星期天？ （ ）

第 46-50 题

A 特别是北方人很喜欢吃面条。

B 你穿什么都好看，没有时间了，快点儿走吧。

C 请问，超市在哪儿？

D 你是不是喝多了？

E 我突然想吃羊肉了。

46. 你来我家吧，我给你做吧。 (　　)

47. 面条是在中国很常见的主食。 (　　)

48. 穿裤子还是裙子呢？ (　　)

49. 不是，我才喝了一瓶啤酒。 (　　)

50. 很近，从这儿走十分钟就能到。 (　　)

第二部分

第 51-55 题

A 有名　B 其他　C 更　D 辆　E 声音　F 坐

例如：她说话的（ E ）多好听啊！

51. 这次我一定可以做得（　　）好，你相信我。

52. 你别（　　）着，站在树下面，我给你照张相吧。

53. 我一直很想买这（　　）自行车，但是太贵了，要好几千呢。

54. 听金老师说这家面包店在北京最（　　）。

55. 这个包只能放一个手机，放不下（　　）的了。

第 56-60 题

A 服务员　　B 再　　C 长　　D 爱好　　E 睡　　F 迟到

例如：A：你有什么（　D　）？
　　　B：我喜欢体育。

56. A：这家饭馆儿的菜真好吃。我还想来这儿吃。
　　B：我也觉得这家菜特别好吃，而且（　　　）都很热情。

57. A：你怎么又（　　　）了，都几点了？
　　B：对不起，我起晚了。

58. A：老师，可以（　　　）说一遍吗？我没听清楚。
　　B：好，是不是我说得太快了？

59. A：你怎么了？脸色不太好。
　　B：昨天才（　　　）了三个小时。

60. A：这是你弟弟吗？
　　B：是啊，你看我们（　　　）得像不像？

第三部分

第 61-70 题

例如：您是来参加今天会议的吗？您来早了一点儿，现在才八点半。您先进来坐吧。

★ 会议最可能几点开始？

A 8点　　B 8点半　　C 9点

61. 茶在中国有很长的历史。北方人喜欢喝花茶，南方人喜欢喝绿茶，而且有的少数民族还在茶里加糖和牛奶。

★ 茶在中国：

A 很贵　　B 很受欢迎　　C 不太有名

62. "面包会有的，牛奶也会有的，一切都会变好的。"所以不要担心，也不要着急，因为风雨之后才能见彩虹。

★ 这句话想告诉我们：

A 不要吃饭　　B 怕自己　　C 会更好的

63. 我喜欢看这本杂志，因为内容很有意思，图片也很好看，而且价格不太贵。所以我经常买来看。

★ 我为什么喜欢这本杂志？

A 价格贵　　B 图片少　　C 内容有意思

64. 我买了新房子，所以想把原来的房子租出去。可是过了两个星期，连一个电话也没接到。原来广告上的电话号码写错了。

★ 没有人打电话的原因是：

A 电话号码写错了　　B 没写电话号码　　C 房子太贵了

65. 老人和小孩子有些地方其实差不多。中国有一句话叫“老小孩儿”。它的意思就是，人老了就像小孩子一样，容易高兴，也容易生气。

★ 根据这段话，老人：

A 不会生气　　B 有的时候像孩子　　C 不像孩子

66. 他第一次看这么大的雪，特别高兴，所以在外面玩儿了很长时间。可是第二天就感冒了。

★ 他怎么了？

A 生病了　　B 回家了　　C 哭了

67. 会议10号结束，我准备开完会后，去上海看看我的老朋友，然后再回去。

★ 我为什么要去上海？

A 见学生　　B 看月亮　　C 见朋友

68. 我家附近有一家水果店，走五分钟就到了。那家水果很新鲜，而且不太贵，所以我常常去那儿买。

★ 那个水果店：

A 很贵　　B 离我家不远　　C 很有名

69. 这几天天气怎么了？一会儿下雨，一会儿晴。带雨伞的时候不下雨，可是不带雨伞的时候总下雨。

★ 最近天气怎么样？

A 热　　B 一会儿晴一会儿下雨　　C 冷

70. 我觉得爬山是很好的运动，可以一边锻炼身体，一边看风景。但是一定要穿舒服的鞋。

★ 爬山：

A 对身体很好　　B 不是运动　　C 不需要穿好鞋

三、书 写

第一部分

第 71–75 题

例如：小船　　上　　一　　河　　条　　有

河上有一条小船。

71. 小猫　　向　　跑了　　东边

72. 明天　　她打算　　起床　　晚点儿

73. 对　　妹妹　　自己画的狗　　特别　　满意

74. 电梯　　右边　　在　　洗手间的

75. 你怎么　　哭了　　突然

第二部分

第 76-80 题

例如：没（ guān 关 ）系，别难过，高兴点儿。

76. 南（ fāng ）应该没有这种树。

77. 这件事后来（ bèi ）我们公司的同事知道了。

78. 这条河里的（ shuǐ ）非常干净。

79. 已经九点半了，他今天上班（ yòu ）迟到了。

80. 这个电影院应该能坐三（ qiān ）人。

MEMO

I wish you the best of luck!

AI면접은 win 시대로 www.sdedu.co.kr/winsidaero

고수들의 막판 7일!

HSK 3급

실전모의고사 400제

제 4 회

듣기

독해

쓰기

新汉语水平考试
HSK(三级)

模拟考试四

注　意

一、HSK(三级)分三部分：

1. 听力(40题，约35分钟)
2. 阅读(30题，30分钟)
3. 书写(10题，15分钟)

二、听力结束后，有5分钟填写答题卡。

三、全部考试约90分钟(含考生填写个人信息时间5分钟)。

一、听力

第一部分

第 1-5 题

A

B

C

D

E

F

例如：男：喂，请问张经理在吗？

女：他正在开会，您半个小时以后再打，好吗？ D

1.

2.

3.

4.

5.

第 6-10 题

A

B

C

D

E

6.

7.

8.

9.

10.

第二部分

第 11-20 题

例如：为了让自己更健康，他每天都花一个小时去锻炼身体。

★ 他希望自己很健康。 （ ✓ ）

今天我想早点儿回家。看了看手表，才5点。过了一会儿再看表，还是5点，我这才发现我的手表不走了。

★ 那块儿手表不是他的。 （ ✗ ）

11. ★ 明天的会议不开了。 （ ）

12. ★ 他想学跳舞。 （ ）

13. ★ 丈夫忘记送孩子上学了。 （ ）

14. ★ 说话人下午要去图书馆还书。 （ ）

15. ★ 她非常聪明。 （ ）

16. ★ 说话人生气了。 （ ）

17. ★ 说话人起床后先洗脸。 （ ）

18. ★ 那条河是黄河。 （ ）

19. ★ 姐姐的脚现在已经不疼了。 （ ）

20. ★ 爷爷奶奶对说话人的影响最大。 （ ）

第三部分

第 21-30 题

例如：男：小王，帮我开一下门，好吗？谢谢！
女：没问题。您去超市了？买了这么多东西。
问：男的想让小王做什么？
A 开门　B 拿东西　C 去超市买东西

21. A 不累　B 不去公园了　C 想去玩儿

22. A 火车上　B 飞机上　C 学校门口

23. A 别紧张　B 少点儿声　C 认真写

24. A 名单　B 菜单　C 信

25. A 老师　B 同学　C 李阿姨

26. A 少喝酒　B 买礼物　C 早点儿回家

27. A 家里来客人了　B 在接电话　C 电梯很慢

28. A 要搬家　B 不会开车　C 在准备考试

29. A 商店　B 医院　C 学校

30. A 生气了　B 走错路了　C 太累了

第四部分

第 31-40 题

例如：女：晚饭做好了，准备吃饭了。
男：等一会儿，比赛还有三分钟就结束了。
女：快点儿吧，一起吃，菜冷了就不好吃了。
男：你先吃，我马上就看完了。
问：男的在做什么？
A 洗澡　　B 吃饭　　C 看电视

31.　A 旅游　　B 上课　　C 买电影票

32.　A 超市　　B 银行　　C 医院

33.　A 羊肉　　B 炒饭　　C 牛肉

34.　A 发烧了　　B 鼻子不舒服　　C 耳朵进水了

35.　A 用筷子　　B 喝绿茶　　C 看新闻

36.　A 总是忘记　　B 不愿意办　　C 没时间去办

37.　A 马上看　　B 没有兴趣　　C 电脑坏了

38.　A 太旧了　　B 不太大　　C 颜色好看

39.　A 去唱歌了　　B 复习数学　　C 和同学聊天儿

40.　A 校长不同意　　B 学生不满意　　C 老师愿意帮忙

二、阅 读

第一部分

第 41-45 题

A 脚疼，是吗？那我们在这儿休息吧。

B 现在可以上网了吗？

C 上个月，我们公司举行运动会那天。

D 有时候，我会看看新闻或者电视剧。

E 当然。我们先坐公共汽车，然后换地铁。

F 你什么时候把钱还给我？

例如：你知道怎么去那儿吗？ （ E ）

41. 你这张照片照得挺好的，什么时候照的？ （ ）

42. 不用了，没关系，马上就到家了。 （ ）

43. 你喜欢看什么电视节目？ （ ）

44. 中国有一句话叫“有借有还，再借不难”。 （ ）

45. 不能，电脑还是有什么问题。 （ ）

第 46-50 题

A 还行，北方的冬天特别冷。

B 机场离这儿多远？

C 给一年级的学生上数学课。

D 我们城市的变化真大！

E 没有，我给他打了个电话，他同意我们的要求了。

46. 你还不习惯我们这儿的天气吧？ (　　)

47. 你上午见到张老师了吗？ (　　)

48. 她是我们学校新来的老师。 (　　)

49. 坐地铁要40多分钟吧。 (　　)

50. 我记得以前这里都是些矮矮的房子，没有这么多高楼。 (　　)

第二部分

第 51-55 题

A 环境　B 和　C 简单　D 怎么样　E 声音　F 举行

例如：她说话的（ E ）多好听啊！

51. 有些事情看上去很（　　），但要做好，其实不容易。

52. 听王经理说，机场附近那个宾馆的（　　）非常好。

53. 那个会议要在我们公司（　　），所以我最近特别忙。

54. 他（　　）他弟弟长得很像！

55. 明天下午考数学，你准备得（　　）？

第 56-60 题

A 终于　B 说　C 房子　D 爱好　E 骑　F 一会儿

例如：A：你有什么（ D ）？
B：我喜欢体育。

56. A：怎么样？这个（　　）你满意吧？
B：很不错，但我还想看看别的。

57. A：照片上（　　）马的这个人是你吗？
B：不是，他是我哥哥。

58. A：姐，快起床，外面天气非常好，我们出去玩儿吧。
B：今天不是星期天吗？让我再睡（　　）。

59. A：他普通话（　　）得真好。
B：你不知道吗？他是北京人。

60. A：5年了，女朋友（　　）同意跟我结婚了。
B：真的吗？太好了！我真为你高兴！

第三部分

第 61-70 题

例如：您是来参加今天会议的吗？您来早了一点儿，现在才八点半。您先进来坐吧。

★ 会议最可能几点开始？

A 8点　　B 8点半　　C 9点

61. 到了机场，我发现了手机不见了，在行李箱里找了很长时间，也没找到，很着急。

★ 我为什么着急？

A 来晚了　　B 没找到手机　　C 忘记带行李箱

62. 我家附近的环境很不错，很安静，街道也很干净，旁边有一个花园，是个休息的好地方。欢迎你来我家玩儿。

★ 他们那儿：

A 在北京　　B 很冷　　C 环境还可以

63. 上个星期六我和同学们去游泳了，到现在我的腿还在疼。看来我应该多锻炼锻炼身体。

★ 他打算：

A 多运动　　B 去医院　　C 不去游泳

64. 我刚才去公园走了走，那儿的草都绿了，花也开始开了。又一个春天来了，这是我最喜欢的季节。

★ 根据这段话，可以知道：

A 春天到了　　B 热极了　　C 变冷了

65. “6月的天，孩子的脸，说变就变。”刚才还是晴天，现在外面在下雨。雨越下越大，天也越来越黑了，路上一辆出租车也不见了。

★ 6月的天气：

A 很好　　B 变化快　　C 下大雪

66. 这个药几乎没什么作用，他的头还在疼。他昨天没睡好，我担心会影响他的工作，所以下午我想带他去医院再检查一下。

★ 说话人主要是什么意思？

A 他好多了　　B 让他在家休息　　C 陪他去看医生

67. 过去人们喜欢看报纸，现在很多人喜欢在手机上看新闻。除了看新闻，人们还可以在手机上看电影、买卖东西。

★ 在手机上可以：

A 看新闻　　B 不能买东西　　C 做菜

68. 你点的菜太少。服务员，把菜单给我拿过来。我们点羊肉吧。这家饭馆的羊肉特别好吃。

★ 那家饭馆儿：

A 鱼很好吃　　B 羊肉很不错　　C 菜不新鲜

69. 每天睡觉前，儿子总会要求妈妈给他讲一个故事，开始的时候他听得很认真，后来就慢慢地睡着了。

★ 根据这段话，儿子：

A 不想睡觉　　B 想一个人睡觉　　C 喜欢听故事

70. 她是两个月前来公司的，虽然时间短，但她做事一直很努力，现在同事们都很喜欢她。

★ 根据这段话，可以知道她：

A 很认真　　B 没找到工作　　C 爱笑

三、书 写

第一部分

第 71-75 题

例如：小船　　上　　一　　河　　条　　有

河上有一条小船。

71. 水　　变黄了　　瓶子里的

72. 第一个　　到教室　　他总是

73. 已经　　解决　　事情　　了　　被老师

74. 把菜单　　服务员　　拿走了

75. 比健康　　更重要　　没有什么

第二部分

第 76-80 题

例如：没（ guān 关 ）系，别难过，高兴点儿。

76. 你知道中国的茶（ wén ）化吗？

77. 丈夫一边说着，一边（ xiào ）了起来。

78. 树上的小鸟都（ fēi ）走了。

79. 哥哥为了买它，（ jiè ）了60万元。

80. 你只能过去坐船过河，没有其他办（ fǎ ）。

실전모의고사 4

MEMO

I wish you the best of luck!

시면접은 win 시대로 www.sdedu.co.kr/winsidaero

고수들의 막판 7일!

HSK 3급

실전모의고사 400제

제 5 회

듣기

독해

쓰기

新汉语水平考试
HSK(三级)

模拟考试五

注 意

一、HSK(三级)分三部分：

1. 听力(40题，约35分钟)
2. 阅读(30题，30分钟)
3. 书写(10题，15分钟)

二、 听力结束后，有5分钟填写答题卡。

三、 全部考试约90分钟(含考生填写个人信息时间5分钟)。

一、听 力
第一部分

第 1-5 题

A

B

C

D

E

F

例如：男：喂，请问张经理在吗？

女：他正在开会，您半个小时以后再打，好吗？ D

1.

2.

3.

4.

5.

第 6-10 题

A

B

C

D

E

6. ☐

7. ☐

8. ☐

9. ☐

10. ☐

第二部分

第 11-20 题

例如：为了让自己更健康，他每天都花一个小时去锻炼身体。

★ 他希望自己很健康。 （ ✓ ）

今天我想早点儿回家。看了看手表，才5点。过了一会儿再看表，还是5点，我这才发现我的手表不走了。

★ 那块儿手表不是他的。 （ ✗ ）

11. ★ 他们打算回家学习。 （ ）

12. ★ 他要准备考试。 （ ）

13. ★ 那件衣服太大了。 （ ）

14. ★ 他希望李雪声音大一点儿。 （ ）

15. ★ 他请小王去他家玩儿。 （ ）

16. ★ 他觉得歌很一般。 （ ）

17. ★ 他不想离开那儿。 （ ）

18. ★ 那双鞋很便宜。 （ ）

19. ★ 她接到了经理。 （ ）

20. ★ 他不想去出国旅游了。 （ ）

第三部分

第 21-30 题

例如：男：小王，帮我开一下门，好吗？谢谢！
女：没问题。您去超市了？买了这么多东西。
问：男的想让小王做什么？
A 开门　B 拿东西　C 去超市买东西

21. A 爱哭　B 迟到了　C 在等电梯

22. A 换车　B 骑慢点儿　C 放心

23. A 比较忙　B 感冒了　C 肚子疼

24. A 季节　B 颜色　C 茶杯

25. A 很可爱　B 眼睛很大　C 很聪明

26. A 坐出租车　B 坐地铁　C 坐公共汽车

27. A 不想学习　B 没来上课　C 没听懂

28. A 节目单　B 菜单　C 笔记本

29. A 非常冷　B 风刮得很大　C 很热

30. A 体育馆　B 公园　C 动物园

第四部分

第 31-40 题

例如：女：晚饭做好了，准备吃饭了。
男：等一会儿，比赛还有三分钟就结束了。
女：快点儿吧，一起吃，菜冷了就不好吃了。
男：你先吃，我马上就看完了。
问：男的在做什么？

A 洗澡　　B 吃饭　　C 看电视

31. A 把书包丢了　　B 把书丢了　　C 把钱丢了

32. A 银行　　B 学校　　C 商店

33. A 要回家　　B 不认识路　　C 没有时间

34. A 牙疼　　B 眼睛红了　　C 忘刷牙了

35. A 9:55　　B 10:05　　C 11:15

36. A 没找到地方　　B 没带钱　　C 和邻居聊天儿了

37. A 还在睡觉　　B 关心别人　　C 不想锻炼了

38. A 绿色　　B 白色　　C 蓝色

39. A 鱼　　B 羊肉　　C 鸡肉

40. A 去学校　　B 上班　　C 帮搬家

二、阅 读

第一部分

第 41-45 题

A 快做好了，我去拿碗筷，你叫你哥哥下来吧。

B 雪越下越大了，你带伞了吗？

C 你先上去吧，我去超市买牛奶。

D 你脸上有东西，右边，对，就是那儿。

E 当然。我们先坐公共汽车，然后换地铁。

F 昨天的作业我有几个题不明白，你给我讲讲。

例如：你知道怎么去那儿吗？ (E)

41. 我跟你一起去，家里没鸡蛋了。 ( )

42. 奶奶，还有多久才能吃饭？ ( )

43. 现在呢？干净了吗？ ( )

44. 是没做的这些题吗？我看看。 ( )

45. 没有，我早上上班的时候还没下呢。 ( )

第 46-50 题

A 这是我刚才去商店给姐姐买的生日礼物。

B 妈妈，还想听一遍昨天你给讲的那个故事吗？

C 大家站得近一点儿，个子矮的同学站前面。

D 除了每天上班加班，她还要照顾孩子。

E 冰箱里只有羊肉和鸡蛋，没有喝的东西了。

46. 准备好了吗？笑一笑，一、二、三。 (　　)

47. 好，但听完了就要睡觉。 (　　)

48. 金老师每天都很忙。 (　　)

49. 看上去很不错，她一定会喜欢的。 (　　)

50. 那我们晚上去超市买点儿喝的吧。 (　　)

第二部分

第 51-55 题

A 像　B 坏　C 一直　D 好　E 声音　F 回答

例如：她说话的（ E ）多好听啊！

51. 你过来看看，黄河在图片上看起来很（　　）一个“几”字。

52. 我相信在她的帮助下，你的汉语水平一定会越来越（　　）的。

53. 谁能（　　）黑板上的这个问题？

54. 到会议结束，大家也没想出办法，所以到现在还（　　）在想办法。

55. 你是不是忘记把牛奶放冰箱里了？两包都（　　）了。

第 56-60 题

A 打算　B 双　C 应该　D 爱好　E 皮鞋　F 记得

例如：A：你有什么（ D ）？
B：我喜欢体育。

56. A：服务员，我们这儿还需要一（　　）筷子。
B：对不起，我马上给您拿。

57. A：今天就到这儿，回家后（　　）要再复习一遍。
B：好的。老师再见。

58. A：那家公司打电话让我去面试，你说我去不去？
B：我觉得这个机会很不错，你（　　）试试。

59. A：我（　　）明天早上去北京南站买火车票。
B：为什么不在上网买呢？现在网上买票很方便。

60. A：我们是去爬山，不是去喝红酒，你怎么穿（　　）呢？
B：啊，我忘记换了。

第三部分

第 61-70 题

例如：您是来参加今天会议的吗？您来早了一点儿，现在才八点半。您先进来坐吧。

★ 会议最可能几点开始？

A 8点　　B 8点半　　C 9点

61. 房子很好，附近环境也还可以，但还是要等我妻子看了以后才能决定。

★ 说话人是什么意思？

A 他不同意　　B 现在不能决定　　C 对房子不满意

62. 我想找几个关于中国茶文化的小故事，明天要给班里的学生讲，你那儿有吗？

★ 他最可能是做什么的？

A 服务员　　B 医生　　C 老师

63. 欢迎大家来这儿旅游。虽然我们这个城市不大，但已经有几千年的历史了。上午我先带你们去一条有名的街道走走，那儿不但有很多好吃的，而且街道两边的房子也很特别，来这儿的人是一定要去看看的。

★ 关于那个城市，可以知道：

A 街道很有名　　B 历史不久　　C 人很热情

64. 以前我每天早上都会跑一个小时的步，我觉得这是一个好习惯，对身体很好，但后来因为工作太忙，就没时间跑了。

★ 他现在：

A 不累　　B 身体很好　　C 不跑步了

65. 很多人会根据自己的兴趣来选择工作，他们觉得选择自己喜欢的工作，更容易做出成绩。

★ 根据爱好来选择工作，会：

A 不喜欢工作　　B 更容易出成绩　　C 找不到工作

66. 这几个月，他的汉语水平提高了很多，对中国的了解也越来越多，这跟他经常看中文新闻和电影有很大的关系。

★ 关于他，可以知道：

A 不会说汉语　　B 爱看体育新闻　　C 中文水平提高了

67. 邻居张奶奶是小学校长。她每天都第一个到学校，最后一个离开。她常说，如果工作是你自己感兴趣的，再累也是幸福的。

★ 张奶奶：

A 不帮助学生　　B 对老师们很热情　　C 喜欢自己的工作

68. 这个冰箱用了7年了，几乎没出过什么问题。但儿子担心它声音太大，晚上会影响家人休息，所以一定要给我们换个新的。

★ 根据这段话，儿子：

A 生气了　　B 要换个冰箱　　C 不同意换冰箱

69. 这个地方的苹果特别有名，每年秋季有一个苹果节，很多人都会来参加，有些还是从国外来的朋友。

★ 那个地方：

A 苹果很有名　　B 啤酒好喝　　C 人们不习惯喝茶

70. 去国外留学对很多年轻人来说是一种锻炼。因为一个人在国外，不但要学会照顾自己，而且还要学着去解决自己以前没遇到过的问题。

★ 根据这段话可以知道，出国留学：

A 比较难　　B 能锻炼自己　　C 需要别人帮忙

三、书 写

第一部分

第 71-75 题

例如：小船　上　一　河　条　有

河上有一条小船。

71. 两万　这次旅游　花了　块

72. 他妻子　历史　在大学教

73. 还没　你的脸　干净　洗

74. 飞机　起飞　马上　就要　了

75. 老人　这位　105岁　已经　了

第二部分

第 76-80 题

例如：没（ guān 关 ）系，别难过，高兴点儿。

76. 他去机场了，刚才我（ zài ）公司门口看见他了。

77. 她的男朋友比她大（ liǎng ）岁，很帅，而且很聪明。

78. 菜点完了，你想（ hē ）什么？啤酒还是绿茶？

79. 天气（ lěng ）了，你多穿点儿衣服，小心感冒。

80. 银行马上就要关（ mén ）了。

MEMO

I wish you the best of luck!

시면접은 win시대로 www.sdedu.co.kr/winsidaero

〈답안지 작성법〉

新汉语水平考试
HSK（三级）答题卡

请填写考生信息

请按照考试证件上的姓名填写： 수험표 상의 영문성명을 기입하세요.

姓名	Kim Gildong

如果有中文姓名，请填写： 수험표 상의 중문(한자)성명을 기입하세요.

中文姓名	金 吉 东

수험표 상의 수험 번호를 아라비아 숫자로 쓴 후 마킹하세요.

考生序号		
	1	[0] ■ [2] [3] [4] [5] [6] [7] [8] [9]
	2	[0] [1] ■ [3] [4] [5] [6] [7] [8] [9]
	3	[0] [1] [2] ■ [4] [5] [6] [7] [8] [9]
	4	[0] [1] [2] [3] ■ [5] [6] [7] [8] [9]
	5	[0] [1] [2] [3] [4] ■ [6] [7] [8] [9]

请填写考生信息

고사장 번호를 아라비아 숫자로 쓴 후 마킹하세요.

考点序号		
	1	[0] ■ [2] [3] [4] [5] [6] [7] [8] [9]
	2	[0] [1] ■ [3] [4] [5] [6] [7] [8] [9]
	3	[0] [1] [2] ■ [4] [5] [6] [7] [8] [9]
	4	[0] [1] [2] [3] ■ [5] [6] [7] [8] [9]
	5	[0] [1] [2] [3] [4] ■ [6] [7] [8] [9]
	6	[0] [1] [2] [3] [4] [5] ■ [7] [8] [9]
	7	[0] [1] [2] [3] [4] [5] [6] ■ [8] [9]

국적 번호를 아라비아 숫자로 쓴 후 마킹하세요.

国籍		
	1	[0] [1] [2] [3] [4] ■ [6] [7] [8] [9]
	2	[0] [1] ■ [3] [4] [5] [6] [7] [8] [9]
	3	[0] [1] [2] ■ [4] [5] [6] [7] [8] [9]

만 나이를 쓴 후 마킹하세요.

年龄		
	1	[0] [1] ■ [3] [4] [5] [6] [7] [8] [9]
	2	[0] [1] [2] [3] [4] ■ [6] [7] [8] [9]

성별에 마킹하세요.

性别	男 ■	女 [2]

注意	请用2B铅笔这样写：■ 2B 연필로 정답을 마킹하세요.

一、听力

1. [A] [B] [C] [D] [F]
2. [A] [B] [C] [D] [F]
3. [A] [B] [C] [D] [F]
4. [A] [B] [C] [D] [F]
5. [A] [B] [C] [D] [F]
6. [A] [B] [C] [D] [F]
7. [A] [B] [C] [D] [F]
8. [A] [B] [C] [D] [F]
9. [A] [B] [C] [D] [F]
10. [A] [B] [C] [D] [F]

문항 배열 방향에 주의하세요.

11. [✓] [✗]
12. [✓] [✗]
13. [✓] [✗]
14. [✓] [✗]
15. [✓] [✗]
16. [✓] [✗]
17. [✓] [✗]
18. [✓] [✗]
19. [✓] [✗]
20. [✓] [✗]
21. [A] [B] [C]
22. [A] [B] [C]
23. [A] [B] [C]
24. [A] [B] [C]
25. [A] [B] [C]
26. [A] [B] [C]
27. [A] [B] [C]
28. [A] [B] [C]
29. [A] [B] [C]
30. [A] [B] [C]
31. [A] [B] [C]
32. [A] [B] [C]
33. [A] [B] [C]
34. [A] [B] [C]
35. [A] [B] [C]
36. [A] [B] [C]
37. [A] [B] [C]
38. [A] [B] [C]
39. [A] [B] [C]
40. [A] [B] [C]

二、阅读

41. [A] [B] [C] [D] [F]
42. [A] [B] [C] [D] [F]
43. [A] [B] [C] [D] [F]
44. [A] [B] [C] [D] [F]
45. [A] [B] [C] [D] [F]
46. [A] [B] [C] [D] [F]
47. [A] [B] [C] [D] [F]
48. [A] [B] [C] [D] [F]
49. [A] [B] [C] [D] [F]
50. [A] [B] [C] [D] [F]
51. [A] [B] [C] [D] [F]
52. [A] [B] [C] [D] [F]
53. [A] [B] [C] [D] [F]
54. [A] [B] [C] [D] [F]
55. [A] [B] [C] [D] [F]
56. [A] [B] [C] [D] [F]
57. [A] [B] [C] [D] [F]
58. [A] [B] [C] [D] [F]
59. [A] [B] [C] [D] [F]
60. [A] [B] [C] [D] [F]
61. [A] [B] [C]
62. [A] [B] [C]
63. [A] [B] [C]
64. [A] [B] [C]
65. [A] [B] [C]
66. [A] [B] [C]
67. [A] [B] [C]
68. [A] [B] [C]
69. [A] [B] [C]
70. [A] [B] [C]

三、书写

71. ______________________
72. ______________________
73. ______________________
74. ______________________
75. ______________________

76. ☐　77. ☐　78. ☐　79. ☐　80. ☐

절취선

실전모의고사 제1회 답안지

新汉语水平考试
HSK（三级）答题卡

请填写考生信息

请按照考试证件上的姓名填写：

姓名	

如果有中文姓名，请填写：

中文姓名	

考生序号		
	1	[0] [1] [2] [3] [4] [5] [6] [7] [8] [9]
	2	[0] [1] [2] [3] [4] [5] [6] [7] [8] [9]
	3	[0] [1] [2] [3] [4] [5] [6] [7] [8] [9]
	4	[0] [1] [2] [3] [4] [5] [6] [7] [8] [9]
	5	[0] [1] [2] [3] [4] [5] [6] [7] [8] [9]

请填写考生信息

考点序号		
	1	[0] [1] [2] [3] [4] [5] [6] [7] [8] [9]
	2	[0] [1] [2] [3] [4] [5] [6] [7] [8] [9]
	3	[0] [1] [2] [3] [4] [5] [6] [7] [8] [9]
	4	[0] [1] [2] [3] [4] [5] [6] [7] [8] [9]
	5	[0] [1] [2] [3] [4] [5] [6] [7] [8] [9]
	6	[0] [1] [2] [3] [4] [5] [6] [7] [8] [9]
	7	[0] [1] [2] [3] [4] [5] [6] [7] [8] [9]

国籍		
	1	[0] [1] [2] [3] [4] [5] [6] [7] [8] [9]
	2	[0] [1] [2] [3] [4] [5] [6] [7] [8] [9]
	3	[0] [1] [2] [3] [4] [5] [6] [7] [8] [9]

年龄		
	1	[0] [1] [2] [3] [4] [5] [6] [7] [8] [9]
	2	[0] [1] [2] [3] [4] [5] [6] [7] [8] [9]

性别	男 [1]	女 [2]

절취선

注意	请用2B铅笔这样写: ▬

一、听力

1. [A] [B] [C] [D] [F]
2. [A] [B] [C] [D] [F]
3. [A] [B] [C] [D] [F]
4. [A] [B] [C] [D] [F]
5. [A] [B] [C] [D] [F]
6. [A] [B] [C] [D] [F]
7. [A] [B] [C] [D] [F]
8. [A] [B] [C] [D] [F]
9. [A] [B] [C] [D] [F]
10. [A] [B] [C] [D] [F]

11. [✓] [✗]
12. [✓] [✗]
13. [✓] [✗]
14. [✓] [✗]
15. [✓] [✗]
16. [✓] [✗]
17. [✓] [✗]
18. [✓] [✗]
19. [✓] [✗]
20. [✓] [✗]
21. [A] [B] [C]
22. [A] [B] [C]
23. [A] [B] [C]
24. [A] [B] [C]
25. [A] [B] [C]

26. [A] [B] [C]
27. [A] [B] [C]
28. [A] [B] [C]
29. [A] [B] [C]
30. [A] [B] [C]
31. [A] [B] [C]
32. [A] [B] [C]
33. [A] [B] [C]
34. [A] [B] [C]
35. [A] [B] [C]
36. [A] [B] [C]
37. [A] [B] [C]
38. [A] [B] [C]
39. [A] [B] [C]
40. [A] [B] [C]

二、阅读

41. [A] [B] [C] [D] [F]
42. [A] [B] [C] [D] [F]
43. [A] [B] [C] [D] [F]
44. [A] [B] [C] [D] [F]
45. [A] [B] [C] [D] [F]
46. [A] [B] [C] [D] [F]
47. [A] [B] [C] [D] [F]
48. [A] [B] [C] [D] [F]
49. [A] [B] [C] [D] [F]
50. [A] [B] [C] [D] [F]

51. [A] [B] [C] [D] [F]
52. [A] [B] [C] [D] [F]
53. [A] [B] [C] [D] [F]
54. [A] [B] [C] [D] [F]
55. [A] [B] [C] [D] [F]
56. [A] [B] [C] [D] [F]
57. [A] [B] [C] [D] [F]
58. [A] [B] [C] [D] [F]
59. [A] [B] [C] [D] [F]
60. [A] [B] [C] [D] [F]

61. [A] [B] [C]
62. [A] [B] [C]
63. [A] [B] [C]
64. [A] [B] [C]
65. [A] [B] [C]
66. [A] [B] [C]
67. [A] [B] [C]
68. [A] [B] [C]
69. [A] [B] [C]
70. [A] [B] [C]

三、书写

71. ____________________
72. ____________________
73. ____________________
74. ____________________
75. ____________________

76. ☐ 77. ☐ 78. ☐ 79. ☐ 80. ☐

실전모의고사 제2회 답안지

新汉语水平考试
HSK（三级）答题卡

请填写考生信息

请按照考试证件上的姓名填写：

姓名	

如果有中文姓名，请填写：

中文姓名	

考生序号		
	1	[0] [1] [2] [3] [4] [5] [6] [7] [8] [9]
	2	[0] [1] [2] [3] [4] [5] [6] [7] [8] [9]
	3	[0] [1] [2] [3] [4] [5] [6] [7] [8] [9]
	4	[0] [1] [2] [3] [4] [5] [6] [7] [8] [9]
	5	[0] [1] [2] [3] [4] [5] [6] [7] [8] [9]

请填写考生信息

考点序号		
	1	[0] [1] [2] [3] [4] [5] [6] [7] [8] [9]
	2	[0] [1] [2] [3] [4] [5] [6] [7] [8] [9]
	3	[0] [1] [2] [3] [4] [5] [6] [7] [8] [9]
	4	[0] [1] [2] [3] [4] [5] [6] [7] [8] [9]
	5	[0] [1] [2] [3] [4] [5] [6] [7] [8] [9]
	6	[0] [1] [2] [3] [4] [5] [6] [7] [8] [9]
	7	[0] [1] [2] [3] [4] [5] [6] [7] [8] [9]

国籍		
	1	[0] [1] [2] [3] [4] [5] [6] [7] [8] [9]
	2	[0] [1] [2] [3] [4] [5] [6] [7] [8] [9]
	3	[0] [1] [2] [3] [4] [5] [6] [7] [8] [9]

年龄		
	1	[0] [1] [2] [3] [4] [5] [6] [7] [8] [9]
	2	[0] [1] [2] [3] [4] [5] [6] [7] [8] [9]

性别	男 [1]	女 [2]

절취선

注意	请用2B铅笔这样写：▬

一、听力

1. [A] [B] [C] [D] [F]
2. [A] [B] [C] [D] [F]
3. [A] [B] [C] [D] [F]
4. [A] [B] [C] [D] [F]
5. [A] [B] [C] [D] [F]
6. [A] [B] [C] [D] [F]
7. [A] [B] [C] [D] [F]
8. [A] [B] [C] [D] [F]
9. [A] [B] [C] [D] [F]
10. [A] [B] [C] [D] [F]

11. [✓] [✗]
12. [✓] [✗]
13. [✓] [✗]
14. [✓] [✗]
15. [✓] [✗]
16. [✓] [✗]
17. [✓] [✗]
18. [✓] [✗]
19. [✓] [✗]
20. [✓] [✗]
21. [A] [B] [C]
22. [A] [B] [C]
23. [A] [B] [C]
24. [A] [B] [C]
25. [A] [B] [C]

26. [A] [B] [C]
27. [A] [B] [C]
28. [A] [B] [C]
29. [A] [B] [C]
30. [A] [B] [C]
31. [A] [B] [C]
32. [A] [B] [C]
33. [A] [B] [C]
34. [A] [B] [C]
35. [A] [B] [C]
36. [A] [B] [C]
37. [A] [B] [C]
38. [A] [B] [C]
39. [A] [B] [C]
40. [A] [B] [C]

二、阅读

41. [A] [B] [C] [D] [F]
42. [A] [B] [C] [D] [F]
43. [A] [B] [C] [D] [F]
44. [A] [B] [C] [D] [F]
45. [A] [B] [C] [D] [F]
46. [A] [B] [C] [D] [F]
47. [A] [B] [C] [D] [F]
48. [A] [B] [C] [D] [F]
49. [A] [B] [C] [D] [F]
50. [A] [B] [C] [D] [F]

51. [A] [B] [C] [D] [F]
52. [A] [B] [C] [D] [F]
53. [A] [B] [C] [D] [F]
54. [A] [B] [C] [D] [F]
55. [A] [B] [C] [D] [F]
56. [A] [B] [C] [D] [F]
57. [A] [B] [C] [D] [F]
58. [A] [B] [C] [D] [F]
59. [A] [B] [C] [D] [F]
60. [A] [B] [C] [D] [F]

61. [A] [B] [C]
62. [A] [B] [C]
63. [A] [B] [C]
64. [A] [B] [C]
65. [A] [B] [C]
66. [A] [B] [C]
67. [A] [B] [C]
68. [A] [B] [C]
69. [A] [B] [C]
70. [A] [B] [C]

三、书写

71. ______________________________
72. ______________________________
73. ______________________________
74. ______________________________
75. ______________________________

76. ☐ 77. ☐ 78. ☐ 79. ☐ 80. ☐

실전모의고사 제3회 답안지

新汉语水平考试
HSK（三级）答题卡

请填写考生信息

请按照考试证件上的姓名填写：

姓名	

如果有中文姓名，请填写：

中文姓名	

考生序号		
	1	[0] [1] [2] [3] [4] [5] [6] [7] [8] [9]
	2	[0] [1] [2] [3] [4] [5] [6] [7] [8] [9]
	3	[0] [1] [2] [3] [4] [5] [6] [7] [8] [9]
	4	[0] [1] [2] [3] [4] [5] [6] [7] [8] [9]
	5	[0] [1] [2] [3] [4] [5] [6] [7] [8] [9]

请填写考生信息

考点序号		
	1	[0] [1] [2] [3] [4] [5] [6] [7] [8] [9]
	2	[0] [1] [2] [3] [4] [5] [6] [7] [8] [9]
	3	[0] [1] [2] [3] [4] [5] [6] [7] [8] [9]
	4	[0] [1] [2] [3] [4] [5] [6] [7] [8] [9]
	5	[0] [1] [2] [3] [4] [5] [6] [7] [8] [9]
	6	[0] [1] [2] [3] [4] [5] [6] [7] [8] [9]
	7	[0] [1] [2] [3] [4] [5] [6] [7] [8] [9]

国籍		
	1	[0] [1] [2] [3] [4] [5] [6] [7] [8] [9]
	2	[0] [1] [2] [3] [4] [5] [6] [7] [8] [9]
	3	[0] [1] [2] [3] [4] [5] [6] [7] [8] [9]

年龄		
	1	[0] [1] [2] [3] [4] [5] [6] [7] [8] [9]
	2	[0] [1] [2] [3] [4] [5] [6] [7] [8] [9]

性别	男 [1]	女 [2]

절취선

注意	请用2B铅笔这样写：■

一、听力

1. [A] [B] [C] [D] [F]
2. [A] [B] [C] [D] [F]
3. [A] [B] [C] [D] [F]
4. [A] [B] [C] [D] [F]
5. [A] [B] [C] [D] [F]
6. [A] [B] [C] [D] [F]
7. [A] [B] [C] [D] [F]
8. [A] [B] [C] [D] [F]
9. [A] [B] [C] [D] [F]
10. [A] [B] [C] [D] [F]

11. [✓] [✗]
12. [✓] [✗]
13. [✓] [✗]
14. [✓] [✗]
15. [✓] [✗]
16. [✓] [✗]
17. [✓] [✗]
18. [✓] [✗]
19. [✓] [✗]
20. [✓] [✗]
21. [A] [B] [C]
22. [A] [B] [C]
23. [A] [B] [C]
24. [A] [B] [C]
25. [A] [B] [C]

26. [A] [B] [C]
27. [A] [B] [C]
28. [A] [B] [C]
29. [A] [B] [C]
30. [A] [B] [C]
31. [A] [B] [C]
32. [A] [B] [C]
33. [A] [B] [C]
34. [A] [B] [C]
35. [A] [B] [C]
36. [A] [B] [C]
37. [A] [B] [C]
38. [A] [B] [C]
39. [A] [B] [C]
40. [A] [B] [C]

二、阅读

41. [A] [B] [C] [D] [F]
42. [A] [B] [C] [D] [F]
43. [A] [B] [C] [D] [F]
44. [A] [B] [C] [D] [F]
45. [A] [B] [C] [D] [F]
46. [A] [B] [C] [D] [F]
47. [A] [B] [C] [D] [F]
48. [A] [B] [C] [D] [F]
49. [A] [B] [C] [D] [F]
50. [A] [B] [C] [D] [F]

51. [A] [B] [C] [D] [F]
52. [A] [B] [C] [D] [F]
53. [A] [B] [C] [D] [F]
54. [A] [B] [C] [D] [F]
55. [A] [B] [C] [D] [F]
56. [A] [B] [C] [D] [F]
57. [A] [B] [C] [D] [F]
58. [A] [B] [C] [D] [F]
59. [A] [B] [C] [D] [F]
60. [A] [B] [C] [D] [F]

61. [A] [B] [C]
62. [A] [B] [C]
63. [A] [B] [C]
64. [A] [B] [C]
65. [A] [B] [C]
66. [A] [B] [C]
67. [A] [B] [C]
68. [A] [B] [C]
69. [A] [B] [C]
70. [A] [B] [C]

三、书写

71. ______________________________ ___ ___

72. ______________________________ ___ ___

73. ______________________________ ___ ___

74. ______________________________ ___ ___

75. ______________________________ ___ ___

76. ☐ 77. ☐ 78. ☐ 79. ☐ 80. ☐

실전모의고사 제4회 답안지

新汉语水平考试
HSK（三级）答题卡

请填写考生信息

请按照考试证件上的姓名填写：

姓名	

如果有中文姓名，请填写：

中文姓名	

考生序号		
	1	[0] [1] [2] [3] [4] [5] [6] [7] [8] [9]
	2	[0] [1] [2] [3] [4] [5] [6] [7] [8] [9]
	3	[0] [1] [2] [3] [4] [5] [6] [7] [8] [9]
	4	[0] [1] [2] [3] [4] [5] [6] [7] [8] [9]
	5	[0] [1] [2] [3] [4] [5] [6] [7] [8] [9]

请填写考生信息

考点序号		
	1	[0] [1] [2] [3] [4] [5] [6] [7] [8] [9]
	2	[0] [1] [2] [3] [4] [5] [6] [7] [8] [9]
	3	[0] [1] [2] [3] [4] [5] [6] [7] [8] [9]
	4	[0] [1] [2] [3] [4] [5] [6] [7] [8] [9]
	5	[0] [1] [2] [3] [4] [5] [6] [7] [8] [9]
	6	[0] [1] [2] [3] [4] [5] [6] [7] [8] [9]
	7	[0] [1] [2] [3] [4] [5] [6] [7] [8] [9]

国籍		
	1	[0] [1] [2] [3] [4] [5] [6] [7] [8] [9]
	2	[0] [1] [2] [3] [4] [5] [6] [7] [8] [9]
	3	[0] [1] [2] [3] [4] [5] [6] [7] [8] [9]

年龄		
	1	[0] [1] [2] [3] [4] [5] [6] [7] [8] [9]
	2	[0] [1] [2] [3] [4] [5] [6] [7] [8] [9]

性别	男 [1]	女 [2]

절취선

注意	请用2B铅笔这样写: ▬

一、听力

1. [A] [B] [C] [D] [F]
2. [A] [B] [C] [D] [F]
3. [A] [B] [C] [D] [F]
4. [A] [B] [C] [D] [F]
5. [A] [B] [C] [D] [F]
6. [A] [B] [C] [D] [F]
7. [A] [B] [C] [D] [F]
8. [A] [B] [C] [D] [F]
9. [A] [B] [C] [D] [F]
10. [A] [B] [C] [D] [F]

11. [✓] [✗]
12. [✓] [✗]
13. [✓] [✗]
14. [✓] [✗]
15. [✓] [✗]
16. [✓] [✗]
17. [✓] [✗]
18. [✓] [✗]
19. [✓] [✗]
20. [✓] [✗]
21. [A] [B] [C]
22. [A] [B] [C]
23. [A] [B] [C]
24. [A] [B] [C]
25. [A] [B] [C]

26. [A] [B] [C]
27. [A] [B] [C]
28. [A] [B] [C]
29. [A] [B] [C]
30. [A] [B] [C]
31. [A] [B] [C]
32. [A] [B] [C]
33. [A] [B] [C]
34. [A] [B] [C]
35. [A] [B] [C]
36. [A] [B] [C]
37. [A] [B] [C]
38. [A] [B] [C]
39. [A] [B] [C]
40. [A] [B] [C]

二、阅读

41. [A] [B] [C] [D] [F]
42. [A] [B] [C] [D] [F]
43. [A] [B] [C] [D] [F]
44. [A] [B] [C] [D] [F]
45. [A] [B] [C] [D] [F]
46. [A] [B] [C] [D] [F]
47. [A] [B] [C] [D] [F]
48. [A] [B] [C] [D] [F]
49. [A] [B] [C] [D] [F]
50. [A] [B] [C] [D] [F]

51. [A] [B] [C] [D] [F]
52. [A] [B] [C] [D] [F]
53. [A] [B] [C] [D] [F]
54. [A] [B] [C] [D] [F]
55. [A] [B] [C] [D] [F]
56. [A] [B] [C] [D] [F]
57. [A] [B] [C] [D] [F]
58. [A] [B] [C] [D] [F]
59. [A] [B] [C] [D] [F]
60. [A] [B] [C] [D] [F]

61. [A] [B] [C]
62. [A] [B] [C]
63. [A] [B] [C]
64. [A] [B] [C]
65. [A] [B] [C]
66. [A] [B] [C]
67. [A] [B] [C]
68. [A] [B] [C]
69. [A] [B] [C]
70. [A] [B] [C]

三、书写

71. ______________________________
72. ______________________________
73. ______________________________
74. ______________________________
75. ______________________________

76. ☐ 77. ☐ 78. ☐ 79. ☐ 80. ☐

실전모의고사 제5회 답안지

新汉语水平考试
HSK（三级）答题卡

请填写考生信息

请按照考试证件上的姓名填写：

姓名	

如果有中文姓名，请填写：

中文姓名	

考生序号		
	1	[0] [1] [2] [3] [4] [5] [6] [7] [8] [9]
	2	[0] [1] [2] [3] [4] [5] [6] [7] [8] [9]
	3	[0] [1] [2] [3] [4] [5] [6] [7] [8] [9]
	4	[0] [1] [2] [3] [4] [5] [6] [7] [8] [9]
	5	[0] [1] [2] [3] [4] [5] [6] [7] [8] [9]

请填写考生信息

考点序号		
	1	[0] [1] [2] [3] [4] [5] [6] [7] [8] [9]
	2	[0] [1] [2] [3] [4] [5] [6] [7] [8] [9]
	3	[0] [1] [2] [3] [4] [5] [6] [7] [8] [9]
	4	[0] [1] [2] [3] [4] [5] [6] [7] [8] [9]
	5	[0] [1] [2] [3] [4] [5] [6] [7] [8] [9]
	6	[0] [1] [2] [3] [4] [5] [6] [7] [8] [9]
	7	[0] [1] [2] [3] [4] [5] [6] [7] [8] [9]

国籍		
	1	[0] [1] [2] [3] [4] [5] [6] [7] [8] [9]
	2	[0] [1] [2] [3] [4] [5] [6] [7] [8] [9]
	3	[0] [1] [2] [3] [4] [5] [6] [7] [8] [9]

年龄		
	1	[0] [1] [2] [3] [4] [5] [6] [7] [8] [9]
	2	[0] [1] [2] [3] [4] [5] [6] [7] [8] [9]

性别	男 [1]	女 [2]

절취선

注意	请用2B铅笔这样写：■

一、听力

1. [A] [B] [C] [D] [F]
2. [A] [B] [C] [D] [F]
3. [A] [B] [C] [D] [F]
4. [A] [B] [C] [D] [F]
5. [A] [B] [C] [D] [F]
6. [A] [B] [C] [D] [F]
7. [A] [B] [C] [D] [F]
8. [A] [B] [C] [D] [F]
9. [A] [B] [C] [D] [F]
10. [A] [B] [C] [D] [F]

11. [✓] [✗]
12. [✓] [✗]
13. [✓] [✗]
14. [✓] [✗]
15. [✓] [✗]
16. [✓] [✗]
17. [✓] [✗]
18. [✓] [✗]
19. [✓] [✗]
20. [✓] [✗]
21. [A] [B] [C]
22. [A] [B] [C]
23. [A] [B] [C]
24. [A] [B] [C]
25. [A] [B] [C]

26. [A] [B] [C]
27. [A] [B] [C]
28. [A] [B] [C]
29. [A] [B] [C]
30. [A] [B] [C]
31. [A] [B] [C]
32. [A] [B] [C]
33. [A] [B] [C]
34. [A] [B] [C]
35. [A] [B] [C]
36. [A] [B] [C]
37. [A] [B] [C]
38. [A] [B] [C]
39. [A] [B] [C]
40. [A] [B] [C]

二、阅读

41. [A] [B] [C] [D] [F]
42. [A] [B] [C] [D] [F]
43. [A] [B] [C] [D] [F]
44. [A] [B] [C] [D] [F]
45. [A] [B] [C] [D] [F]
46. [A] [B] [C] [D] [F]
47. [A] [B] [C] [D] [F]
48. [A] [B] [C] [D] [F]
49. [A] [B] [C] [D] [F]
50. [A] [B] [C] [D] [F]

51. [A] [B] [C] [D] [F]
52. [A] [B] [C] [D] [F]
53. [A] [B] [C] [D] [F]
54. [A] [B] [C] [D] [F]
55. [A] [B] [C] [D] [F]
56. [A] [B] [C] [D] [F]
57. [A] [B] [C] [D] [F]
58. [A] [B] [C] [D] [F]
59. [A] [B] [C] [D] [F]
60. [A] [B] [C] [D] [F]

61. [A] [B] [C]
62. [A] [B] [C]
63. [A] [B] [C]
64. [A] [B] [C]
65. [A] [B] [C]
66. [A] [B] [C]
67. [A] [B] [C]
68. [A] [B] [C]
69. [A] [B] [C]
70. [A] [B] [C]

三、书写

71. ______________________________
72. ______________________________
73. ______________________________
74. ______________________________
75. ______________________________

76. ☐ 77. ☐ 78. ☐ 79. ☐ 80. ☐

HSK는 전략이다!

고수들의 기출 분석으로 7일만에 점수 뒤집기!

- HSK 고수들의 막판 7일! 실전모의고사 시리즈 -

"HSK 1·2급 / 4급 / 5급 / 6급" 도서는 곧 출간 예정

※ 도서의 이미지 및 구성은 변경될 수 있습니다.

7일만에 HSK 점수를 뒤집는 실전 대비 완벽 커리큘럼

최신 출제경향을 반영한 7일 완성 모의고사 5회분

\+

고수들의 정답 노하우가 담긴 명쾌한 해설집

\+

학습 취약점을 파악할 수 있는 학습 자가진단표

\+

시험 직전 기본기를 잡아주는 한 장으로 보는 HSK어법

Book Master :

시대고시기획

도서구입 및 내용문의 1600-3600

책 출간 이후에도 끝까지 최선을 다하는 시대고시기획!
도서 출간 이후에 발견되는 오류와 바뀌는 시험정보, 기출문제, 도서 업데이트 자료 등을 홈페이지 자료실 및 시대북 통합서비스 앱을 통해 알려 드리고 있습니다. 또한, 도서가 파본인 경우에는 구입하신 곳에서 교환해드립니다. www.sidaegosi.com

편집진행 이지현 · 신기원 | 표지디자인 이미애 | 본문디자인 양혜련 · 장성복

※ 이 책은 저작권법에 의해 보호를 받는 저작물이므로 동영상 제작 및 무단전재와 복제를 금합니다.

PROFILE

김혜연

- [현] YBM어학원 강남센터 basis 중국어 대표강사
- [전] 종로 시사중국어학원 HSK3급, 중국어 어법 강사
- [전] 수원 에이블어학원 중국어 대표강사
- 한양대학교 중국학과 졸업
- 북경외국어대학교 어학연수
- 주요 저서 「신HSK PT 3급」(시사중국어사)

김보름

- [현] YBM어학원 강남센터 부원장
- [전] 문정아중국어연구소 부장
- [전] 원글리쉬어학원/와삭주니어 팀장
- 요녕대학교 중국어학과 학사
- 주요 저서 「basis 중국어 1, 2」(동양북스)

MP3 다운로드 안내

※ 별도의 MP3 다운로드 없이 오른쪽 QR코드를 통해 유튜브에서 실시간 MP3를 들으실 수 있습니다.

❶ www.sidaegosi.com에 접속

❷ 홈페이지 상단에 있는 항목 중 "MP3" 클릭

❸ 클릭 후 들어간 페이지에서 "HSK 3급 고수들의 막판 7일! 실전모의고사 400제"를 검색한 뒤 파일 다운로드

대기업 · 공기업 필기시험
온라인 모의고사의
뉴 패러다임
'합격시대'

합격시대 홈페이지 www.sidaegosi.com/pass_sidae

1회 무료쿠폰 (기간 : ~ 2020. 12. 31)
핏모의고사(30개 구매권)
XLY-00000-57D6C

※ 무료 쿠폰으로는 핏모의고사 문제 30개를 무료로 구매할 수 있으며 (마이페이지 확인), '합격시대' 상품은 별도의 구매가 필요합니다.

"공기업 · 대기업 · 부사관, ROTC, 사관학교 및 산업계 전반으로 AI면접 확산"

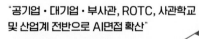

AI면접은 win시대로

(PC/모바일 사용 가능)
※ 아이폰은 지원되지 않습니다.

WIN시대로 홈페이지 www.sdedu.co.kr/winsidaero

1회 무료쿠폰 (기간 : ~ 2020. 12. 31)
쿠폰번호
OPE3-00000-D091D

※ 무료 쿠폰으로 응시한 면접에는 제한된 리포트가 제공됩니다.

고수들의 **막판 7일!**

HSK 3급

실전모의고사 400제

정답 및 해설

제 1 회

제 2 회

제 3 회

제 4 회

제 5 회

실전모의고사 1회

한눈에 정답 확인하기

듣기

제1부분	1. A	2. C	3. B	4. F	5. E	6. A	7. D	8. E	9. C	10. B
제2부분	11. ✓	12. ✗	13. ✗	14. ✗	15. ✓	16. ✓	17. ✓	18. ✗	19. ✓	20. ✗
제3부분	21. B	22. A	23. A	24. C	25. B	26. C	27. C	28. A	29. A	30. B
제4부분	31. A	32. C	33. A	34. B	35. B	36. B	37. C	38. C	39. A	40. A

독해

제1부분	41. B	42. D	43. F	44. A	45. C	46. C	47. E	48. B	49. A	50. D
제2부분	51. C	52. D	53. F	54. B	55. A	56. A	57. F	58. C	59. B	60. E
제3부분	61. C	62. B	63. B	64. A	65. A	66. B	67. A	68. C	69. B	70. A

쓰기

제1부분

71. 那件红色的衣服太旧了。

72. 这个人个子很高。

73. 那条街道很安静。

74. 他们年级一共有五个班。

75. 雨越下越大了。

제2부분

76. 次　77. 为　78. 饭　79. 南　80. 别

자가진단표를 뜯어서 사용할 수 있습니다.

자가진단 나의 학습 취약점 & 보완점 체크하기

문제별 중요도와 난이도를 보고 자신의 학습 취약점을 파악할 수 있게 하였습니다. 정답을 확인하여 반복적으로 틀린 문제를 표시하고 어떤 부분(어휘력, 독해력, 청취력)을 보완해야 할지 진단해 봅시다.

틀린문제에 √표시 / 난이도 / 문제 번호 / 중요도 / 문제 공략 포인트

1 □ ★★ 상 | 형용사, 명사 키워드 듣기

듣기 제1부분		
1 □ ★	하	동사 키워드 듣기
2 □ ★	하	동사 키워드 듣기
3 □ ★	하	동사, 명사 키워드 듣기
4 □ ★★	중	명사 키워드 듣기
5 □ ★	하	명사 키워드 듣기
6 □ ★★	하	명사 키워드 듣기
7 □ ★★★	중	명사 키워드 듣기
8 □ ★★	중	명사 키워드 듣기
9 □ ★★	하	명사, 양사 키워드 듣기
10 □ ★★	상	형용사, 명사 키워드 듣기
듣기 제2부분		
11 □ ★	하	유사 표현 듣기
12 □ ★★★	상	완료/진행/장래 구분하기
13 □ ★★	중	완료/진행/장래 구분하기
14 □ ★★	중	다른 부분 찾아내기
15 □ ★	하	같은 부분 찾아내기
16 □ ★	하	유사 표현 듣기
17 □ ★★★	상	전체적인 내용 파악하기
18 □ ★★	중	완료/진행/장래 구분하기
19 □ ★	하	유사 표현 듣기
20 □ ★	하	장소 유추하기
듣기 제3부분		
21 □ ★	하	남/여의 행동 듣기
22 □ ★★	중	장소 듣기
23 □ ★	중	남/여의 행동 듣기
24 □ ★	하	사물 듣기
25 □ ★	하	관계/신분 듣기
26 □ ★	하	시간 듣기
27 □ ★	중	상태/상황 듣기
28 □ ★★	하	상태/상황 듣기
29 □ ★	하	남/여의 행동 듣기
30 □ ★	하	사물 듣기
듣기 제4부분		
31 □ ★★	중	관계/신분 듣기
32 □ ★★	중	남/여의 행동 듣기
33 □ ★★	중	위치 듣기
34 □ ★★	하	시간 듣기
35 □ ★	하	가격 듣기
36 □ ★★	중	위치 듣기
37 □ ★	하	장소 듣기
38 □ ★★	중	상태/상황 듣기

절취선

39 □	★	하	상태/상황 듣기
40 □	★	하	남/여의 행동 듣기

독해 제1부분

41 □	★★	중	핵심 어휘로 연결
42 □	★★	중	핵심 어휘로 연결
43 □	★★	중	질문과 대답, 핵심 어휘로 연결
44 □	★★	중	핵심 어휘로 연결
45 □	★★	하	핵심 어휘로 연결
46 □	★	하	질문과 대답, 핵심 어휘로 연결
47 □	★	하	질문과 대답, 핵심 어휘로 연결
48 □	★	하	질문과 대답, 핵심 어휘로 연결
49 □	★	하	핵심 어휘로 연결
50 □	★	하	질문과 대답, 핵심 어휘로 연결

독해 제2부분

51 □	★★	중	술어로 쓰인 동사 넣기
52 □	★★	중	관형어로 쓰인 명사 넣기
53 □	★★	하	술어로 쓰인 동사 넣기
54 □	★	하	술어로 쓰인 동사 넣기
55 □	★★	하	술어로 쓰인 동사 넣기
56 □	★	하	술어로 쓰인 동사 넣기
57 □	★★	중	부사어로 쓰인 동사 넣기
58 □	★★	중	연결어로 쓰인 접속사 넣기
59 □	★	하	술어로 쓰인 형용사 넣기
60 □	★	중	관형어로 쓰인 대사 넣기

독해 제3부분

61 □	★★	중	중심 내용 파악하기
62 □	★	하	세부 내용 파악하기
63 □	★★	상	핵심 어휘로 정답 찾기
64 □	★	하	세부 내용 파악하기
65 □	★	중	세부 내용 파악하기
66 □	★★★	상	중심 내용 파악하기
67 □	★	하	세부 내용 파악하기
68 □	★	중	핵심 어휘로 정답 찾기
69 □	★★	중	전체적인 내용 파악하기
70 □	★	하	내용을 통해 유추하기

쓰기 제1부분

71 □	★★	상	관형어, 형용사술어 배치하기
72 □	★	하	관형어, 형용사술어 배치하기
73 □	★★	중	관형어, 형용사술어 배치하기
74 □	★★	중	관형어 배치, 有자문 완성하기
75 □	★★★	상	고정격식 완성하기

쓰기 제2부분

76 □	★	하	양사 쓰기
77 □	★★★	상	개사 쓰기
78 □	★	하	명사 쓰기
79 □	★	하	명사 쓰기
80 □	★	중	대사 쓰기

- 수고하셨습니다! -

점수 확인

		총점(만점 300점)
듣기	정답수(　　/40개) X 2.5점 = ________ 점/100점	________ 점
독해	정답수(　　/30개) X 3.3점 = ________ 점/100점	
쓰기 제1부분	정답수(　　/ 5개) X 12점 = ________ 점/60점	
쓰기 제2부분	정답수(　　/ 5개) X 8점 = ________ 점/40점	

※ 주의: 위의 영역별 문항 점수는 만점을 기준으로 하여 산출한 가상 점수로 실제 HSK 성적과 계산 방식이 상이할 수 있습니다.

절취선

듣기 제1부분

[풀이전략] 녹음을 듣기 전에 먼저 5개의 제시된 그림을 보고 어떤 단어 또는 내용이 들릴지 미리 예상한 뒤 녹음을 듣는다.

1 ★☆☆ 하

사진은 남자가 공부를 하고 있는 모습이다. 녹음을 듣기 전, 공부와 관련된 어휘 学习(공부하다), 考试(시험), 题(문제) 등을 미리 연상한다.

女：都11点了，你怎么还没睡觉呢？
男：明天有**考试**，你先睡吧。

여: 11시가 다 됐는데 너 왜 아직도 잠을 안 자고 있어?
남: 내일 **시험**이 있어. 너 먼저 자.

해설 녹음에서 남자가 明天有考试(내일 시험이 있어)이라고 했으므로 대화의 내용과 가장 일치하는 그림은 현재 남자가 공부를 하고 있는 모습인 A이다.

Tip▶ '怎么'는 동사 앞에서 동작의 방법을 묻는 '어떻게'라는 뜻도 있지만, 상태를 묻는 '어째서, 왜'라는 뜻도 있다.
예 到地铁站**怎么**走？ 지하철역까지 **어떻게** 가요?
他**怎么**还没来？ 그는 **왜** 아직 안 와요?

어휘 都 dōu 부 모두, 다　点 diǎn 명 시　怎么 zěnme 대 어째서, 어떻게　还 hái 부 여전히, 아직도　睡觉 shuìjiào 동 잠자다　明天 míngtiān 명 내일　有 yǒu 동 있다　考试 kǎoshì 명 시험

2 ★☆☆ 하

사진은 여러 사람이 모여 대화를 나누고 있는 모습으로 회사에서 회의를 하고 있는 상황을 예상할 수 있다. 녹음을 듣기 전, 회사와 관련된 어휘 开会(회의하다), 公司(회사), 经理(사장), 同事(동료) 등을 미리 연상한다.

男：陈**经理**在吗？
女：他在**开会**，有什么事儿吗？

남: 진 **사장님** 계신가요?
여: **회의** 중이십니다. 무슨 일 있으세요?

해설 남자가 陈经理在吗？(진 사장님 계신가요?)라고 물었고 여자가 他在开会(회의 중이십니다)라고 대답했으므로 开会(회의하다)가 대화의 핵심 내용임을 알 수 있다. 따라서 회의와 관련된 그림인 C가 정답이다. 녹음에서 开会를 듣지 못해도 经理(사장님)라는 단어를 통해 회사와 관련된 그림인 C를 고를 수 있다. 핵심 단어와 관련된 단어를 통해서도 정답을 찾을 수 있다.

어휘 经理 jīnglǐ 명 사장　在 zài 동 있다　开会 kāihuì 동 회의하다　什么 shénme 대 무슨, 무엇　事儿 shìr 명 일

3 ★☆☆ 하

사진은 사람들이 자전거를 타고 있는 모습으로 녹음을 듣기 전, 骑(타다), 自行车(자전거)를 미리 연상해 둔다.

女：周末的时候你一般做什么？ 男：我一般跟弟弟去公园**骑自行车**。	여: 주말에 너는 보통 뭐해? 남: 나는 보통 남동생과 공원에 가서 **자전거를 타**.

해설 여자가 주말에 보통 무엇을 하는지 물었고 남자는 我一般跟弟弟去公园骑自行车(나는 보통 남동생과 공원에 가서 자전거를 타)라고 했으므로 자전거 타는 것과 관련된 그림인 B가 정답이다. 녹음을 듣기 전에 그림을 보고 미리 骑自行车(자전거를 타다)를 떠올렸다면 정답을 쉽게 찾을 수 있다.

어휘 周末 zhōumò 명 주말 的时候 de shíhou ~할 때 一般 yìbān 형 보통이다, 일반적이다 做 zuò 동 하다 跟 gēn 개 ~와/과 弟弟 dìdi 명 남동생 去 qù 동 가다 公园 gōngyuán 명 공원 骑 qí 동 타다 自行车 zìxíngchē 명 자전거

4 ★★☆ 중

사진에 상해의 랜드마크인 동방명주가 있다. 녹음을 듣기 전, 上海(상해), 旅游(여행하다) 등을 미리 연상한다.

男：这个暑假你打算去哪儿玩儿？ 女：我想去**上海**看看，听说那儿的夜景很不错。	남: 이번 여름방학에 너는 어디 가서 놀 계획이야? 여: 나는 **상해**에 가 보고 싶어. 그곳 야경이 괜찮다고 들었어.

해설 남자가 여름방학에 어디에 가서 놀 계획인지 묻는 말에 여자가 我想去上海看看(상해에 가 보고 싶어)이라고 했으므로 F가 정답이다. 사진 속 가장 높은 건물인 东方明珠(동방명주)는 방송 수신탑으로 현재 상해를 상징하는 랜드마크가 되었다.

어휘 暑假 shǔjià 명 여름방학 打算 dǎsuàn 동 ~할 계획이다 哪儿 nǎr 대 어디 玩儿 wánr 동 놀다 想 xiǎng 조동 ~하고 싶다 上海 Shànghǎi 지명 상해, 상하이 听说 tīngshuō 동 듣자하니 那儿 nàr 대 그곳 夜景 yèjǐng 명 야경 不错 búcuò 형 좋다, 괜찮다

5 ★☆☆ 하

이것은 비행기 사진이므로 녹음을 듣기 전, 비행기와 관련된 어휘 坐(타다), 飞机(비행기), 机场(공항) 등을 미리 연상하고 듣는다.

女：你怎么去北京？ 男：我要坐**飞机**去，坐飞机比坐火车还快。	여: 너 어떻게 북경에 가? 남: 나는 **비행기** 타고 갈 거야. 비행기 타는 것이 기차 타는 것보다 더 빨라.

해설 여자가 남자에게 북경에 어떻게 가느냐고 물었고, 남자는 我要坐飞机去(나는 비행기를 타고 갈 거야)라고 했으므로 飞机(비행기)와 관련 있는 그림인 E가 정답이다.

어휘 怎么 zěnme 대 어째서, 어떻게 去 qù 동 가다 北京 Běijīng 지명 북경 要 yào 조동 ~하려고 하다 坐 zuò 동 타다 飞机 fēijī 명 비행기 比 bǐ 개 ~보다 火车 huǒchē 명 기차 还 hái 부 더 快 kuài 형 빠르다

6 ★★☆ 하

사진은 만두이므로 녹음을 듣기 전, 만두와 관련된 어휘 包子(만두), 吃(먹다), 好吃(맛있다) 등을 미리 연상한다.

男：你吃过这家的包子吗？特别好吃！
女：当然吃过，我很喜欢这家的包子。

> 남: 너 이 식당의 만두 먹어 본 적 있어? 아주 맛있어!
> 여: 당연히 먹어 봤지. 나 이 집 만두 좋아해.

해설 남자와 여자의 말에 모두 包子(만두)가 들렸으므로 대화의 주제는 만두임을 알 수 있다. 따라서 만두와 관련된 그림인 A가 정답이다.

Tip▶ 지문에서 들린 '家'는 '집'이라는 뜻의 명사가 아니라 양사로 쓰였다. 家는 영리 단체를 세는 단위로 주로 회사, 식당, 상점을 세거나 가리킬 때 사용한다.
예 这**家**公司 이 회사, 前面两**家**商店 앞의 두 가게

어휘 吃 chī 동 먹다 过 guo 조 ~한 적이 있다 家 jiā 양 가정 · 가게를 세는 단위 的 de 조 ~의 包子 bāozi 명 만두 特别 tèbié 부 특히, 매우 好吃 hǎochī 형 맛있다 当然 dāngrán 부 당연히 喜欢 xǐhuan 동 좋아하다

7 ★★★ 중

사진은 사람들이 영화를 보고 있는 모습이다. 녹음을 듣기 전, 영화와 관련된 어휘 电影(영화), 看(보다), 电影院(영화관) 등을 미리 연상한다.

女：快点儿，**电影**马上就要开始了。
男：好的，不用买吃的吗？

> 여: 서둘러. **영화**가 곧 시작할 거야.
> 남: 알겠어. 먹을 거 살 필요 없어?

해설 여자가 电影马上就要开始了(영화가 곧 시작할 거야)라고 했으므로 정답은 영화관에서 영화를 보고 있는 그림인 D이다.

Tip▶ '就要……了(곧 ~할 것이다)'는 동작이 곧 일어날 것임을 나타낼 때 쓰는 표현이다.
예 飞机**就要**起飞**了**。 비행기가 **곧** 이륙**하겠습니다**.

어휘 电影 diànyǐng 명 영화 马上 mǎshàng 부 곧, 즉시 开始 kāishǐ 동 시작하다 不用 búyòng 부 ~할 필요가 없다 买 mǎi 동 사다

8 ★★☆ 중

사진은 학생들이 시험을 보고 있는 모습이며 장소가 학교라는 것을 예상할 수 있다. 녹음을 듣기 전, 시험과 관련된 어휘 考试(시험), 考(시험을 보다), 学习(공부하다) 등을 미리 연상하고 듣는다.

男：数学考试考得怎么样？我觉得太难了。 女：我也考得不太好。	남: 수학 시험 어땠어? 나는 너무 어려웠어. 여: 나도 잘 못 봤어.

해설 남자가 여자에게 한 数学考试考得怎么样？(수학 시험 어땠어?)이라는 말에서 考试(시험)라는 단어만 듣고도 정답이 E라는 것을 알 수 있다. 考试(시험)라는 단어를 몰라도 数学(수학)를 들었다면 보기에서 수업과 관련 있는 내용인 E를 정답으로 선택할 수 있다.

어휘 数学 shùxué 명 수학 考试 kǎoshì 명 시험 考 kǎo 동 (시험을) 보다 难 nán 형 어렵다 也 yě 부 ~도, 역시

9 ★★☆ 하

사진에 구두가 여러 켤레가 있다. 녹음을 듣기 전, 구두와 관련된 어휘 皮鞋(구두), 双(켤레), 买(사다) 등을 미리 연상하고 듣는다.

女：你看，这双黄色的**皮鞋**好看，还是那双红色的好看？ 男：我觉得红色的更好看。	여: 봐 봐. 이 노란색 **구두**가 예뻐 아니면 저 빨간색이 예뻐? 남: 나는 빨간색이 더 보기 좋은 거 같아.

해설 여자가 남자에게 这双黄色的皮鞋好看，还是那双红色的好看？(이 노란색 구두가 예뻐 아니면 저 빨간색이 예뻐?)이라고 물었으므로 皮鞋(구두)가 대화의 핵심 내용임을 알 수 있다. 따라서 정답은 여자가 구두를 신어 보는 그림인 C이다.

Tip▶ '双(켤레)'은 쌍이 있는 물건에 사용하며 신발을 셀 때 주로 사용한다.
예 一**双**鞋 신발 한 **켤레**

어휘 双 shuāng 양 쌍, 켤레 黄色 huángsè 명 노란색 皮鞋 píxié 명 구두, 가죽 신발 好看 hǎokàn 형 보기 좋다 A还是B A háishi B 접 A 아니면 B(선택의문문을 만듦) 红色 hóngsè 명 빨간색 觉得 juéde 동 ~라고 생각하다 更 gèng 부 더, 더욱

10 ★★☆ 상

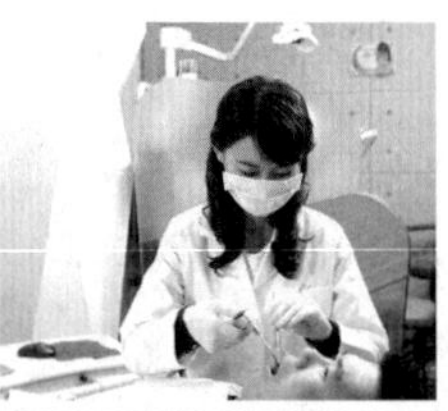

사진은 병원에서 의사가 환자를 진료하는 모습이다. 남자가 누워서 입을 벌리고 있으므로 치과임을 예상할 수 있다. 녹음을 듣기 전, 치과와 관련된 어휘 牙(이), 疼(아프다), 医生(의사), 看病(진찰을 받다) 등을 미리 연상하고 듣는다.

男：医生，最近**牙疼**得厉害，不知道为什么。 女：你先躺在这儿，让我看看。	남: 의사 선생님, 요즘 **이**가 심하게 **아파요**. 왜 그런지 모르겠어요. 여: 먼저 여기 누우세요. 제가 좀 볼게요.

해설 녹음에서 남자가 最近牙疼得厉害(요즘 이가 심하게 아파요)라고 했으므로 대화의 내용이 치아(牙)와 관련되었음을 알 수 있다. 따라서 알맞은 정답은 치과가 배경인 B이다. 설사 牙(치아)를 못 들었어도 疼(아프다)이나 여자의 말 중 躺在这儿，让我看看(여기에 누우세요. 제가 좀 볼게요)이라는 말을 통해서 병원이 배경인 B가 정답이라는 것을 알 수 있다.

어휘 医生 yīshēng 명 의사 最近 zuìjìn 명 요즘, 최근 牙 yá 명 이, 치아 疼 téng 형 아프다 厉害 lìhai 형 대단하다, 심하다 知道 zhīdào 동 알다 为什么 wèishénme 대 왜 先 xiān 부 먼저 躺 tǎng 동 눕다 在 zài 개 ~에, 에서 这儿 zhèr 대 여기, 이곳 让 ràng 동 ~하게 하다 看 kàn 동 보다

듣기 제2부분

[풀이전략] 일치/불일치를 판단하는 문제는 먼저 보기 문장의 핵심 내용을 파악한 뒤, 녹음을 들으면서 일치하는 내용을 확인한다.

11 ★☆☆ 하

★ 他骑自行车上班。 (✓)	★ 그는 자전거를 타고 출근한다.
早上路上车堵得很厉害，所以我每天骑车去上班。	아침에는 길에 차가 심하게 막힌다. 그래서 나는 매일 자전거를 타고 출근한다.

해설 보기 문장은 他骑自行车上班(그는 자전거를 타고 출근한다)이므로 녹음에서 자전거를 타고 출근하는지 다른 수단을 이용하는지 대조하며 듣는다. 녹음에서 骑车去上班(자전거를 타고 출근한다)이 그대로 들렸으므로 정답은 일치(✓)이다.

어휘 骑 qí 동 타다 自行车 zìxíngchē 명 자전거 上班 shàngbān 동 출근하다 早上 zǎoshang 명 아침 车 chē 명 차 堵 dǔ 동 막히다 厉害 lìhai 형 심하다 所以 suǒyǐ 접 그래서 每天 měitiān 명 매일 去 qù 동 가다

12 ★★★ 상

★ 姐姐已经搬家了。 (✗)	★ 언니는 이미 이사를 했다.
姐姐打算下周六搬家。她新找的房子离地铁站不远，走路五分钟就到了，很方便。	언니는 다음 주 토요일에 이사를 할 계획이다. 그녀가 새로 구한 집은 지하철역에서 멀지 않다. 걸어서 5분이면 도착해서 편리하다.

해설 보기 문장은 姐姐已经搬家了(언니는 이미 이사를 했다)이므로 언니가 이미 이사를 했는지를 확인해야 한다. 녹음의 시작 부분에 打算下周六搬家(다음 주 토요일에 이사를 할 계획이다)라고 했으므로 아직 이사하지 않았음을 알 수 있다. 따라서 정답은 불일치(✗)이다.

어휘 姐姐 jiějie 명 언니, 누나 已经 yǐjīng 부 이미, 벌써 搬家 bānjiā 동 이사하다 打算 dǎsuàn 동 ~할 계획이다 下周六 xiàzhōuliù 다음 주 토요일 新 xīn 형 새롭다 找 zhǎo 동 찾다, 구하다 房子 fángzi 명 집 离 lí 개 ~로부터 地铁站 dìtiězhàn 명 지하철역 远 yuǎn 형 멀다 走 zǒu 동 걷다 就 jiù 부 곧, 바로 到 dào 동 도착하다 方便 fāngbiàn 형 편리하다

13 ★★☆ 중

★ 他们正在散步。 (✗)	★ 그들은 산책을 하고 있는 중이다.
我吃多了，一会儿我们去散步怎么样？	나 많이 먹었어. 이따가 우리 산책하러 가는 게 어때?

해설 보기 문장에서 正在散步(산책을 하고 있는 중이다)라고 했으므로 그들이 산책을 하고 있는 중인지 확인해야 한다. 녹음에서 一会儿我们去散步怎么样？(이따가 산책하러 가는 것이 어때?)이라고 제안하고 있으므로 지금 산책하는 것이 아님을 알 수 있다. 따라서 정답은 불일치(✗)이다.

어휘 正在 zhèngzài 부 ~하고 있는 중이다 散步 sànbù 동 산책하다 一会儿 yíhuìr 명 이따가 怎么样 zěnmeyàng 대 어떻다, 어떠하다

14 ★★☆ 중

★ 外面下雪了。 (✘)	★ 밖에 눈이 내렸다.
天阴了，可能要下雨了，你还是带伞去吧。	날이 흐려졌어. 아마 비가 내릴 거야. 너 우산 가져가는 게 좋겠어.

해설 보기 문장이 外面下雪了(밖에 눈이 내렸다)이므로 녹음에서 바깥 날씨를 어떻게 말하는지 주의깊게 들어야 한다. 녹음에서 날이 흐려졌다고 하며 可能要下雨了(아마 비가 내릴 거야)라고 했으므로 일치하지 않음(✘)을 알 수 있다.

어휘 外面 wàimiàn 명 바깥 下雪 xiàxuě 동 눈이 내리다 阴 yīn 형 흐리다 可能 kěnéng 부 아마도 下雨 xiàyǔ 동 비가 내리다 带 dài 동 지니다, 휴대하다 伞 sǎn 명 우산

15 ★☆☆ 하

★ 电影院在银行对面。 (✔)	★ 영화관은 은행 맞은편에 있다.
你在哪儿呢？我已经到了，那个电影院就在银行对面，我在电影院门口等你吧。	너 어디에 있어? 나 이미 도착했어. 그 영화관은 은행 맞은편에 바로 있어. 나 영화관 입구에서 너 기다릴게.

해설 보기 문장이 电影院在银行对面(영화관은 은행 맞은편에 있다)이므로 영화관의 위치가 어디에 있는지를 확인해야 한다. 녹음에서 那个电影院就在银行对面(그 영화관은 은행 맞은편에 바로 있어)이라고 그대로 들렸으므로 정답은 일치(✔)이다.

어휘 电影院 diànyǐngyuàn 명 영화관 在 zài 동 ~에 있다 银行 yínháng 명 은행 对面 duìmiàn 명 맞은편 哪儿 nǎr 대 어디 到 dào 동 도착하다 门口 ménkǒu 명 입구 等 děng 동 기다리다

16 ★☆☆ 하

★ 中国北方的冬天特别冷。 (✔)	★ 중국 북방의 겨울은 특히 춥다.
在中国，北方的冬天非常冷，特别是东北。冬天人们喜欢去南方旅游。	중국에서 북방의 겨울은 매우 춥다. 특히 동북이 그렇다. 겨울에 사람들은 남방으로 여행가는 것을 좋아한다.

해설 보기 문장이 中国北方的冬天特别冷(중국 북방의 겨울은 특히 춥다)이므로 북방의 겨울이 추운지 확인해야 한다. 녹음에서 在中国，北方的冬天非常冷(중국에서 북방의 겨울은 매우 춥다)이라고 하여 정도부사만 달리해서 그대로 들렸으므로 정답은 일치(✔)이다.

Tip▶ 이러한 문제는 상식 문제로 '북방의 겨울이 춥다'는 것은 모두 아는 사실이기 때문에 대부분 정답이 일치이다. 따라서 제시된 문장이 상식인 경우 틀리지 않도록 주의하자.

어휘 北方 běifāng 명 북방 冬天 dōngtiān 명 겨울 冷 lěng 형 춥다 喜欢 xǐhuan 동 좋아하다 南方 nánfāng 명 남방 旅游 lǚyóu 동 여행하다

17 ★★★ 상

★ 他认为那个酒店不错。 (✔)	★ 그는 그 호텔이 괜찮다고 생각한다.
那个酒店离机场很近，而且比较便宜。我去出差的时候，经常去那儿住。	그 호텔은 공항에서 가깝다. 게다가 비교적 저렴하다. 나는 출장갈 때 자주 그곳에 머문다.

해설 보기 문장이 他认为那个酒店不错(그는 그 호텔이 괜찮다고 생각한다)이므로 녹음에서 그가 호텔을 어떻게 생각하는지 들어야 한다. 녹음에서 호텔에 관한 설명을 하면서 마지막에 经常去那儿住(자주 그곳에 머문다)라고 했다. 괜찮다고 생각한다는 내용이 직접적으로 들리지 않았지만 호텔에 관한 긍정적인 평가와 자주 머문다는 것을 통해 호텔을 괜찮다고 여긴다는 것을 알 수 있다. 따라서 정답은 일치(✓)이다.

어휘 认为 rènwéi 동 ~라고 여기다, 생각하다　酒店 jiǔdiàn 명 호텔　不错 búcuò 형 좋다, 괜찮다　离 lí 개 ~에서부터　机场 jīchǎng 명 공항　近 jìn 형 가깝다　而且 érqiě 접 게다가　比较 bǐjiào 부 비교적　便宜 piányi 형 싸다, 저렴하다　出差 chūchāi 동 출장가다　的时候 de shíhou ~할 때　经常 jīngcháng 부 종종, 자주　住 zhù 동 살다, 머무르다

18 ★★☆ 중

★ 小李又迟到了。　　(✗)	★ 샤오리는 또 지각했다.
喂，你到哪儿了？考试马上就要开始了，你又迟到的话，老师一定会生气的！别迟到。	여보세요. 너 어디 도착했어? 시험이 곧 시작할 거야. 너 또 늦으면 선생님은 분명히 화를 내실 거야! 늦지 마.

해설 보기 문장이 小李又迟到了(샤오리는 또 지각했다)이므로 샤오리가 또 지각을 했는지 확인해야 한다. 녹음에서 你又迟到的话(또 늦으면)이라고 가정하는 내용과, 别迟到(늦지 마)라는 내용을 통해서 현재 지각한 것이 아님을 알 수 있다. 따라서 정답은 불일치(✗)이다.

어휘 又 yòu 부 또　迟到 chídào 동 지각하다　考试 kǎoshì 명 시험　马上 mǎshàng 부 곧, 즉시　就要……了 jiùyào……le ~할 것이다　开始 kāishǐ 동 시작하다　的话 de huà ~한다면　一定 yídìng 부 반드시　会……的 huì……de ~할 것이다　生气 shēngqì 동 화나다　别 bié 부 ~하지 마라

19 ★☆☆ 하

★ 丈夫瘦了很多。　　(✓)	★ 남편은 살이 많이 빠졌다.
我丈夫想减肥，所以他最近上班前都去跑步。后来他瘦了20斤。	내 남편은 다이어트를 하고 싶어 한다. 그래서 그는 요즘 출근 전에 조깅을 하러 간다. 그리고 나서 그는 10kg이 빠졌다.

해설 보기 문장이 丈夫瘦了很多(남편은 살이 많이 빠졌다)이므로 남편이 살이 빠졌는지 아닌지를 주의깊게 들어야 한다. 녹음에서 남편이 다이어트를 하고 싶어서 매일 출근 전에 운동을 한 결과 后来他瘦了20斤(그리고 나서 10kg이 빠졌다)이라고 했으므로 정답은 일치(✓)이다.

Tip▶ 1斤은 0.5kg 정도이다.

어휘 丈夫 zhàngfu 명 남편　瘦 shòu 형 마르다, 여위다　想 xiǎng 조동 ~하고 싶다　减肥 jiǎnféi 동 다이어트하다　最近 zuìjìn 명 요즘, 최근　跑步 pǎobù 동 조깅하다　后来 hòulái 부 그 후에　斤 jīn 양 근(무게의 단위)

20 ★☆☆ 하

★ 他们在咖啡厅。　　(✗)	★ 그들은 카페에 있다.
你想吃什么？听说这儿的火锅很好吃。我们吃火锅怎么样？	너 뭐 먹고 싶어? 여기 훠궈가 맛있다고 들었어. 우리 훠궈 먹는 게 어때?

해설 보기 문장이 他们在咖啡厅(그들은 카페에 있다)이므로 그들이 있는 장소가 카페인지를 확인해야 한다. 녹음에서 이곳의 훠궈가 맛있다고 하며 我们吃火锅怎么样？(우리 훠궈 먹는 게 어때?)이라고 했으므로 그들이 있는 곳은 식당임을 알 수 있다. 따라서 정답은 불일치(✗)이다.

어휘 在 zài 동 ~에 있다 咖啡厅 kāfēitīng 명 카페 吃 chī 동 먹다 什么 shénme 대 무슨, 무엇 听说 tīngshuō 동 듣자하니 这儿 zhèr 대 여기, 이곳 火锅 huǒguō 명 훠궈 好吃 hǎochī 형 맛있다

듣기 제3부분

[풀이전략] 녹음을 듣기 전, 먼저 보기를 보고 질문과 녹음의 내용을 미리 예상한다. 남녀의 정보를 구분해야 하며, 녹음에 언급되는 보기에 관련 정보를 메모한다.

21 ★☆☆ 하

女：今天太热了，想去游泳。 男：下课后去吧，我也想去。 问：他们想去做什么？	여: 오늘 너무 더워. 수영하러 가고 싶어. 남: 수업 끝나고 가자. 나도 가고 싶어. 질문: 그들은 무엇을 하러 가고 싶은가?
A 太累了 **B 想去游泳** C 不去公园了	A 너무 힘들다 **B 수영하러 가고 싶다** C 공원에 안 간다

해설 보기가 행동과 상태를 나타내므로 녹음에서 남녀의 상태나 행동에 관한 단어에 주의해서 듣는다. 여자가 너무 더워서 想去游泳(수영하러 가고 싶어)이라고 했고 이어 남자가 我也想去(나도 가고 싶어)라고 했다. 질문에서 이들이 무엇을 하러 가고 싶은지 물었으므로 정답은 B이다.

어휘 今天 jīntiān 명 오늘 太……了 tài……le 부 너무 ~하다 热 rè 형 덥다 想 xiǎng 조동 ~하고 싶다 去 qù 동 가다 游泳 yóuyǒng 동 수영하다 下课 xiàkè 동 수업이 끝나다 也 yě 부 ~도, 역시 做 zuò 동 하다 什么 shénme 대 무슨, 무엇 累 lèi 형 힘들다 公园 gōngyuán 명 공원

22 ★★☆ 중

男：妈妈我们几点下飞机？ 女：5点，还有一个小时呢。 问：他们在哪儿？	남: 엄마 우리 몇 시에 비행기에서 내려요? 여: 다섯 시. 한 시간 남았어. 질문: 그들은 어디에 있는가?
A 飞机上 B 火车上 C 公共汽车上	**A 비행기 위** B 기차 위 C 버스 위

해설 보기가 모두 장소를 나타내므로 녹음에서 어떤 장소가 언급이 되는지, 또는 장소가 직접적으로 들리지 않더라도 어디에서 나눌 수 있는 대화인지 유추하여 듣는다. 남자가 엄마에게 妈妈我们几点下飞机？(엄마 우리 몇 시에 비행기에서 내려요?)라고 물었으므로 보기 A에 메모한다. 질문에서 그들이 있는 장소를 물었으므로 정답은 A이다.

어휘 几 jǐ 대 몇 点 diǎn 양 시 下 xià 동 내리다 飞机 fēijī 명 비행기 还 hái 부 여전히, 더 有 yǒu 동 있다 小时 xiǎoshí 명 시간 在 zài 동 ~에 있다 哪儿 nǎr 대 어디 上 shàng 명 ~에, ~위에 火车 huǒchē 명 기차 公共汽车 gōnggòngqìchē 명 버스

23 ★☆☆ 중

女：你这么认真写日记。
男：我喜欢写日记。

问：男的在做什么？

A 认真写
B 别害怕
C 复习功课

여: 너 이렇게 착실하게 일기를 쓰는구나.
남: 나 일기 쓰는 거 좋아해.

질문: 남자는 무엇을 하고 있는가?

A 착실하게 쓰다
B 두려워하지 마라
C 복습하다

해설 보기가 상태 또는 행동을 나타내므로 녹음에 상태 또는 행동 어휘가 들리는지 주의한다. 여자가 남자에게 你这么认真写日记(너 이렇게 착실하게 일기를 쓰는구나)라며 칭찬했다. 질문에서 남자가 무엇을 하고 있는지 물었으므로 정답은 A이다.

어휘 认真 rènzhēn 형 진지하다, 착실하다 写 xiě 동 쓰다 日记 rìjì 명 일기 喜欢 xǐhuan 동 좋아하다 在 zài 부 ~하고 있다 别 bié 부 ~하지 마라 害怕 hàipà 동 두려워하다, 무서워하다 复习 fùxí 명 동 복습(하다) 功课 gōngkè 명 과목, 수업

24 ★☆☆ 하

男：昨天拍的照片什么时候发给我？
女：马上就发给你。

问：男的让女的发什么？

A 信用卡 B 作业 **C 照片**

남: 어제 찍은 사진 언제 나에게 보내 줄 거야?
여: 곧 보내 줄게.

질문: 남자는 여자에게 무엇을 보내라고 하는가?

A 신용카드 B 숙제 **C 사진**

해설 보기가 모두 사물이므로 녹음에 그대로 언급되는지 주의해서 듣는다. 남자가 여자에게 昨天拍的照片什么时候发给我?(어제 찍은 사진 언제 나에게 보내 줄 거야?)라고 물었으므로 녹음에 언급된 보기 C에 메모한다. 질문에서 남자가 여자에게 무엇을 보내라고 하는지 물었으므로 정답은 C이다.

어휘 拍 pāi 동 찍다 什么时候 shénme shíhou 대 언제 发 fā 동 보내다, 발송하다 给 gěi 개 ~에게 马上 mǎshàng 부 곧, 즉시 就 jiù 부 바로, 곧 让 ràng 동 ~하게 하다, 시키다 信用卡 xìnyòngkǎ 명 신용카드 作业 zuòyè 명 숙제 照片 zhàopiàn 명 사진

25 ★☆☆ 하

女：刚才在商店遇到的人是谁？
男：是我以前的同事。

问：男的遇到谁了？

A 学生 **B 同事** C 爷爷

여: 방금 상점에서 마주친 사람은 누구야?
남: 내 이전 직장 동료야.

질문: 남자는 누구를 마주쳤는가?

A 학생 **B 직장 동료** C 할아버지

해설 보기가 모두 신분을 나타내므로 녹음에서 사람을 지칭하는 명사를 주의해서 들어야 한다. 여자가 방금 마주친 사람이 누구인지 묻는 말에 남자가 我以前的同事(내 이전 직장 동료)이라고 대답했으므로 녹음에 언급된 보기 B에 메모한다. 질문에서 남자가 마주친 사람이 누구인지 물었으므로 정답은 B이다.

어휘 刚才 gāngcái 명 방금 在 zài 개 ~에서 商店 shāngdiàn 명 상점 遇到 yùdào 동 마주치다 谁 shéi 대 누구 以前 yǐqián 명 이전 同事 tóngshì 명 직장 동료 学生 xuésheng 명 학생 爷爷 yéye 명 할아버지

26 ★☆☆ 하

男：爸爸说，他明天晚上7点下车。 女：知道了，我去接他吧。	남: 아빠가 내일 저녁 7시에 차에서 내린다고 말했어. 여: 알겠어. 내가 모시러 갈게.
问：女的什么时候去接爸爸？	질문: 여자는 언제 아빠를 모시러 갈 것인가?
A 今天晚上　B 明天早上　**C 明天晚上**	A 오늘 저녁　B 내일 아침　**C 내일 저녁**

해설 보기가 모두 시간을 나타내므로 녹음에서 동작을 하는 시간을 주의깊게 들어야 한다. 남자는 아빠가 明天晚上7点下车(내일 저녁 7시에 차에서 내린다)라고 했고 여자는 아빠를 마중하러 간다고 했다. 질문에서 여자가 언제 아빠를 모시러 갈 것인지 물었으므로 정답은 C이다.

어휘 爸爸 bàba 명 아빠　说 shuō 동 말하다　明天 míngtiān 명 내일　晚上 wǎnshang 명 저녁　知道 zhīdào 동 알다　接 jiē 동 마중하다　今天 jīntiān 명 오늘　早上 zǎoshang 명 아침

27 ★☆☆ 중

女：我不是让你买点儿水果回来吗？你怎么又忘了。 男：今天公司太忙了，没时间买。	여: 내가 너에게 과일을 좀 사 오라고 하지 않았어? 너 왜 또 잊었어. 남: 오늘 회사가 너무 바빠서 살 시간이 없었어.
问：男的为什么没买水果？	질문: 남자는 왜 과일을 사지 않았는가?
A 很贵　B 堵车了　**C 没有时间**	A 비싸다　B 차가 막혔다　**C 시간이 없다**

해설 보기가 상황과 상태를 나타내므로 녹음에서 이러한 내용이 들리는지 확인한다. 여자가 남자에게 과일 사 오는 것을 잊은 이유를 물었고 남자는 太忙了，没时间买(너무 바빠서 살 시간이 없었어)라고 대답했다. 질문에서 남자가 왜 과일을 사지 못했는지 물었으므로 정답은 C이다.

어휘 买 mǎi 동 사다　水果 shuǐguǒ 명 과일　又 yòu 부 또　忘 wàng 동 잊다　公司 gōngsī 명 회사　忙 máng 형 바쁘다　为什么 wèishénme 대 왜　贵 guì 형 비싸다　堵 dǔ 동 막히다　没有 méiyǒu 동 없다　时间 shíjiān 명 시간

28 ★★☆ 하

男：怎么了？你哪儿不舒服吗？ 女：从昨天开始发烧、头也有点儿疼，好像感冒了。	남: 왜 그래? 너 어디 불편하니? 여: 어제부터 열이 나고 머리도 조금 아프기 시작했어. 아마 감기 걸린 것 같아.
问：女的怎么了？	질문: 여자는 왜 그런가?
A 生病了　B 加班了　C 睡觉了	**A 병이 났다**　B 야근을 했다　C 잠을 잤다

해설 보기가 모두 상태를 나타내므로 녹음에서 여자와 남자가 어떤 상태인지 확인한다. 남자가 여자에게 어디가 불편한지 묻는 말에 여자는 好像感冒了(아마 감기에 걸린 것 같아)라고 한 것을 통해 여자가 병이 났다는 것을 알 수 있다. 질문에서 여자의 상태를 물었으므로 정답은 A이다.

어휘 哪儿 nǎr 대 어디　舒服 shūfu 형 편안하다　从 cóng 개 ~에서부터　昨天 zuótiān 명 어제　开始 kāishǐ 동 시작하다　发烧 fāshāo 동 열나다　头 tóu 명 머리　疼 téng 형 아프다　好像 hǎoxiàng 부 아마 ~인 것 같다　感冒 gǎnmào 동 감기에 걸리다　生病 shēngbìng 동 병나다　加班 jiābān 동 야근하다　睡觉 shuìjiào 동 잠자다

29 ★☆☆ 하

女：听说你要参加篮球比赛，准备好了吗？
男：准备好了，你想来看吗？

问：男的参加什么比赛？

A 篮球　　B 足球　　C 网球

여: 너 농구 시합에 참가한다고 들었어. 준비 잘했어?
남: 준비 잘했어. 너 보러 오고 싶어?

질문: 남자는 무슨 시합에 참가하는가?

A 농구　　B 축구　　C 테니스

해설 보기는 모두 운동의 종류이므로 남자와 여자가 무슨 운동을 언급하는지 들어야 한다. 여자는 남자에게 听说你要参加篮球比赛(너 농구 시합에 참가한다고 들었어)라고 했으므로 녹음에서 언급된 보기 A에 메모한다. 질문에서 남자가 무슨 시합에 참가하는지 물었으므로 정답은 A이다.

어휘 听说 tīngshuō 동 ~라고 들었다　要 yào 조동 ~하려고 하다　参加 cānjiā 동 참가하다　篮球 lánqiú 명 농구　比赛 bǐsài 명 시합, 경기　准备 zhǔnbèi 동 준비하다　来 lái 동 오다　看 kàn 동 보다　足球 zúqiú 명 축구　网球 wǎngqiú 명 테니스

30 ★☆☆ 하

男：我想给妈妈买新的钱包，她的钱包太旧了。
女：现在去看看吧。

问：男的想买什么？

A 书包　　**B 钱包**　　C 面包

남: 나 엄마에게 새 지갑을 사 드리고 싶어. 엄마 지갑이 너무 낡았어.
여: 지금 가서 보자.

질문: 남자는 무엇을 사고 싶은가?

A 책가방　　**B 지갑**　　C 빵

해설 보기가 모두 사물이므로 녹음에서 어떤 사물이 들리는지 확인한다. 녹음의 시작 부분에서 남자가 我想给妈妈买新的钱包(엄마에게 새 지갑을 사 드리고 싶어)라고 했으므로 녹음에 언급된 보기 B에 메모한다. 질문에서 남자가 무엇을 사고 싶은지 물었으므로 정답은 B이다.

어휘 想 xiǎng 조동 ~하고 싶다　给 gěi 개 ~에게　买 mǎi 동 사다　新 xīn 형 새롭다　钱包 qiánbāo 명 지갑　旧 jiù 형 낡다　现在 xiànzài 명 지금, 현재　书包 shūbāo 명 책가방　面包 miànbāo 명 빵

듣기 제4부분

[풀이전략] 녹음을 듣기 전, 먼저 보기를 보고 질문과 녹음의 내용을 미리 예상한다. 남녀의 정보를 구분해야 하며, 녹음에 언급되는 보기에 관련 정보를 메모한다.

31 ★★☆ 중

男：照片上谁是你的姐姐？
女：站在哥哥右边的。
男：你们俩长得挺像的。你跟姐姐差几岁？
女：姐姐比我大两岁。

问：谁比女的大两岁？

A 姐姐　　B 哥哥　　C 叔叔

남: 사진에서 누가 너의 언니야?
여: 오빠 오른쪽에 서 있는 사람이야.
남: 너희 둘이 정말 비슷하게 생겼다. 너 언니와 몇 살 차이가 나?
여: 언니가 나보다 두 살 많아.

질문: 누가 여자보다 두 살 많은가?

A 언니/누나　　B 오빠/형　　C 삼촌

해설 보기가 모두 가족 구성원을 나타내므로 누구에 관해 이야기하는지 또는 어떤 관계인지를 확인한다. 남자가 여자에게 언니와 몇 살 차이가 나냐고 물었고 여자가 姐姐比我大两岁(언니가 나보다 두 살 많아)라고 했다. 질문에서 누가 여자보다 두 살 많은지 물었으므로 정답은 A이다. 남자가 사진에서 누가 여자의 언니인지 물었고 여자의 말에 哥哥(오빠)가 들렸지만 최종 질문에서 묻는 대상이 아니므로 B는 정답이 아니다.

어휘 照片 zhàopiàn 명 사진 谁 shéi 대 누구 是 shì 동 ~이다 姐姐 jiějie 명 언니, 누나 站 zhàn 동 서다 在 zài 개 ~에, ~에서 右边 yòubian 명 오른쪽 长 zhǎng 동 생기다 像 xiàng 동 닮다 差 chà 형 차이가 나다 岁 suì 양 살, 세 大 dà 형 나이가 많다 哥哥 gēge 명 오빠, 형 叔叔 shūshu 명 삼촌

32 ★★☆ 중

女：爸爸，这里有熊猫吗？	여: 아빠, 여기 판다 있어요?
男：有，你想看吗？	남: 있지. 너 보고 싶어?
女：当然！我喜欢熊猫。	여: 당연하죠! 저 판다 좋아해요.
男：先去看马，然后去吧。	남: 먼저 말을 보러 갔다가, 그 다음에 가자.
问：女的想去做什么？	질문: 여자는 무엇을 하러 가고 싶어 하는가?
A 骑马　B 唱歌　**C 看熊猫**	A 말을 타다　B 노래를 부르다　**C 판다를 보다**

해설 보기가 모두 행동을 나타내므로 녹음에서 행동과 관련된 어떤 내용이 들리는지 확인한다. 여자가 남자에게 这里有熊猫吗？(여기 판다 있어요?)라고 물었을 때 남자가 你想看吗？(너 보고 싶어?)라고 하자 여자는 当然(당연하죠)이라고 대답했다. 질문에서 여자가 무엇을 하러 가고 싶어 하는지 물었으므로 정답은 C이다. 남자의 두 번째 대화에 马(말)가 언급됐지만 보기와 동사가 다르고 여자가 말을 타고 싶다고 한 것이 아니므로 A는 정답이 아니다.

어휘 这里 zhèlǐ 대 여기, 이곳 有 yǒu 동 있다 熊猫 xióngmāo 명 판다 看 kàn 동 보다 当然 dāngrán 부 당연히 先 xiān 부 먼저 然后 ránhòu 접 그 후에 做 zuò 동 하다 什么 shénme 대 무슨, 무엇 骑 qí 동 타다 马 mǎ 명 말 唱歌 chànggē 동 노래 부르다

33 ★★☆ 중

男：我想买中间的衬衫，那件怎么样？	남: 나 가운데에 있는 셔츠를 사고 싶어. 저 옷 어때?
女：右边的那件也很好看。	여: 오른쪽 저 옷도 보기 좋다.
男：但是右边的有点儿贵。	남: 하지만 오른쪽 거는 좀 비싸.
女：那买中间的吧。	여: 그럼 가운데 것을 사자.
问：男的买哪件衬衫？	질문: 남자는 어느 셔츠를 사는가?
A 中间的　B 右边的　C 外面的	**A 가운데 것**　B 오른쪽 것　C 바깥 것

해설 보기가 모두 방향을 나타내므로 녹음에 어떤 방향이 언급되는지 주의해서 듣는다. 남자가 가운데에 있는 셔츠가 어떤지 물었고 여자가 오른쪽 것을 추천했지만 남자는 비싸다고 했다. 남자와 여자의 대화에 中间(가운데), 右边(오른쪽)이 모두 언급됐으나 여자의 두 번째 대화에서 那买中间的吧(그럼 가운데 것을 사자)라고 했다. 질문에서 남자가 어느 셔츠를 샀는지 물었으므로 정답은 A이다.

어휘 想 xiǎng 조동 ~하고 싶다 买 mǎi 동 사다 中间 zhōngjiān 명 중간 衬衫 chènshān 명 셔츠 件 jiàn 양 벌, 건(일 · 개체를 세는 단위) 怎么样 zěnmeyàng 대 어떻다, 어떠하다 右边 yòubian 명 오른쪽 也 yě 부 ~도 但是 dànshì 접 그러나 有点儿 yǒudiǎnr 부 조금, 약간 哪 nǎ 대 어느 外面 wàimiàn 명 바깥

34 ★★☆ 하

女：会议几点开始？
男：十点半，怎么了？
女：我下去拿会议资料，还有时间吗？
男：还有30分钟。

问：会议几点开始？

A 10点 **B 10点半** C 11点

여: 회의 몇 시에 시작해?
남: 열시 반. 왜?
여: 나 내려가서 회의 자료를 가져올 거야. 아직 시간 있지?
남: 아직 30분 남았어.

질문: 회의는 몇 시에 시작하는가?

A 10시 **B 10시 반** C 11시

해설 보기가 모두 시간을 나타내므로 녹음에서 시간 관련 표현을 집중적으로 듣는다. 여자가 남자에게 회의가 몇 시에 시작하는지 물었고 여자가 十点半(열시 반)이라고 대답했으므로 녹음에 언급된 보기 B에 메모한다. 질문에서 회의가 몇 시에 시작하는지 물었으므로 정답은 B이다.

어휘 会议 huìyì 명 회의 点 diǎn 양 시 半 bàn 수 절반, 30분 开始 kāishǐ 동 시작하다 拿 ná 동 가지다 资料 zīliào 명 자료 还 hái 부 여전히, 아직 有 yǒu 동 있다 时间 shíjiān 명 시간

35 ★☆☆ 하

男：你想买电脑吗？
女：我想先在网上看看，可是都不便宜。
男：多少钱？
女：一台六千块，你说贵不贵？

问：一台电脑多少钱？

A 3,900元 **B 6,000元** C 69,000元

남: 너 컴퓨터 사고 싶어?
여: 먼저 인터넷에서 좀 보고 싶어. 하지만 모두 저렴하지 않아.
남: 얼마야?
여: 한 대에 6,000위안. 비싸 안 비싸?

질문: 컴퓨터 한 대에 얼마인가?

A 3,900위안 **B 6,000위안** C 69,000위안

해설 보기가 모두 가격이므로 중국어로 어떻게 읽는지 생각한 뒤 녹음을 듣는다. 남자가 컴퓨터 가격을 묻는 말에 여자가 一台六千块(한 대에 6,000위안)라고 했다. 질문에서 컴퓨터 한 대의 가격을 물었으므로 정답은 B이다.

어휘 电脑 diànnǎo 명 컴퓨터 网上 wǎngshàng 명 인터넷 可是 kěshì 접 그러나 都 dōu 부 모두, 다 便宜 piányi 형 싸다, 저렴하다 台 tái 양 대 贵 guì 형 비싸다 元 yuán 양 위안(중국 화폐 단위)

36 ★★☆ 중

女：她是你的老师吗？
男：不是，坐在你前边的人就是我的老师。
女：她教什么？
男：她教汉语。

问：男的老师坐在哪儿？

A 左边 **B 前边** C 后边

여: 그녀는 너의 선생님이니?
남: 아니, 네 앞에 앉아 있는 사람이 바로 나의 선생님이야.
여: 그녀는 무엇을 가르쳐?
남: 그녀는 중국어를 가르쳐.

질문: 남자의 선생님은 어디에 앉아 있는가?

A 왼쪽 **B 앞쪽** C 뒤쪽

해설 보기가 모두 방향을 나타내므로 녹음에서 방향을 주의해서 듣는다. 남녀가 남자의 선생님에 관해 이야기를 나누고 있고 남자가 坐在你前边的人就是我的老师(네 앞에 앉아 있는 사람이 바로 나의 선생님이야)라고 했으므로 녹음에 언급된 보기 B에 메모한다. 질문에서 남자의 선생님이 어디에 앉아 있는지 물었으므로 정답은 B이다.

어휘 老师 lǎoshī 명 선생님 坐 zuò 동 앉다 前边 qiánbian 명 앞쪽 教 jiāo 동 가르치다 汉语 Hànyǔ 명 중국어 哪儿 nǎr 대 어디 左边 zuǒbian 명 왼쪽 后边 hòubian 명 뒤쪽

37 ★☆☆ 하

男：你去哪儿？ 女：我先回宾馆，然后去吃饭。 男：上车吧，我也回宾馆。 女：是吗？谢谢你。 问：他们去哪儿？	남: 너 어디가? 여: 나 먼저 호텔로 돌아가고, 그 다음에 밥 먹으러 가. 남: 차에 타. 나도 호텔에 돌아가. 여: 그래? 고마워. 질문: 그들은 어디에 가는가?
A 机场　　B 饭馆　　**C 宾馆**	A 공항　　B 식당　　**C 호텔**

해설 보기가 모두 장소이므로 녹음에 어떤 장소가 언급되는지 주의해서 듣는다. 여자가 我先回宾馆(나 먼저 호텔로 돌아가)이라고 했고 남자도 我也回宾馆(나도 호텔에 돌아가)이라고 했다. 질문에서 그들이 어디에 가는지 물었으므로 정답은 C이다.

어휘 去 qù 동 가다 哪儿 nǎr 대 어디 回 huí 동 돌아가다 宾馆 bīnguǎn 명 호텔 上车 shàngchē 동 차에 타다 机场 jīchǎng 명 공항 饭馆 fànguǎn 명 식당

38 ★★☆ 중

女：你在网上看什么呢？ 男：在看冰箱呢。我想换新的。 女：冰箱坏了吗？ 男：不是，已经用了十多年了，太旧了。 问：男的觉得冰箱怎么样？	여: 너 인터넷에서 뭐 보고 있어? 남: 냉장고 보고 있어. 새것으로 바꾸고 싶어. 여: 냉장고 고장났어? 남: 아니. 벌써 10년 넘게 사용하고 있는데 너무 낡았어. 질문: 남자는 냉장고가 어떻다고 생각하는가?
A 坏了　　B 太脏了　　**C 太旧了**	A 고장나다　　B 너무 더럽다　　**C 너무 낡았다**

해설 보기가 모두 상태를 나타내므로 녹음에서 상태에 관한 표현이 언급되는지 주의한다. 남자의 두 번째 대화에서 已经用了十多年了，太旧了(벌써 10년 넘게 사용하고 있는데 너무 낡았어)라고 했다. 질문에서 남자가 냉장고를 어떻게 생각하는지 물었으므로 정답은 C이다. 여자의 말에 坏了(고장났다)가 들렸지만 남자가 不是(아니)라고 했으므로 A는 정답이 아니다.

어휘 冰箱 bīngxiāng 명 냉장고 换 huàn 동 바꾸다 新 xīn 형 새롭다 已经 yǐjīng 부 이미, 벌써 用 yòng 동 사용하다 觉得 juéde 동 ~라고 생각하다 坏 huài 형 고장나다 脏 zāng 형 더럽다 旧 jiù 형 낡다, 오래되다

39 ★☆☆ 하

男：这个面包好像没放糖。 女：放了，不甜吗？ 男：不甜，下次再放点儿吧。 女：知道了，我怕你不喜欢甜的。	남: 이 빵은 설탕을 넣지 않은 것 같아. 여: 넣었어. 안 달아? 남: 안 달아. 다음번엔 더 넣어. 여: 알겠어. 난 네가 단 것을 싫어할까 봐 걱정했어.

问：男的觉得面包怎么样？

질문: 남자가 느끼기에 빵은 어떠한가?

A 不甜　　B 太甜　　C 很辣

A 달지 않다　　B 너무 달다　　C 맵다

해설 보기가 모두 맛과 관련된 형용사이므로 녹음에서 관련 표현이 들리는지 확인한다. 여자가 빵이 안 다냐고 물었을 때 남자가 不甜(안 달아)이라고 말했으므로 녹음에 언급된 보기 A에 메모한다. 질문에서 남자가 느끼기에 빵이 어떤지 물었으므로 정답은 A이다.

어휘 面包 miànbāo 명 빵　好像 hǎoxiàng 부 아마 ~인 것 같다　放 fàng 동 넣다　糖 táng 명 설탕　甜 tián 형 달다　再 zài 부 다시, 더　知道 zhīdào 동 알다　怕 pà 동 두려워하다　辣 là 형 맵다

40 ★☆☆ 하

女：你好，王先生在吗？
男：他不在家，他去爬山了。
女：你知道他什么时候回来吗？
男：他晚上回来。

问：王先生去做什么了？

여: 안녕하세요. 왕 선생님 계신가요?
남: 집에 안 계세요. 등산하러 가셨어요.
여: 언제 돌아오는지 아시나요?
남: 그는 저녁에 돌아와요.

질문: 왕 선생은 무엇을 하러 갔는가?

A 爬山　　B 买东西　　C 游泳

A 등산하다　　B 물건을 사다　　C 수영하다

해설 보기가 모두 행동을 나타내므로 녹음에서 동사를 집중적으로 들어야 한다. 여자가 왕 선생님을 찾았고 이에 남자가 他去爬山了(그는 등산하러 가셨어요)라고 했다. 질문에서 왕 선생이 무엇을 하러 갔는지 물었으므로 정답은 A이다.

어휘 先生 xiānsheng 명 성인 남자, ~씨　在 zài 동 있다　爬山 páshān 동 등산하다　什么时候 shénme shíhou 언제　回来 huílai 동 돌아오다　晚上 wǎnshang 명 저녁　买 mǎi 동 사다　东西 dōngxi 명 물건　游泳 yóuyǒng 동 수영하다

독해 제1부분

[풀이전략] 먼저 문제 문장에서 핵심 키워드를 찾고, 보기 중에서 이와 동일한 키워드가 있거나 질문과 대답으로 연결되는 것을 정답으로 고른다.

41-45

A 是啊，最近很多人出去的时候很少带现金了。
B 那我帮你换一条小一点儿的吧。
C 所以我希望我们班的学生都能在快乐中学习。
D 因为那家卖得挺便宜的。
E 当然。我们先坐公共汽车，然后换地铁。
F 然后呢？它们去哪儿了？

A 맞아. 요즘 많은 사람들이 나갈 때 현금을 거의 가지고 나가지 않아.
B 그렇다면 제가 작은 것으로 바꿔 드릴게요.
C 그래서 나는 우리 반 학생들이 모두 기쁠 때 공부할 수 있길 바란다.
D 왜냐하면 그 상점은 꽤 싸게 팔기 때문이야.
E 당연하지요. 우리는 먼저 버스를 타고 그 다음에 지하철로 갈아타면 돼요.
F 그 다음은요? 그들은 어디로 갔어요?

실전모의고사 1

41 ★★☆ 중

您好，我昨天在这儿买了条裤子，我妈穿着有点儿大。	안녕하세요. 어제 여기에서 바지를 한 벌 샀는데 엄마가 입었을 때 좀 커요.
(B 那我帮你换一条小一点儿的吧。)	(B 그렇다면 제가 작은 것으로 바꿔 드릴게요.)

해설 문제에서 买了条裤子(바지를 한 벌 샀는데), 有点儿大(좀 커요)라고 했으므로 보기 B의 换一条小一点儿的(작은 것으로 바꾸다)와 내용이 연결됨을 알 수 있다. 条는 가늘고 긴 물건을 세는 양사로 바지나 치마 등을 셀 때 쓰인다. 두 문장 모두 条가 있으므로 같은 대상을 말하고 있음을 알 수 있다.

어휘 在 zài 개 ~에서　这儿 zhèr 대 여기　买 mǎi 동 사다　条 tiáo 양 가늘고 긴 물건을 세는 단위　裤子 kùzi 명 바지　穿 chuān 동 입다　有点儿 yǒudiǎnr 부 조금, 약간　大 dà 형 크다　那 nà 접 그러면, 그렇다면　帮 bāng 동 돕다　换 huàn 동 바꾸다　小 xiǎo 형 작다

42 ★★☆ 중

这家商店虽然不大，但每天都有很多客人。	이 상점은 비록 크진 않지만 매일 손님이 많다.
(D 因为那家卖得挺便宜的。)	(D 왜냐하면 그 상점은 꽤 싸게 팔기 때문이야.)

해설 문제에서 这家商店(이 상점)에 대해 말하고 있다. 那家(그 상점은)로 시작하는 보기 D 因为那家卖得挺便宜的(왜냐하면 그 상점은 꽤 싸게 팔기 때문이야)가 상점에 사람이 많은 이유를 설명하고 있으므로 의미가 연결된다. 家는 영리 단체를 셀 때 쓰는 양사로 주로 상점, 식당, 회사에 사용한다. 두 문장에 공통적으로 家가 있으므로 같은 대상을 말하고 있다는 것을 알 수 있다.

Tip▶ '虽然A，但B' 비록 A하지만, 그러나 B하다
　예 这个菜**虽然**很好吃，**但**价格太贵了。 이 음식은 아주 맛있**지만** 가격이 너무 비싸다.

어휘 商店 shāngdiàn 명 상점　每天 měitiān 명 매일　都 dōu 부 모두　有 yǒu 동 있다　客人 kèrén 명 손님　因为 yīnwèi 접 왜냐하면　卖 mài 동 팔다　挺……的 tǐng……de 부 매우 ~하다　便宜 piányi 형 싸다, 저렴하다

43 ★★☆ 중

爸，那只猫和狗的故事你还没讲完呢。	아빠, 그 고양이와 강아지 이야기 아직 다 말씀 안 해 주셨어요.
(F 然后呢？它们去哪儿了？)	(F 그리고 나서요? 그들은 어디로 갔어요?)

해설 문제로 제시된 문장의 주어가 那只猫和狗(그 고양이와 강아지)이며 아빠에게 이야기를 마저 해 달라는 내용이다. 보기 F에 它们(그것들)이 있으므로 它们이 那只猫和狗를 가리킴을 알 수 있다. 它们은 사람이 아닌 동물 또는 사물을 가리킬 때 쓰는 대사이다.

어휘 只 zhī 양 마리　猫 māo 명 고양이　和 hé 개 ~와/과　狗 gǒu 명 강아지　故事 gùshi 명 이야기　还 hái 부 여전히, 아직도　讲 jiǎng 동 말하다　完 wán 동 다하다　它们 tāmen 대 그것들　去 qù 동 가다　哪儿 nǎr 대 어디

44 ★★☆ 중

还是信用卡方便，商店、宾馆哪儿都能用。	신용카드는 편리해서 상점, 호텔 어디에서든 모두 사용할 수 있어.

(A 是啊，最近很多人出去的时候很少带现金了。)	(A 맞아. 요즘 많은 사람들이 나갈 때 현금을 거의 가지고 나가지 않아.)

해설 문제에서 信用卡方便(신용카드가 편리하다)이라고 했으므로 보기 A의 很少带现金(현금을 거의 가지고 나가지 않는다)과 의미가 연결된다. 信用卡(신용카드)와 现金(현금)은 서로 관련 있는 단어로 굳이 해석을 하지 않아도 키워드를 확인하는 것만으로도 정답을 찾을 수 있다.

Tip▶ '很少+동사' 거의 ~하지 않다
　　예 今年**很少**下雨。 올해는 **거의** 비가 내리**지 않았다**.

어휘 还是 háishi 부 ~가 낫다　信用卡 xìnyòngkǎ 명 신용카드　方便 fāngbiàn 형 편리하다　商店 shāngdiàn 명 상점　宾馆 bīnguǎn 명 호텔　能 néng 조동 ~할 수 있다　用 yòng 동 사용하다　发现 fāxiàn 동 발견하다　带 dài 동 지니다, 휴대하다　现金 xiànjīn 명 현금

45 ★★☆ 하

人在高兴的时候学得更快。	사람은 즐거울 때 더 빨리 배운다.
(C 所以我希望我们班的学生都能在快乐中学习。)	(C 그래서 나는 우리 반 학생들이 모두 기쁠 때 공부할 수 있길 바란다.)

해설 문제의 高兴(즐겁다), 学得更快(더 빨리 배운다)가 보기 C의 快乐中学习(기쁠 때 공부하다)와 내용이 연결됨을 알 수 있다. 두 문장이 모두 공통적으로 '기쁘다'와 '공부하다'라는 내용을 포함하고 있으므로 같은 키워드를 가지고 간단히 정답을 찾을 수 있다.

어휘 的时候 de shíhou ~할 때　学 xué 동 배우다　更 gèng 부 더욱, 더　快 kuài 형 빠르다　所以 suǒyǐ 접 그래서　希望 xīwàng 동 바라다, 희망하다　快乐 kuàilè 형 기쁘다　学习 xuéxí 동 공부하다

46-50

A 是，很好吃，但是有点儿贵。	A 맞아. 맛있어. 하지만 좀 비싸.
B 因为绿的苹果比红的便宜。	B 왜냐하면 초록색 사과가 빨간 것보다 저렴하기 때문이야.
C 我当然会做，做面包很简单。	C 나 당연히 할 줄 알지. 빵 만드는 거 간단해.
D 这里车太多了，你们在前面下吧。	D 여기 차가 너무 많으니 앞쪽에서 내리세요.
E 没事，我喜欢用冷水洗澡。	E 괜찮아. 나 차가운 물로 샤워하는 거 좋아해.

46 ★☆☆ 하

你知道怎么做面包吗？	너 빵을 어떻게 만드는지 알아?
(C 我当然会做，做面包很简单。)	(C 나 당연히 할 줄 알지. 빵 만드는 거 간단해.)

해설 문제의 키워드 做面包(빵을 만들다)가 보기 C에 그대로 등장했으므로 두 문장이 연결됨을 알 수 있다. 빵을 어떻게 만드는지 아느냐는 물음에 알맞은 대답은 당연히 할 줄 안다라고 말하는 C가 적합하다.

어휘 知道 zhīdào 동 알다　怎么 zěnme 대 어떻게　做 zuò 동 하다, 만들다　面包 miànbāo 명 빵　当然 dāngrán 부 당연히　会 huì 조동 (배워서) ~할 줄 알다　简单 jiǎndān 형 간단하다

47 ★☆☆ 하

你怎么用冷水洗澡，不冷吗？	너 왜 차가운 물로 샤워해. 안 추워?
(E 没事，我喜欢用冷水洗澡。)	(E 괜찮아. 나 차가운 물로 샤워하는 거 좋아해.)

해설 문제의 키워드 用冷水洗澡(차가운 물로 샤워하다)가 보기 E에 그대로 등장했으므로 두 문장이 연결됨을 알 수 있다. 왜 차가운 물로 샤워를 하냐고 묻는 말에 알맞은 대답은 차가운 물로 샤워하는 것을 좋아한다라는 E가 적합하다.

어휘 用 yòng 동 사용하다 冷水 lěngshuǐ 명 차가운 물 洗澡 xǐzǎo 동 샤워하다 冷 lěng 형 춥다 喜欢 xǐhuan 동 좋아하다

48 ★☆☆ 하

你为什么买绿的苹果？	너 왜 초록색 사과를 사?
(B 因为绿的苹果比红的便宜。)	(B 왜냐하면 초록색 사과가 빨간 것보다 저렴하기 때문이야.)

해설 문제의 키워드 苹果(사과)가 보기 B에 그대로 등장했으므로 두 문장의 화제가 동일함을 알 수 있다. 뜻을 살펴보면 왜 초록색 사과를 사는지 이유를 묻는 말에 초록색 사과가 빨간 것보다 더 저렴하기 때문이라는 대답이 적합함을 알 수 있다.

어휘 为什么 wèishénme 대 왜 买 mǎi 동 사다 绿 lǜ 형 푸르다 苹果 píngguǒ 명 사과 因为 yīnwèi 접 왜냐하면 比 bǐ 개 ~보다 红 hóng 형 붉다 便宜 piányi 형 싸다, 저렴하다

49 ★☆☆ 하

上次你说的那家饭馆真好吃。	지난번에 네가 말한 그 식당 정말 맛있어.
(A 是，很好吃，但是有点儿贵。)	(A 맞아. 맛있어. 하지만 좀 비싸.)

해설 문제의 키워드 真好吃(정말 맛있어)가 보기 A에 정도부사만 바뀌어 등장했으므로 두 문장이 같은 내용임을 알 수 있다. 그 식당이 맛있었다는 말에 알맞은 대답은 그렇다고 동의하고 있는 A이다.

어휘 上次 shàngcì 명 지난번 饭馆(儿) fànguǎnr 명 식당 真 zhēn 부 진짜, 정말 好吃 hǎochī 형 맛있다 但是 dànshì 접 하지만 有点儿 yǒudiǎnr 부 조금, 약간 贵 guì 형 비싸다

50 ★☆☆ 하

司机，这儿能下车吗？	기사님, 여기에서 내려도 될까요?
(D 这里车太多了，你们在前面下吧。)	(D 여기 차가 너무 많으니 앞쪽에서 내리세요.)

해설 문제의 키워드 下车(차에서 내리다)가 보기 D에 下(내리다)로 등장했으므로 두 문장의 내용이 유사함을 알 수 있다. 기사님에게 여기에서 하차해도 되는지 묻는 말에 알맞은 대답은 앞쪽에서 내리라는 D이다.

어휘 司机 sījī 명 운전기사 这儿 zhèr 대 여기 能 néng 조동 ~할 수 있다 下车 xiàchē 동 차에서 내리다 车 chē 명 차 多 duō 형 많다 在 zài 개 ~에서 前面 qiánmiàn 명 앞

독해 제2부분

[풀이전략] 문제 문장의 빈칸 앞뒤를 보고 어떤 문장 성분이 들어가야 하는지 확인한 뒤, 보기에서 알맞은 품사와 뜻을 가진 단어를 찾아 넣는다.

51-55

A 发现	B 站	C 结婚
D 附近	E 声音	F 离开

A 발견하다	B 서다	C 결혼하다
D 근처, 부근	E 목소리	F 떠나다

51 ★★☆ 중

他们俩刚开始交往，没想到他们这么快就（ C 结婚 ）了。

그들은 막 사귀기 시작했는데, 그들이 이렇게 빨리 (C 결혼할) 줄은 생각지도 못했다.

해설 빈칸의 구조가 [주어(他们)+부사어(这么快就)+____+어기조사(了)]이므로 빈칸은 술어 자리임을 알 수 있다. 동사와 형용사가 술어가 될 수 있는데 동태조사가 있으므로 동사가 들어가야 한다. 보기 중 동사는 发现(발견하다), 站(서다), 结婚(결혼하다), 离开(떠나다)이고, 의미상 알맞은 것은 C 结婚(결혼하다)이다.

어휘 没想到 méixiǎngdào 생각지 못하다 这么 zhème 대 이렇게 快 kuài 형 빠르다 就 jiù 부 바로 结婚 jiéhūn 동 결혼하다

52 ★★☆ 중

你去问问（ D 附近 ）哪儿有卖果汁的。

너 가서 과일주스를 파는 곳이 (D 근처) 어디에 있는지 물어봐.

해설 빈칸의 구조는 [주어(你)+술어(去问问)+목적어{____+주어(哪儿)+술어(有)+목적어(卖果汁的)}]인데, 빈칸 앞뒤를 보고 정확히 어떤 품사가 들어가야 할지 판단하기 어려울 경우에는 해석으로 정답을 찾아야 한다. 문장이 '너 가서 과일주스 파는 곳이 ~ 어디에 있는지 물어봐'를 나타내므로 빈칸 뒤의 哪儿(어디)과 어울리는 단어가 들어가야 한다. 보기 중 알맞은 정답은 D 附近(근처)이다.

어휘 去 qù 동 가다 问 wèn 동 묻다 附近 fùjìn 명 근처, 부근 哪儿 nǎr 대 어디 有 yǒu 동 있다 卖 mài 동 팔다 果汁 guǒzhī 명 과일주스

53 ★★☆ 하

你决定什么时候（ F 离开 ）北京？

너 언제 북경을 (F 떠날지) 결정했어?

해설 빈칸의 구조가 [부사어(什么时候)+____+목적어(北京)]이므로 빈칸은 술어 자리임을 알 수 있다. 의미상 빈칸 뒤의 목적어 北京과 어울리는 동사는 F 离开(떠나다)이다.

어휘 决定 juédìng 동 결정하다 什么时候 shénme shíhou 대 언제 离开 líkāi 동 떠나다 北京 Běijīng 지명 북경

54 ★☆☆ 하

别（ B 站 ）着了，去那儿坐一会儿。

(B 서) 있지 마. 저쪽에 가서 잠시 앉아 있어.

해설 빈칸의 구조가 [부사어(别)+___+동태조사(着)+어기조사(了)]이므로 빈칸에는 동사술어가 들어가야 함을 알 수 있다. 빈칸의 뒷문장에 坐一会儿(잠시 앉아 있다)이 있으므로 의미가 연결되는 것은 B 站(서다)이다.

어휘 别 bié 부 ~하지 마라 站 zhàn 동 서다 着 zhe 조 ~하고 있다, ~한 채로 있다 自己 zìjǐ 대 자기, 스스로 去 qù 동 가다 那儿 nàr 대 저기, 저쪽 坐 zuò 동 앉다 一会儿 yíhuìr 양 잠시, 잠깐 동안

55 ★★☆ 하

你是什么时候（A 发现）这个问题的？	너 이 문제를 언제 (A 발견했어)?

해설 빈칸의 구조가 [부사어(什么时候)+____+관형어(这个)+목적어(问题)+어기조사(的)]이므로 빈칸은 동사술어 자리임을 알 수 있다. 목적어인 问题와 어울리는 동사는 A 发现(발견하다)이다. 发现问题(문제를 발견하다)는 자주 출제되는 짝꿍 단어이므로 암기해 두자.

어휘 什么时候 shénme shíhou 대 언제 发现 fāxiàn 동 발견하다 问题 wèntí 명 문제

56-60

A 买	B 舒服	C 或者	A 사다	B 편안하다	C 혹은, 또는
D 爱好	E 哪	F 听说	D 취미	E 어느	F ~라고 들었다

56 ★☆☆ 하

A：你的衬衫在哪儿（A 买）的？ B：在我家附近新开的店买的。	A: 네 셔츠 어디에서 (A 샀어)? B: 우리 집 근처에 새로 연 가게에서 샀어.

해설 빈칸의 구조가 [관형어(你的)+주어(衬衫)+부사어(在哪儿)+____+어기조사(的)]이므로 빈칸은 동사술어 자리임을 알 수 있다. A가 '어디에서 ~했어?'라고 물었고, B가 '우리 집 근처에 새로 연 가게에서 샀어'라고 대답했으므로 A 买(사다)가 들어가야 한다.

어휘 衬衫 chènshān 명 셔츠 在 zài 개 ~에서 哪儿 nǎr 대 어디 买 mǎi 동 사다 新 xīn 형 새롭다 开 kāi 동 열다 店 diàn 명 상점

57 ★★☆ 중

A：（F 听说）你们参加足球比赛了，结果怎么样？ B：我们得了第一名。	A: 너희 축구 시합에 참가했다(F 고 들었어). 결과가 어때? B: 우리 1등 했어.

해설 빈칸의 구조가 [____+주어(你们)+술어(参加)+목적어(足球比赛)+어기조사(了)]이므로 부사어 또는 삽입어가 들어가야 한다. 보기 중 문장 맨 앞에 놓일 수 있는 것은 F 听说(듣자하니)이다.

어휘 听说 tīngshuō 동 듣자하니 参加 cānjiā 동 참가하다 足球 zúqiú 명 축구 比赛 bǐsài 명 시합, 경기 结果 jiéguǒ 명 결과 怎么样 zěnmeyàng 대 어떻다, 어떠하다 得 dé 동 얻다 第一名 dìyīmíng 명 일등

58 ★★☆ 중

A：我的同事快要过生日了，我送她什么礼物好呢？ B：买个帽子（C 或者）裙子。	A: 내 직장 동료가 곧 생일이야. 내가 그녀에게 무슨 선물을 하면 좋을까? B: 모자 (C 또는) 치마를 사 줘.

해설 빈칸의 구조가 [술어(买)+관형어(个)+목적어(帽子)+____+목적어(裙子)]이므로 빈칸에는 명사를 연결해 주는 단어가 들어가야 한다. 문장이 '모자 ~ 치마를 사 줘'라는 뜻이므로 C 或者(또는)가 들어가야 한다.

Tip▶ 'A或者B' A 또는(혹은) B

예 这个周末**或者**下个周末，我都有空。 이번 주말 **또는** 다음 주말에 저는 모두 시간이 있어요.

어휘 同事 tóngshì 명 직장 동료 快要……了 kuàiyào……le 곧 ~하다 过 guò 동 보내다, 지내다 生日 shēngrì 명 생일 送 sòng 동 주다, 보내다 什么 shénme 대 무슨, 무엇 礼物 lǐwù 명 선물 帽子 màozi 명 모자 或者 huòzhě 접 혹은, 또는 裙子 qúnzi 명 치마

59 ★☆☆ 하

A：老师，我今天有点儿不（ B 舒服 ）。
B：你回家好好儿休息吧。

A: 선생님, 저 오늘 좀 몸이 안 (B 좋아요).
B: 집에 돌아가서 잘 쉬어요.

해설 빈칸의 구조가 [주어(我)+부사어(今天有点儿不)+____]이므로 빈칸은 술어가 들어가야 한다. B가 休息吧(쉬어요)라고 했으므로 의미상 B 舒服(편하다)가 들어가야 한다. 不舒服는 몸 상태가 좋지 않을 때 자주 사용하는 표현이다.

어휘 有点儿 yǒudiǎnr 부 조금, 약간 舒服 shūfu 형 편안하다 回 huí 동 돌아가다 家 jiā 명 집 休息 xiūxi 동 휴식하다, 쉬다

60 ★☆☆ 중

A：四个季节中你最喜欢（ E 哪 ）个？
B：我最喜欢冬天。

A: 사계절 중 너는 (E 어느) 계절을 가장 좋아해?
B: 나는 겨울을 가장 좋아해.

해설 빈칸의 구조가 [주어(你)+부사어(最)+술어(喜欢)+____+양사(个)]이므로 빈칸은 관형어 자리임을 알 수 있다. 빈칸 뒤에 양사가 있을 경우 빈칸에는 수사 또는 대사가 들어갈 수 있는데 의문문이므로 빈칸에는 의문대사가 들어가야 한다. 따라서 의문대사인 E 哪(어느)가 정답이다.

어휘 季节 jìjié 명 계절 最 zuì 부 가장 喜欢 xǐhuan 동 좋아하다 哪 nǎ 대 어느 冬天 dōngtiān 명 겨울

독해 제3부분

[**풀이전략**] 먼저 질문과 보기를 보고 핵심 키워드를 파악한 뒤, 이 키워드를 중심으로 지문을 읽고 보기와 대조하여 알맞은 정답을 고른다.

61 ★★☆ 중

在工作中，我们应该注意跟同事的关系，因为很多问题需要和他们一起解决，需要他们的帮助。

일을 하면서 우리는 직장 동료와의 관계에 주의해야 한다. 왜냐하면 많은 문제들을 그들과 함께 해결해야 하고 그들의 도움이 필요하기 때문이다.

★ 这段话主要讲的是：

★ 이 글에서 주로 말하고 있는 것은?

A 要相信自己
B 要关心老人
C 同事关系很重要

A 자신을 믿어야 한다
B 노인에게 관심을 가져야 한다
C 직장 동료 관계가 중요하다

해설 질문이 이 글의 요지를 묻고 있으므로 글의 중심 내용을 파악한다. 첫 번째 문장에서 我们应该注意跟同事的关系(우리는 직장 동료와의 관계에 주의해야 한다)라고 했고 이어 因为(왜냐하면)를 사용하여 이에 대한 이유를 설명하고 있으므로 이 글에서 말하고자 하는 바가 직장 동료와의 관계의 중요성임을 알 수 있다. 따라서 보기 C가 정답이다.

어휘 应该 yīnggāi 조동 마땅히 ~해야 한다 注意 zhùyì 동 주의하다, 조심하다 跟 gēn 개 ~와/과 同事 tóngshì 명 직장 동료 关系 guānxi 명 관계 因为 yīnwèi 접 왜냐하면 问题 wèntí 명 문제 需要 xūyào 동 필요하다 解决 jiějué 동 해결하다 帮助 bāngzhù 동 돕다 讲 jiǎng 동 말하다 相信 xiāngxìn 동 믿다 自己 zìjǐ 대 자기, 스스로 关心 guānxīn 동 관심을 가지다 老人 lǎorén 명 노인 重要 zhòngyào 형 중요하다

62 ★☆☆ 하

昨天回家的时候公共汽车上人特别多，没有坐的地方，我一路上都站着，站了一个多小时。	어제 집으로 돌아갈 때 버스에 사람이 특히 많아서 앉을 자리가 없었다. 나는 오는 도중 서 있었는데 한 시간 넘게 서 있었다.
★ 他昨天： A 头疼 **B 站了很久** C 跑了10,000米	★ 그는 어제? A 머리가 아팠다 **B 오래 서 있었다** C 10,000m를 뛰었다

해설 질문에서 그가 어제 어땠는지 묻고 있다. 지문에서 站了一个多小时(한 시간 넘게 서 있었다)이라고 했으므로 정답은 B이다.

어휘 公共汽车 gōnggòng qìchē 명 버스 特别 tèbié 부 특히, 매우 多 duō 형 많다 坐 zuò 동 앉다 地方 dìfang 명 곳, 장소 站 zhàn 동 서다 小时 xiǎoshí 명 시간 头 tóu 명 머리 疼 téng 형 아프다 久 jiǔ 형 오래다 跑 pǎo 동 뛰다

63 ★★☆ 상

现在很多年轻人不太注意自己的身体，很少锻炼，而且喜欢吃垃圾食品。他们觉得自己会永远健康，健康问题离自己还很远。其实，这些不好的习惯正在慢慢地影响着他们的健康。	요즘 많은 젊은이들은 자신의 건강에 주의하지 않는다. 운동을 잘 하지 않고 게다가 정크 푸드를 즐겨 먹는다. 그들은 자신이 영원히 건강할 것이고 건강 문제는 자신과 아직 멀었다고 생각한다. 사실, 이런 나쁜 습관들은 그들의 건강에 천천히 영향을 미치고 있다.
★ 年轻人的这些习惯： A 很好 **B 会影响健康** C 容易让他们变胖	★ 젊은이들의 이런 습관들은? A 좋다 **B 건강에 영향을 미칠 것이다** C 쉽게 그들을 살찌게 한다

해설 질문의 키워드가 年轻人的这些习惯(젊은이들의 이러한 습관)이므로 지문에서 이 키워드를 찾는다. 지문의 마지막 부분에서 这些不好的习惯正在慢慢地影响着他们的健康(이런 나쁜 습관들은 그들의 건강에 천천히 영향을 미치고 있다)이라고 하여 보기 B의 내용이 그대로 언급되었다. 따라서 정답은 B이다. 이처럼 지문이 긴 경우에는 중요한 내용이 첫 문장이나 마지막 문장에 등장하는 경우가 많다. 또한 강조하는 표현인 其实(사실)과 같은 단어의 뒷부분에도 중심 내용이 자주 등장한다.

어휘 年轻人 niánqīngrén 명 젊은 사람 注意 zhùyì 동 주의하다, 조심하다 身体 shēntǐ 명 몸, 신체 锻炼 duànliàn 동 단련하다 而且 érqiě 접 게다가 垃圾食品 lājīshípǐn 명 정크 푸드 会 huì 조 ~할 것이다 永远 yǒngyuǎn 부 영원히 觉得 juéde 동 ~라고 생각하다, 여기다 健康 jiànkāng 명 건강 问题 wèntí 명 문제 离 lí 개 ~로부터 远 yuǎn 형 멀다 其实 qíshí 부 사실 习惯 xíguàn 명 습관 正在 zhèngzài 부 ~하고 있는 중이다 慢 màn 형 느리다 影响 yǐngxiǎng 동 영향을 미치다 容易 róngyì 형 쉽다 让 ràng 동 ~하게 하다 变 biàn 동 변하다 胖 pàng 형 뚱뚱하다

64 ★☆☆ 하

我丈夫很喜欢打篮球。每个星期六，他都会找一些朋友一起去打球。一打就是三四个小时。

★ 关于她丈夫，可以知道什么？

A 爱运动
B 唱歌很好
C 不愿意锻炼身体

내 남편은 농구를 매우 좋아한다. 매주 토요일에 그는 친구들을 찾아 같이 공을 치러 갈 것이다. 한 번 치기 시작하면 세네 시간을 한다.

★ 그녀의 남편에 관해서 알 수 있는 것은 무엇인가?

A 운동을 좋아한다
B 노래를 잘한다
C 몸을 단련하는 것을 원하지 않는다

해설 질문의 키워드는 她丈夫(그녀의 남편)이므로 남편에 관한 정보를 확인한다. 첫 문장에서 我丈夫很喜欢打篮球(내 남편은 농구를 매우 좋아한다)라고 했으므로 남편에 관해 알 수 있는 내용으로 알맞은 정답은 A이다.

어휘 丈夫 zhàngfu 명 남편　喜欢 xǐhuan 동 좋아하다　打篮球 dǎlánqiú 동 농구하다　找 zhǎo 동 찾다, 구하다　朋友 péngyou 명 친구　关于 guānyú 개 ~에 관해서　知道 zhīdào 동 알다　什么 shénme 대 무슨, 무엇　爱 ài 동 좋아하다　运动 yùndòng 동 운동하다　唱歌 chànggē 동 노래 부르다　愿意 yuànyì 조동 ~하길 원하다　锻炼 duànliàn 동 단련하다　身体 shēntǐ 명 몸, 신체

65 ★☆☆ 중

记者的工作其实很辛苦。为了更快地报道新闻，有时连吃饭、睡觉时间都没有。

★ 记者：

A 很累
B 工作环境很好
C 收入很高

기자 일은 사실 매우 고되다. 더 빠른 뉴스 보도를 위해 때로는 밥을 먹고 잠을 잘 시간도 없다.

★ 기자는?

A 힘들다
B 업무 환경이 좋다
C 수입이 높다

해설 질문의 키워드는 记者(기자)이므로 기자에 관한 내용을 보기와 대조한다. 첫 문장에서 记者的工作其实很辛苦(기자 일은 사실 매우 고되다)라고 했으므로 기자에 대한 정보로 알맞은 것은 A이다. 辛苦(고생하다)와 累(힘들다)는 비슷한 의미이다.

어휘 记者 jìzhě 명 기자　工作 gōngzuò 명 일　辛苦 xīnkǔ 형 고생하다　为了 wèi le 개 ~하기 위하여　更 gèng 부 더욱, 더　快 kuài 형 빠르다　报道 bàodào 동 보도하다　新闻 xīnwén 명 뉴스　有时 yǒushí 접 때때로　连 lián 개 ~조차도　时间 shíjiān 명 시간　累 lèi 형 힘들다　环境 huánjìng 명 환경　收入 shōurù 명 수입

66 ★★★ 상

人们常说"机会只留给有准备的人"。这句话也对，但我觉得应该自己主动找机会，因为机会不是等来的。

★ 这段话主要说：

A 不用准备
B 应该自己找机会
C 没有机会

사람들은 종종 '기회는 오직 준비된 사람에게만 온다'라는 말을 한다. 이 말도 맞다. 하지만 나는 스스로가 자발적으로 기회를 찾아야 한다고 생각한다. 왜냐하면 기회는 기다린다고 오는 것이 아니기 때문이다.

★ 이 글에서 주로 말하고 있는 것은?

A 준비할 필요가 없다
B 스스로 기회를 찾아야 한다
C 기회는 없다

해설 질문에서 이 글의 중심 내용을 묻고 있다. 한 편의 글에서 주의 깊게 봐야 할 접속사는 但是(그러나)인데 글의 흐름을 전환시키는 역할을 하여, 주로 강조하는 내용 앞에 사용한다. 지문의 중간 부분에서 但我觉得应该自己主动找机会(하지만 나는 스스로가 자발적으로 기회를 찾아야 한다고 생각한다)라고 했으므로 보기 B의 내용과 일치함을 알 수 있다. 따라서 정답은 B이다.

어휘 机会 jīhuì 명 기회 只 zhǐ 부 오직, 단지 留 liú 동 머무르다 给 gěi 개 ~에게 准备 zhǔnbèi 동 준비하다 主动 zhǔdòng 형 능동적이다, 자발적이다 找 zhǎo 동 찾다 等 děng 동 기다리다

67 ★☆☆ 하

刚开始抽烟的时候觉得自己抽烟很帅，后来知道了抽烟对身体不好，也影响别人的健康。	막 담배를 피우기 시작했을 때 스스로가 멋있다고 생각했다. 후에 담배를 피우는 것이 건강에 좋지 않고 다른 사람의 건강에도 영향을 미친다는 것을 알았다.
★ 抽烟： **A 对健康不好** B 很帅 C 对健康很好	★ 흡연은? **A 건강에 좋지 않다** B 멋있다 C 건강에 좋다

해설 질문의 키워드는 抽烟(흡연)이므로 지문에서 흡연에 대해 어떻게 언급하는지 살펴본다. 담배를 막 피우기 시작했을 때는 스스로 멋있다고 생각했지만, 나중에는 知道了抽烟对身体不好(담배를 피우는 것이 건강에 좋지 않다는 것을 알았다)라고 했으므로 보기 A가 정답임을 알 수 있다.

어휘 刚 gāng 부 막, 방금 开始 kāishǐ 동 시작하다 抽烟 chōuyān 동 흡연하다 的时候 de shíhou ~할 때 帅 shuài 형 잘생기다 后来 hòulái 부 그 후 知道 zhīdào 동 알다 对 duì 개 ~에, ~에 대하여 身体 shēntǐ 명 몸, 신체 也 yě 부 ~도 影响 yǐngxiǎng 동 영향을 미치다 别人 biéren 명 다른 사람 健康 jiànkāng 명 건강

68 ★☆☆ 중

西红柿是很好的水果。从“西”字可以看出它不是中国的。西红柿是从西方过来的。它又叫“洋柿子”，“洋”也是外国的意思。	토마토(西红柿)는 좋은 과일이다. '西(서)' 글자에서 알 수 있듯이 이것은 중국 것이 아니다. 토마토는 서양에서 온 것이다. 이것은 또한 '洋柿子'라고도 부른다. '洋(양)' 역시 외국이라는 뜻이다.
★ 西红柿： A 中国的 B 不好吃 **C 从外国过来的**	★ 토마토는? A 중국의 것 B 맛이 없다 **C 외국에서 온 것이다**

해설 질문의 키워드는 西红柿(토마토)이므로 이에 관해 어떤 내용이 보기와 일치하는지 확인한다. 지문에서 토마토의 뜻을 설명하면서 西红柿是从西方过来的(토마토는 서양에서 온 것이다)라고 했으므로 보기 C가 정답이다.

어휘 西红柿 xīhóngshì 명 토마토 水果 shuǐguǒ 명 과일 从 cóng 개 ~에서부터 它 tā 대 그것 西方 xīfāng 명 서양 过来 guòlái 동 오다 又 yòu 부 또 叫 jiào 동 ~라고 부르다 洋柿子 yángshìzi 명 토마토 外国 wàiguó 명 외국 意思 yìsi 명 의미, 뜻

69 ★★☆ 중

北京动物园是中国最大的动物园。有500多种动物，我们不但可以看到熊猫，也可以去海洋馆参观海底世界。

베이징 동물원은 중국의 가장 큰 동물원이다. 500여 종이 넘는 동물이 있어서 우리는 판다를 볼 수 있을 뿐만 아니라, 해양관에 가서 해저 세계도 관람할 수 있다.

★ 北京动物园：

★ 베이징 동물원은?

A 没有熊猫
B 值得看
C 门票很贵

A 판다가 없다
B 볼 만한 가치가 있다
C 입장권이 비싸다

해설 질문의 키워드는 北京动物园(베이징 동물원)이므로 지문에 어떻게 언급됐는지 확인한다. 지문에서 可以看到熊猫(판다를 볼 수 있다)라고 했으므로 A는 오답이고, 보기 C의 내용은 언급되지 않았다. 전체적으로 베이징 동물원에 많은 동물들이 있고 판다와 해저 세계도 관람할 수 있다고 장점을 설명하고 있으므로 알맞은 정답은 B이다.

Tip▶ '值得+동사' ~할 가치가 있다
예 济州岛**值得**一去。 제주도는 한 번 가 **볼 만한** 곳이다.

어휘 动物园 dòngwùyuán 명 동물원 最 zuì 부 가장 大 dà 형 크다 种 zhǒng 양 종류 动物 dòngwù 명 동물 不但 búdàn 접 ~할 뿐만 아니라 熊猫 xióngmāo 명 판다 海洋馆 hǎiyángguǎn 명 해양관 参观 cānguān 명 관람하다 海底 hǎidǐ 명 해저 世界 shìjiè 명 세계 门票 ménpiào 명 입장권

70 ★☆☆ 하

虽然他长得很帅，演得很好，舞也跳得很好，可是唱得不太好。我听过他唱的几首歌，都不怎么样。

비록 그는 잘생기고 연기도 잘하고 춤도 잘 추지만 노래는 그다지 잘 부르지 못한다. 나는 그가 부른 노래를 몇 곡 들어 본 적이 있는데 다 별로였다.

★ 根据这段话，他是：

★ 이 글에 따르면 그는?

A 演员　　B 医生　　C 司机

A 연기자이다　　B 의사이다　　C 기사이다

해설 질문에서 他(그)에 관한 옳은 내용을 묻고 있다. 첫 문장에서 他长得很帅，演得很好(그는 잘생기고 연기도 잘한다)라고 했고 잘생긴 외모와 연기 실력을 갖춘 직업은 연기자이므로 정답은 A이다.

어휘 长 zhǎng 동 생기다 演 yǎn 동 연기하다 舞 wǔ 명 춤 跳 tiào 동 추다 可是 kěshì 접 하지만 唱 chàng 동 부르다 首 shǒu 양 곡 歌 gē 명 노래 不怎么样 bù zěnmeyàng 별로이다 演员 yǎnyuán 명 연기자 医生 yīshēng 명 의사 司机 sījī 명 기사

쓰기 제1부분

[풀이전략] 어순 배열 문제는 가장 먼저 술어를 찾아야 한다. 그리고 술어와 어울리는 주어와 목적어를 배치한 뒤 관형어, 부사어와 같은 수식 성분을 배치하도록 한다.

71 ★★☆ 상

红色的　旧　那件　了　衣服　太

관형어	주어	부사어	술어
那件红色的 지시대사+양사+성질/상태 명사+的	衣服 명사	太 부사	旧了。 형용사+了

그 빨간색 옷은 너무 낡았다.

해설 **술어 배치** 제시어 중 술어가 될 수 있는 형용사 旧(낡다)를 술어에 배치한다.
주어 목적어 배치 형용사 술어는 목적어를 갖지 않으므로 주어를 찾는다. 술어 旧의 묘사의 대상이 될 수 있는 衣服(옷)를 주어에 배치한다.
남은 어휘 배치 정도부사 太(너무)는 조사 了와 함께 '太……了'의 구조를 이루므로 형용사와 함께 太旧了를 완성한다. 구조조사 的가 결합된 红色的(빨간색인)는 뒤에 명사가 와야 하므로 衣服 앞에 배치하고, '지시대사+양사'인 那件(그)을 红色的衣服 앞에 배치하여 문장을 완성한다.

어휘 那 nà 대 저, 그　件 jiàn 양 벌, 건　红色 hóngsè 명 빨간색　衣服 yīfu 명 옷　太……了 tài……le 부 너무 ~하다　旧 jiù 형 낡다

72 ★☆☆ 하

这　个子　人　个　高　很

관형어	큰 주어	큰 술어		
		작은 주어	부사어	작은 술어
这个 지시대사+양사	人 명사	个子 명사	很 부사	高。 형용사

이 사람은 키가 크다.

해설 **술어 배치** 제시어 중 술어가 될 수 있는 형용사 高(크다)를 술어에 배치한다.
주어 목적어 배치 형용사 술어는 목적어를 갖지 않으므로 주어를 찾는다. 술어 高의 묘사의 대상이 될 수 있는 个子(키)를 주어에 배치한다.
남은 어휘 배치 정도부사 很(아주)은 형용사를 꾸며주므로 高 앞에 배치한다. 지시대사는 양사와 함께 쓰이므로 这个로 결합시키고, '지시대사+양사'는 명사를 꾸며주므로 人(사람) 앞에 这个人으로 배치하여, 술어가 '주어+술어'인 주술술어문 这个人个子很高를 완성한다.

어휘 这 zhè 대 이　个 ge 양 명, 개　人 rén 명 사람　个子 gèzi 명 키　很 hěn 부 매우　高 gāo 형 높다

73 ★★☆ 중

条　安静　那　很　街道

관형어	주어	부사어	술어
那条 지시대사+양사	街道 명사	很 부사	安静。 형용사

그 길은 조용하다.

해설 **술어 배치** 제시어 중 술어가 될 수 있는 형용사 安静(조용하다)을 술어에 배치한다.
주어 목적어 배치 형용사 술어는 목적어를 갖지 않으므로 주어를 찾는다. 술어 安静의 묘사의 대상이 될 수 있는 街道(길)를 주어에 배치한다.
남은 어휘 배치 정도부사 很(아주)은 형용사를 꾸며주므로 安静 앞에 배치한다. 지시대사는 양사와 함께 쓰이므로 那条로 결합시키고, '지시대사+양사'는 명사를 꾸며주므로 街道(사람) 앞에 那条街道로 배치하여 문장을 완성한다.

어휘 条 tiáo 양 가늘고 긴 물체를 세는 단위　街道 jiēdào 명 거리, 길　安静 ānjìng 형 조용하다

74 ★★☆ 중

一共　年级　五个　他们　有　班

주어	부사어	술어	관형어	목적어
他们年级 인칭대사+명사	一共 부사	有 동사	五个 수사+양사	班。 명사

그들 학년에는 모두 다섯 개 반이 있다.

해설 **술어 배치** 제시어 중 술어가 될 수 있는 동사 有(있다)를 술어에 배치한다.
주어 목적어 배치 술어 有는 'A有B(A에 B가 있다/A는 B를 가지고 있다)'를 나타내므로 넓은 범위를 나타내는 年纪(학년)를 주어에, 이보다 작은 범위인 班(반)을 목적어에 배치한다.
남은 어휘 배치 '수사+양사'인 五个(5개)는 관형어이므로 班과 결합시키고, 인칭대사 他们(그들)은 의미상 어울리는 年级 앞에 배치한다. 부사 一共(모두)은 술어 앞에 부사어로 배치하여 문장을 완성한다.

어휘 他们 tāmen 대 그들　年级 niánjí 명 학년　一共 yígòng 부 모두, 총　有 yǒu 동 있다　班 bān 명 반

75 ★★★ 상

越　雨　下　了　大　越

주어	부사어	술어	부사어	술어
雨 명사	越 부사	下 동사	越 부사	大了。 형용사+了

비가 내리면 내릴수록 많이 온다.

해설 **술어 배치** 제시어 중 술어가 될 수 있는 단어는 동사 下(내리다)와 형용사 大(크다)이다. 부사 越가 2개 있으므로 '越A越B'의 구조임을 예상하여 越下越大를 완성한다.
주어 목적어 배치 술어 下의 주어로 의미상 알맞은 雨(비)를 주어에 배치한다.
남은 어휘 배치 남은 어휘 조사 了는 문장의 끝에 배치하여 雨越下越大了를 완성한다.

어휘 雨 yǔ 명 비　越A越B yuè A yuè B A할수록 B하다　下 xià 동 내리다　大 dà 형 크다

쓰기 제2부분

[풀이전략] 빈칸 앞뒤의 단어 또는 글자와 의미가 연결되면서, 상단의 병음에 해당하는 글자 또는 단어를 써 넣는다.

76 ★☆☆ 하

cì 请再给我一(次)机会。	제게 한 (번) 더 기회를 주세요.

해설 빈칸 앞에 숫자 一(하나)가 있고 뒤에 명사 机会(기회)가 있으므로 빈칸은 한 번이라는 의미를 나타낼 수 있는 양사 次(번)가 들어가야 한다.

어휘 再 zài 부 다시　给 gěi 동 주다　次 cì 양 번　机会 jīhuì 명 기회

77 ★★★ 상

wèi 哥哥明天结婚，真(为)他高兴。	형이 내일 결혼한다. 정말 그 (때문에) 기쁘다.

해설 빈칸 뒤에 대사 他(그)와 술어 高兴(기쁘다)이 있다. 문장의 뜻이 '형이 내일 결혼한다. 정말 그 때문에 기쁘다'가 적합하므로 빈칸의 알맞은 한자는 为(~때문에)라는 것을 알 수 있다. '真为……高兴'은 상대방에게 좋은 일이 생겼을 때 축하해 주는 표현으로 为 뒤에 축하하는 대상을 사용한다.

어휘 哥哥 gēge 명 오빠, 형　明天 míngtiān 명 내일　结婚 jiéhūn 동 결혼하다　真 zhēn 부 정말, 진짜　为 wèi 개 ~를 위해서　他 tā 대 그　高兴 gāoxìng 형 기쁘다

78 ★☆☆ 하

fàn 我已经吃饱了，不要米(饭)了。	나는 이미 배부르게 먹었어. (밥)은 필요 없어.

해설 빈칸 앞에 米(쌀)가 있으므로 빈칸에 알맞은 단어는 饭임을 알 수 있다.

어휘 已经 yǐjīng 부 이미, 벌써　饱 bǎo 형 배부르다　不要 búyào 동 필요 없다, ~하지 마라　米饭 mǐfàn 명 쌀밥

79 ★☆☆ 하

nán 那个城市在中国的最（ 南 ）边，环境非常好。	그 도시는 중국에서 가장 (남)쪽에 있다. 환경이 매우 좋다.

해설 빈칸 뒤에 边(~쪽)이 있으므로 빈칸에는 방향과 관련된 한자가 들어가야 함을 알 수 있다. 상단의 병음에 해당하면서 방향을 나타내는 한자 南을 넣는다.

어휘 城市 chéngshì 명 도시 在 zài 동 ~에 있다 最 zuì 부 가장 南边 nánbiān 명 남쪽 环境 huánjìng 명 환경 非常 fēicháng 부 매우 好 hǎo 형 좋다

80 ★☆☆ 중

bié 先看看（ 别 ）人怎么写，你再做决定。	먼저 (다른) 사람이 어떻게 썼는지 보고, 다시 결정을 해라.

해설 빈칸 뒤에 人(사람)이 있으므로 병음에 해당하는 한자 别(다른)를 넣는다. 别人은 '다른 사람'이라는 뜻이다.

어휘 先 xiān 부 먼저 看 kàn 동 보다 别人 biérén 명 다른 사람 怎么 zěnme 대 어떻게 写 xiě 동 쓰다 做 zuò 동 하다 决定 juédìng 명 결정

실전모의고사

2회 한눈에 정답 확인하기

듣기

제1부분	1. C	2. A	3. B	4. F	5. E	6. A	7. C	8. D	9. B	10. E
제2부분	11. ✓	12. ✗	13. ✓	14. ✓	15. ✗	16. ✓	17. ✓	18. ✗	19. ✗	20. ✗
제3부분	21. C	22. B	23. C	24. A	25. B	26. C	27. A	28. B	29. A	30. A
제4부분	31. C	32. B	33. B	34. A	35. C	36. A	37. C	38. A	39. C	40. B

독해

제1부분	41. C	42. A	43. F	44. D	45. B	46. E	47. C	48. D	49. A	50. B
제2부분	51. A	52. C	53. B	54. F	55. D	56. E	57. B	58. F	59. A	60. C
제3부분	61. B	62. B	63. A	64. C	65. B	66. C	67. A	68. B	69. A	70. C

쓰기

제1부분

71. 希望您越来越年轻。

72. 张经理已经请假了。

73. 最近几天的天气好极了。

74. 请把声音关小一点儿。

75. 街道两边的树长得真高。

제2부분

76. 它　77. 花　78. 层　79. 行　80. 热

자가진단 나의 학습 취약점 & 보완점 체크하기

문제별 중요도와 난이도를 보고 자신의 학습 취약점을 파악할 수 있게 하였습니다. 정답을 확인하여 반복적으로 틀린 문제를 표시하고 어떤 부분(어휘력, 독해력, 청취력)을 보완해야 할지 진단해 봅시다.

틀린문제에 √표시 / 난이도 / 문제 번호 / 중요도 / 문제 공략 포인트

문제 번호	틀린문제	중요도	난이도	문제 공략 포인트
1	□	★★	상	형용사, 명사 키워드 듣기

듣기 제1부분

번호	체크	중요도	난이도	문제 공략 포인트
1	□	★	하	명사 키워드 듣기
2	□	★★	중	명사 키워드 듣기
3	□	★★	중	동사, 명사 키워드 듣기
4	□	★★	중	동사 키워드 듣기
5	□	★★	하	명사 키워드 듣기
6	□	★	하	동사, 명사 키워드 듣기
7	□	★★	중	동사 키워드 듣기
8	□	★	하	동사 키워드 듣기
9	□	★★	중	동사 키워드 듣기
10	□	★	하	동사 키워드 듣기

듣기 제2부분

번호	체크	중요도	난이도	문제 공략 포인트
11	□	★★	중	같은 부분 찾아내기
12	□	★	하	전체적인 내용 파악하기
13	□	★	하	같은 부분 찾아내기
14	□	★	하	유사 표현 듣기
15	□	★★	중	반의어 주의하기
16	□	★	하	같은 부분 찾아내기
17	□	★★★	상	유사 표현 듣기
18	□	★★	중	숫자 파악하기
19	□	★★	하	반의어 주의하기
20	□	★	하	부정 부사 주의하기

듣기 제3부분

번호	체크	중요도	난이도	문제 공략 포인트
21	□	★	하	시간 듣기
22	□	★	하	남/여의 행동 듣기
23	□	★★	상	생각/견해 듣기
24	□	★★	하	장소 듣기
25	□	★	하	관계/신분 듣기
26	□	★	중	숫자 듣기
27	□	★★	중	상태/상황 듣기
28	□	★	하	남/여의 행동 듣기
29	□	★★	하	상태/상황 듣기
30	□	★	중	남/여의 행동 듣기

듣기 제4부분

번호	체크	중요도	난이도	문제 공략 포인트
31	□	★★	중	남/여의 행동 듣기
32	□	★	하	장소 듣기
33	□	★	하	생각/견해 듣기
34	□	★★	중	남/여의 행동 듣기
35	□	★	하	남/여의 행동 듣기
36	□	★★	중	장소 듣기
37	□	★★	중	상태/상황 듣기
38	□	★	중	상태/상황 듣기

절취선

39 □ ★	하	장소 듣기
40 □ ★★★	상	사물 듣기
독해 제1부분		
41 □ ★★	중	질문과 대답, 핵심 어휘로 연결
42 □ ★★	중	질문과 대답, 핵심 어휘로 연결
43 □ ★★	중	핵심 어휘로 연결
44 □ ★	하	인사말, 핵심 어휘로 연결
45 □ ★	하	핵심 어휘로 연결
46 □ ★	하	인사말, 핵심 어휘로 연결
47 □ ★★	하	질문과 대답, 핵심 어휘로 연결
48 □ ★★	중	질문과 대답, 핵심 어휘로 연결
49 □ ★★	중	질문과 대답, 핵심 어휘로 연결
50 □ ★	하	핵심 어휘로 연결
독해 제2부분		
51 □ ★★	중	주어로 쓰인 명사 넣기
52 □ ★★	상	술어로 쓰인 동사 넣기
53 □ ★	하	목적어로 쓰인 명사 넣기
54 □ ★★	중	술어로 쓰인 형용사 넣기
55 □ ★	하	주어로 쓰인 명사 넣기
56 □ ★	하	술어로 쓰인 형용사 넣기
57 □ ★★	하	관형어로 쓰인 양사 넣기
58 □ ★★	중	개사구를 이루는 개사 넣기
59 □ ★★	중	보어로 쓰인 형용사 넣기
60 □ ★★	중	술어로 쓰인 동사 넣기

독해 제3부분		
61 □ ★	하	핵심 어휘로 정답 찾기
62 □ ★	하	핵심 어휘로 정답 찾기
63 □ ★	중	세부 내용 파악하기
64 □ ★★	중	세부 내용 파악하기
65 □ ★★	하	핵심 어휘로 정답 찾기
66 □ ★★	상	중심 내용 파악하기
67 □ ★★	하	중심 내용 파악하기
68 □ ★	하	세부 내용 파악하기
69 □ ★	하	전체적인 내용 파악하기
70 □ ★★	중	세부 내용 파악하기
쓰기 제1부분		
71 □ ★★	중	서술성 목적어 배치하기
72 □ ★	하	부사어, 동사술어 배치하기
73 □ ★★	중	관형어, 형용사술어 배치하기
74 □ ★★★	상	把자문 완성하기
75 □ ★★	중	관형어, 보어 배치하기
쓰기 제2부분		
76 □ ★★	중	대사 쓰기
77 □ ★★★	중	동사 쓰기
78 □ ★	하	양사 쓰기
79 □ ★	하	명사 쓰기
80 □ ★	하	형용사 쓰기
- 수고하셨습니다! -		

점수 확인		
듣기	정답수(/40개) X 2.5점 = ________ 점/100점	**총점**(만점 300점) ________ 점
독해	정답수(/30개) X 3.3점 = ________ 점/100점	
쓰기 제1부분	정답수(/ 5개) X 12점 = ________ 점/60점	
쓰기 제2부분	정답수(/ 5개) X 8점 = ________ 점/40점	

※ 주의: 위의 영역별 문항 점수는 만점을 기준으로 하여 산출한 가상 점수로 실제 HSK 성적과 계산 방식이 상이할 수 있습니다.

절취선

듣기 제1부분

[풀이전략] 녹음을 듣기 전에 먼저 5개의 제시된 그림을 보고 어떤 단어 또는 내용이 들릴지 미리 예상한 뒤 녹음을 듣는다.

1 ★☆☆ 하

사진은 남자가 빵을 굽고 있는 모습이다. 녹음을 듣기 전, 빵과 관련된 어휘 面包(빵), 做(만들다), 好吃(맛있다) 등을 미리 연상한다.

女：这个面包看着就挺好吃的，是你自己做的吗？
男：对，你快尝一下。

여: 이 빵 보기만 해도 맛있어 보인다. 네가 직접 만든 거야?
남: 맞아. 너 얼른 맛 좀 봐.

해설 여자의 말에 面包(빵)가 들렸고 이어 남자에게 是你自己做的吗？(네가 직접 만든 거야?)라고 묻는 말에 남자가 맞다고 대답했으므로 남자가 빵을 만들고 있는 그림 C가 정답이다.

어휘 面包 miànbāo 명 빵　看 kàn 동 보다　挺……的 tǐng……de 부 매우 ~하다　好吃 hǎochī 형 맛있다　自己 zìjǐ 대 자기, 스스로　做 zuò 동 하다, 만들다　对 duì 형 맞았다　尝 cháng 동 맛보다

2 ★★☆ 중

사진은 아빠와 아들의 모습이다. 녹음을 듣기 전, 가족과 관련된 어휘 儿子(아들), 妈妈(엄마), 爸爸(아빠) 등을 미리 연상하고 듣는다.

男：你的**儿子**长得很像你丈夫。
女：是吧，我也这么觉得。

남: 네 **아들** 네 남편 많이 닮았다.
여: 그렇지. 나도 그렇게 생각해.

해설 남자가 你的儿子长得很像你丈夫(네 아들 네 남편 많이 닮았다)라고 말했으므로 아들과 아버지의 모습이 있는 A가 정답이다. 이러한 문제에서는 儿子(아들)만 들어도 정답을 쉽게 찾을 수 있다.

어휘 儿子 érzi 명 아들　长 zhǎng 동 생기다　像 xiàng 동 닮다　丈夫 zhàngfu 명 남편　也 yě 부 ~도　觉得 juéde 동 ~라고 생각하다

3 ★★☆ 중

사진은 신용카드로 결제하는 모습이다. 녹음을 듣기 전, 신용카드와 관련된 표현 刷(긁다), 信用卡(신용카드)를 미리 연상하고 듣는다.

女：多少钱？这儿可以**刷信用卡**吗？ 男：可以，一共是五百八。	여: 얼마예요? 여기 카드로 결제할 수 있나요? 남: 가능합니다. 총 580위안입니다.

해설 여자의 말에서 刷信用卡(카드로 결제하다)가 들렸으므로 정답은 B이다. 刷信用卡를 모르더라도 대화의 전체 내용이 가격을 묻는 상황이므로 일치하는 그림이 B라는 것을 알 수 있다.

어휘 可以 kěyǐ 조동 ~할 수 있다, ~해도 된다　刷 shuā 동 긁다　信用卡 xìnyòngkǎ 명 신용 카드　一共 yígòng 부 총, 합계

4 ★★☆ 중

사진은 여자가 시계를 보고 있는 모습으로 무언가를 기다리고 있다고 추측할 수 있다. 녹음을 듣기 전, 기다림과 관련된 어휘 等(기다리다)을 미리 연상하고 듣는다.

男：李小姐你怎么不走呢？身体不舒服吗？ 女：不是，我在**等**我的朋友。	남: 리 샤오지에, 왜 안 가고 있어요? 몸이 안 좋아요? 여: 아니요. 저 친구를 **기다리고** 있어요.

해설 남자가 여자에게 가고 있지 않는 이유를 묻는 말에 여자가 我在等我的朋友(친구를 기다리고 있어요)라고 했으므로 여자가 시계를 보고 있는 모습인 F가 알맞은 정답이다.

어휘 怎么 zěnme 대 어째서, 어떻게　走 zǒu 동 가다, 걷다　身体 shēntǐ 명 몸, 신체　舒服 shūfu 형 편안하다　在 zài 부 ~하고 있다　等 děng 동 기다리다　朋友 péngyou 명 친구

5 ★★☆ 하

사진에 판다가 있다. 녹음을 듣기 전, 관련 어휘 熊猫(판다), 可爱(귀엽다) 등을 미리 연상해 둔다.

女：你看，它的眼睛、耳朵和鼻子都是黑色的。 男：是啊，**熊猫**真**可爱**！	여: 봐 봐. 저것의 눈, 코와 귀 모두 검은색이야. 남: 맞아. 판다가 정말 **귀엽다!**

해설 남자의 말 중 熊猫真可爱(판다가 정말 귀엽다)가 들렸으므로 熊猫(판다)가 있는 E를 정답으로 고른다.

어휘 它 tā 대 그, 저　眼睛 yǎnjing 명 눈　耳朵 ěrduo 명 귀　和 hé 개 ~와/과　鼻子 bízi 명 코　都 dōu 부 모두　是 shì 동 ~이다　黑色 hēisè 명 검은색　熊猫 xióngmāo 명 판다　真 zhēn 부 정말, 진짜　可爱 kě'ài 형 귀엽다

6 ★☆☆ 하

사진은 남녀가 책을 보고 있는 모습이다. 녹음을 듣기 전, 책과 관련된 어휘 看(보다), 读(읽다), 书(책) 등을 미리 연상하고 듣는다.

男：你在读什么书？
女：一本关于中国历史的书，写得很不错。

남: 너 무슨 책 읽고 있어?
여: 중국 역사에 관한 책이야. 잘 썼어.

해설 남자가 여자에게 你在读什么书？(무슨 책을 읽고 있어?)라고 물었으므로 남녀가 책을 보고 있는 A를 정답으로 고른다. 读(읽다)를 몰라도 书(책)가 남자와 여자에 말에 모두 언급되었으므로 책이 있는 그림을 정답으로 고를 수 있다.

어휘 在 zài 부 ~하고 있다 读 dú 동 읽다 什么 shénme 대 무슨, 무엇 书 shū 명 책 关于 guānyú 개 ~에 관해서 历史 lìshǐ 명 역사 写 xiě 동 쓰다 不错 búcuò 형 좋다, 괜찮다

7 ★★☆ 중

사진은 바람이 세게 부는 모습으로 날씨가 좋지 않다는 것을 알 수 있다. 녹음을 듣기 전, 바람과 관련된 어휘 刮风(바람이 분다), 大(세다), 天气(날씨) 등을 미리 연상하고 듣는다.

女：今天风刮得太大了，不想出去。
男：希望明天天气能好一点儿。

여: 오늘 바람이 너무 세게 불어. 나가고 싶지 않아.
남: 내일 날씨가 좀 더 좋길 바라.

해설 여자가 风刮得太大了(바람이 너무 세게 불어)라고 했으므로 강한 바람을 나타내는 C를 정답으로 고른다. 여자의 말을 정확히 이해하지 못했더라도 남자가 내일 날씨가 좀 더 좋길 바란다고 했으므로 날씨와 관련된 그림인 C를 정답으로 고를 수 있다.

어휘 风 fēng 명 바람 刮 guā 동 불다 想 xiǎng 조동 ~하고 싶다 出去 chūqù 동 나가다 希望 xīwàng 동 바라다, 희망하다 明天 míngtiān 명 내일 天气 tiānqì 명 날씨

8 ★☆☆ 하

사진은 남녀가 서로 인사하고 있는 모습이다. 녹음을 듣기 전, 인사와 관련된 어휘 你好(안녕), 再见(잘가) 등을 미리 떠올려 둔다.

男：我还有别的事情，先走了。再见。
女：再见，路上小心点儿。

남: 나 또 다른 일이 있어서 먼저 갈게. 잘 가.
여: 잘 가. 가는 길 조심하고.

해설 남녀의 대화에서 모두 再见(잘 가)이 들렸으므로 정답은 D이다. 再见은 헤어질 때 하는 인사말이다.

어휘 还 hái 부 또, 더 有 yǒu 동 있다 别的 biéde 명 다른 것 事情 shìqing 명 일 先 xiān 부 먼저 再见 zàijiàn 잘 가 小心 xiǎoxīn 동 조심하다

9 ★★☆ 중

사진은 앨범을 보고 있는 모습이다. 녹음을 듣기 전, 사진과 관련된 어휘 照片(사진), 照(찍다) 등을 미리 연상하고 듣는다.

실전모의고사 2

女：这个人是你妻子吗？ 男：对，这是我跟她一起爬山的时候**照**的。	여: 이 사람이 너의 아내야? 남: 맞아. 이것은 내가 그녀와 같이 등산했을 때 **찍은** 거야.

해설 남자의 말 这是我跟她一起爬山的时候照的(이것은 내가 그녀와 같이 등산했을 때 찍은 거야)를 듣고 남녀가 사진을 보면서 대화하고 있다는 것을 알 수 있다. 따라서 정답은 B이다.

어휘 人 rén 명 사람 是 shì 동 ~이다 妻子 qīzi 명 아내 跟 gēn 개 ~와/과 一起 yìqǐ 부 같이, 함께 爬山 páshān 동 등산하다 的时候 de shíhou ~할 때 照 zhào 동 찍다

10 ★☆☆ 하

사진은 남자가 세수를 하고 있는 모습이다. 녹음을 듣기 전, 세수와 관련된 어휘 洗(씻다), 脸(얼굴) 등을 미리 연상하고 듣는다.

男：小王下来了吗？ 女：他在**洗脸**呢，马上就下楼。	남: 샤오왕 내려왔어? 여: 그는 **세수를 하고** 있어. 곧 내려올 거야.

해설 샤오왕이 내려왔냐고 묻는 남자의 말에 여자가 他在洗脸呢(그는 세수를 하고 있어)라고 대답했으므로 세수를 하는 남자의 모습인 E를 정답으로 고른다.

어휘 下来 xiàlái 동 내려오다 在 zài 부 ~하고 있다 洗脸 xǐliǎn 동 세수하다 马上 mǎshàng 부 곧, 즉시 楼 lóu 명 건물, 층

듣기 제2부분

[풀이전략] 일치/불일치를 판단하는 문제는 먼저 보기 문장의 핵심 내용을 파악한 뒤, 녹음을 들으면서 일치하는 내용을 확인한다.

11 ★★☆ 중

★ 说话人现在喜欢吃面条了。　(✓)	★ 화자는 현재 국수 먹는 것을 좋아하게 되었다.
过去我不喜欢吃面条，但后来去了山东，在那儿吃到了很多好吃的面条，我就慢慢地喜欢上吃面条了。	과거에 나는 국수를 좋아하지 않았다. 하지만 후에 산동에 갔는데 그곳에서 맛있는 국수를 많이 먹었다. 나는 천천히 국수를 좋아하게 되었다.

해설 보기 문장이 说话人现在喜欢吃面条(화자는 현재 국수 먹는 것을 좋아하게 되었다)이므로 녹음에서 사실 여부를 판단해야 한다. 녹음에서 화자는 과거에는 싫어했지만 나중에 我就慢慢地喜欢上吃面条了(천천히 국수를 좋아하게 되었다)라고 했으므로 정답은 일치(✓)이다.

어휘 现在 xiànzài 명 지금, 현재 喜欢 xǐhuan 동 좋아하다 吃 chī 동 먹다 面条 miàntiáo 명 국수 过去 guòqu 명 과거 但 dàn 접 그러나 后来 hòulái 부 그 후 去 qù 동 가다 在 zài 개 ~에서 那儿 nàr 대 그곳, 거기 慢 màn 형 느리다

12 ★☆☆ 하

★ 他是出租车司机。 (✗)

★ 그는 택시 기사이다.

路上的出租车特别少，我在路边站了二十多分钟，一直都没打到车。

길에 택시가 매우 적다. 나는 길가에서 20분 넘게 서 있었는데 계속 택시를 잡지 못했다.

해설 보기 문장이 他是出租车司机(그는 택시 기사이다)이므로 그가 택시 기사인지의 여부를 확인해야 한다. 녹음에서 택시가 언급되었지만 길에 택시가 없어서 一直都没打到车(계속 택시를 잡지 못했다)라고 했으므로 그는 택시 기사가 아닌 손님임을 알 수 있다. 따라서 정답은 불일치(✗)이다.

어휘 是 shì 동 ~이다 出租车 chūzūchē 명 택시 司机 sījī 명 운전기사 特别 tèbié 부 특히, 매우 少 shǎo 형 적다 路边 lùbiān 명 길가 站 zhàn 동 서다 一直 yìzhí 명 계속, 줄곧 打车 dǎchē 동 택시를 잡다

13 ★☆☆ 하

★ 奶奶说话很慢。 (✓)

★ 할머니는 말씀이 느리다.

奶奶说话不但慢，而且声音特别小，不认真听的话，可能会听不清楚。

할머니는 말씀이 느릴 뿐만 아니라 게다가 소리도 매우 작아서 진지하게 듣지 않는다면 아마 명확하게 들을 수 없을 것이다.

해설 보기 문장이 奶奶说话很慢(할머니는 말씀이 느리다)이므로 할머니가 말하는 것이 어떤지 확인한다. 시작 부분에 奶奶说话不但慢(할머니는 말씀이 느릴 뿐만 아니라)이라고 하여 문장이 그대로 들렸으므로 정답은 일치(✓)이다.

어휘 奶奶 nǎinai 명 할머니 说话 shuōhuà 동 말하다, 이야기하다 慢 màn 형 느리다 不但A, 而且B búdàn A, érqiě B 접 A할 뿐만 아니라 게다가 B하다 声音 shēngyīn 명 소리 小 xiǎo 형 작다 认真 rènzhēn 형 진지하다 听 tīng 동 듣다 的话 de huà ~한다면 可能 kěnéng 부 아마도 会 huì 조동 ~할 것이다 清楚 qīngchu 형 분명하다, 뚜렷하다

14 ★☆☆ 하

★ 他忘带手机了。 (✓)

★ 그는 핸드폰 챙기는 것을 잊었다.

我忘记拿手机了，你在这儿等我一下，我上楼去拿，马上就下来。

나 핸드폰 챙기는 것을 잊었어. 너 여기에서 나를 기다려줘. 내가 올라가서 가져올게. 바로 내려올 거야.

해설 보기 문장이 他忘带手机了(그가 핸드폰 챙기는 것을 잊었다)이므로 녹음에서 그가 잊은 것이 핸드폰이 맞는지 확인한다. 녹음의 첫 문장에 我忘记拿手机了(나 핸드폰 챙기는 것을 잊었어)라고 하여 동사 带(가지다)를 拿(가지다)로 표현하였다. 이 둘은 비슷한 의미이므로 정답은 일치(✓)이다.

어휘 忘 wàng 동 잊다 带 dài 동 지니다, 휴대하다 手机 shǒujī 명 핸드폰 忘记 wàngjì 동 잊다 拿 ná 동 가지다, 잡다 等 děng 동 기다리다 马上 mǎshàng 부 곧, 즉시

15 ★★☆ 중

★ 现在比以前胖了。 (✗)

★ 지금은 이전보다 살이 쪘다.

这张照片是我两年前照的，那时候我有点儿胖，现在我每天运动，比以前瘦多了。

이 사진은 내가 2년 전에 찍은 것이다. 그때 나는 조금 통통했는데 지금은 매일 운동을 해서 이전보다 살이 많이 빠졌다.

해설 보기 문장이 现在比以前胖了(지금은 이전보다 살이 쪘다)이므로 현재가 이전보다 살이 쪘는지 여부를 확인해야 한다. 녹음에서 2년 전에는 뚱뚱했고 现在比以前瘦多了(지금은 운동을 해서 전보다 살이 많이 빠졌다)라고 했으므로 정답은 불일치(✗)이다.

어휘 现在 xiànzài 명 지금, 현재　比 bǐ 개 ~보다　以前 yǐqián 명 이전　胖 pàng 형 뚱뚱하다　照片 zhàopiàn 명 사진　照 zhào 동 찍다　那时候 nà shíhou 대 그때　有点儿 yǒudiǎnr 부 조금, 약간　每天 měitiān 명 매일　运动 yùndòng 동 운동하다　瘦 shòu 형 마르다, 여위다

16 ★☆☆ 하

★ 那家宾馆房间干净。　　(✓)	★ 그 호텔은 깨끗하다.
这家宾馆房间很干净，环境又好，而且离机场特别近，我们就住这里吧！	이 호텔의 방은 깨끗하다. 환경이 좋고 게다가 공항에서 매우 가깝다. 우리 여기에 머물자!

해설 보기 문장이 那家宾馆房间干净(그 호텔은 깨끗하다)이므로 녹음에서 호텔의 상태가 어떤지를 중점적으로 들어야 한다. 첫 문장에서 这家宾馆房间很干净(이 호텔의 방은 깨끗하다)이라고 했으므로 보기 문장과 일치(✓)함을 알 수 있다.

어휘 宾馆 bīnguǎn 명 호텔　房间 fángjiān 명 방　干净 gānjìng 형 깨끗하다　环境 huánjìng 명 환경　离 lí 개 ~에서부터　机场 jīchǎng 명 공항　近 jìn 형 가깝다　住 zhù 동 살다, 머무르다

17 ★★★ 상

★ 女儿会照顾人了。　　(✓)	★ 딸은 사람을 돌볼 수 있게 되었다.
经过这件事我突然觉得女儿长大了，她懂得去照顾别人了，而且对人也更热情了。	이 일을 겪으면서 나는 갑자기 딸이 컸다고 생각했다. 그녀는 다른 사람을 돌볼 줄 알게 되었고 게다가 사람에게 더 친절해졌다.

해설 보기 문장이 女儿会照顾人了(딸은 사람을 돌볼 수 있게 되었다)이므로 녹음에서 딸이 다른 사람을 돌볼 수 있게 되었는지 확인한다. 녹음에서 딸이 다 컸다고 생각한 이유로 她懂得去照顾别人了(그녀는 다른 사람을 돌볼 줄 알게 되었다)라고 했으므로 정답은 일치(✓)이다.

어휘 女儿 nǚ'ér 명 딸　会 huì 조동 ~할 줄 알다　照顾 zhàogu 동 돌보다　经过 jīngguò 동 지나다, 겪다　事 shì 명 일　突然 tūrán 부 갑자기　觉得 juéde 동 ~라고 생각하다　长大 zhǎngdà 동 성장하다　懂 dǒng 동 알다, 이해하다　对 duì 개 ~에　热情 rèqing 형 친절하다

18 ★★☆ 중

★ 他们只有一个孩子。　　(✗)	★ 그들은 한 명의 아이만 있다.
我和妻子上个月有了我们的第二个孩子，是个可爱的女孩儿，儿子也很高兴自己有了小妹妹。	나와 아내는 지난달에 우리의 둘째 아이가 생겼다. 귀여운 딸아이이다. 아들도 자기가 여동생이 생겨서 기뻐했다.

해설 보기 문장이 他们只有一个孩子(그들은 한 명의 아이만 있다)이므로 그들에게 몇 명의 아이가 있는지 확인한다. 첫 문장에 有了我们的第二个孩子(우리의 둘째 아이가 생겼다)라고 했으므로 그들에게 아이가 두 명 있음을 알 수 있다. 따라서 정답은 불일치(✗)이다.

어휘 只 zhǐ 부 오직, 단지　有 yǒu 동 있다　孩子 háizi 명 아이　和 hé 개 ~와/과　妻子 qīzi 명 아내, 부인　第二 dì'èr 수 두 번째　可爱 kě'ài 형 귀엽다　女孩儿 nǚháir 명 여자아이　儿子 érzi 명 아들　也 yě 부 ~도　高兴 gāoxìng 형 기쁘다　妹妹 mèimei 명 여동생

19 ★★☆ 하

★ 游泳很难学。 (✗)	★ 수영은 배우기 어렵다.
游泳其实很简单，多练习几次就会了。来，别害怕慢慢游，我就在你旁边。	수영은 사실 아주 간단해서 연습을 몇 번 하면 할 수 있어. 자, 무서워하지 말고 천천히 헤엄쳐 봐. 내가 네 옆에 있잖아.

해설 보기 문장이 游泳很难学(수영은 배우기 어렵다)이므로 화자가 수영을 어렵다고 생각하는지 확인한다. 시작 부분에 游泳其实很简单(수영은 사실 간단하다)이라고 한 것을 통해 화자는 수영 배우는 것을 쉽게 생각한다는 것을 알 수 있다. 따라서 정답은 불일치(✗)이다.

어휘 游泳 yóuyǒng 동 수영하다 难 nán 형 어렵다 学 xué 동 배우다 其实 qíshí 부 사실 简单 jiǎndān 형 간단하다 练习 liànxí 동 연습하다 会 huì 조동 ~할 줄 알다 别 bié 부 ~하지 마라 害怕 hàipà 동 무서워하다, 두려워하다 慢 màn 형 느리다 游 yóu 동 헤엄치다 在 zài 동 ~에 있다 旁边 pángbiān 명 옆쪽

20 ★☆☆ 하

★ 他最近常常见王阿姨。 (✗)	★ 그는 요즘 자주 왕 아주머니를 만난다.
她是我们以前的邻居王阿姨吗？她两年前就离开北京了，我也很长时间没见过他了。	그녀가 우리 예전 이웃인 왕 아주머니야? 그녀는 2년 전에 북경을 떠났어. 나도 그녀를 오랫동안 만나지 못했어.

해설 보기 문장이 他最近常常见王阿姨(그는 요즘 자주 왕 아주머니를 만난다)이므로 그가 왕 아주머니와 자주 왕래하는지 확인한다. 마지막 문장에서 我也很长时间没见过他了(나도 그녀를 오랫동안 만나지 못했어)라고 했으므로 정답은 불일치(✗)이다.

어휘 最近 zuìjìn 명 요즘, 최근 常常 chángcháng 부 종종, 자주 见 jiàn 동 만나다 阿姨 āyí 명 아주머니 邻居 línjū 명 이웃 离开 líkāi 동 떠나다 长 cháng 형 길다 时间 shíjiān 명 시간

듣기 제3부분

[풀이전략] 녹음을 듣기 전, 먼저 보기를 보고 질문과 녹음의 내용을 미리 예상한다. 남녀의 정보를 구분해야 하며, 녹음에 언급되는 보기에 관련 정보를 메모한다.

21 ★☆☆ 하

女：你今天太累了吧，早点儿睡觉。 男：没关系，我想把这个节目看完，你先去睡吧！不用等我。 问：现在最可能是什么时候？	여: 너 오늘 힘들지? 일찍 자. 남: 괜찮아. 나 이 프로그램을 다 보고 싶어. 먼저 자! 나 기다릴 필요 없어. 질문: 지금은 언제인가?
A 早上　　B 中午　　**C 晚上**	A 아침　　B 정오　　**C 저녁**

해설 보기가 모두 시간을 나타내므로 어느 시간대가 언급되는지 또는 대화를 나누는 시간대가 언제인지 확인한다. 여자가 남자에게 早点儿睡觉(일찍 자)라고 했고, 남자는 你先去睡吧(먼저 자)라고 한 내용을 통해 대화를 나누는 시간대가 저녁이라는 것을 알 수 있다. 질문에서 지금이 언제인지 물었으므로 정답은 C이다.

어휘 今天 jīntiān 명 오늘　累 lèi 형 힘들다　早 zǎo 형 이르다　睡觉 shuìjiào 동 잠자다　想 xiǎng 조동 ~하고 싶다　节目 jiémù 명 프로그램　完 wán 동 다하다　先 xiān 부 먼저　等 děng 동 기다리다　什么时候 shénme shíhou 대 언제　早上 zǎoshang 명 아침　中午 zhōngwǔ 명 정오　晚上 wǎnshang 명 저녁

22 ★☆☆ 하

男：你爸爸为什么不同意你出国留学？ 女：他说不放心我一个人去。 问：爸爸不同意女的做什么？	남: 네 아버지는 왜 네가 해외 유학하는 것을 동의하지 않으시는 거야? 여: 내가 혼자 가는 게 불안하시대. 질문: 아빠는 여자가 무엇을 하는 것을 동의하지 않는가?
A 旅游　**B 留学**　C 游泳	A 여행하다　**B 유학하다**　C 수영하다

해설 보기가 모두 행동을 나타내므로 녹음에서 어떤 행동이 언급되는지 확인한다. 남자가 여자에게 你爸爸为什么不同意你出国留学？(네 아버지는 왜 네가 해외 유학하는 것을 동의하지 않으시는 거야?)라고 묻는 말에 留学(유학하다)가 언급되었으므로 보기 B에 메모한다. 질문에서 아빠가 무엇에 동의하지 않는지를 물었으므로 정답은 B이다. 녹음의 내용이 정확히 이해되지 않아도 B를 제외한 나머지 보기들은 녹음에서 들리지 않았으므로 정답을 B로 고를 수 있다.

어휘 爸爸 bàba 명 아빠　为什么 wèishénme 대 왜　同意 tóngyì 동 동의하다　留学 liúxué 동 유학하다　放心 fàngxīn 동 안심하다　旅游 lǚyóu 동 여행하다　游泳 yóuyǒng 동 수영하다

23 ★★☆ 상

女：小张，我觉得你这样做客人是不会满意的。 男：那你有更好的办法吗？ 问：女的认为小张的办法怎么样？	여: 샤오장, 나는 네가 이렇게 하면 손님이 만족하지 못할 거라고 생각해. 남: 그러면 너 더 좋은 방법이 있어? 질문: 여자는 샤오장의 방법이 어떻다고 생각하는가?
A 很好 B 一般 **C 不太好**	A 좋다 B 보통이다 **C 그다지 좋지 않다**

해설 보기는 모두 상태를 나타내므로 녹음에서 어떤 상태가 들리는지 확인한다. 여자가 남자에게 我觉得你这样做客人是不会满意的(나는 네가 이렇게 하면 손님이 만족하지 못할 거라고 생각해)라고 했으므로 여자는 남자의 방식이 그다지 좋지 않다고 생각한다는 것을 알 수 있다. 질문에서 여자가 샤오장의 방법을 어떻게 생각하는지 물었으므로 정답은 C이다.

어휘 觉得 juéde 동 ~라고 생각하다　客人 kèrén 명 손님　不会……的 búhuì……de ~하지 않을 것이다　满意 mǎnyì 형 만족하다　那 nà 접 그러면, 그렇다면　有 yǒu 동 있다　更 gèng 부 더욱, 더　办法 bànfǎ 명 방법　认为 rènwéi 동 ~라고 여기다, 생각하다　怎么样 zěnmeyàng 대 어떻다, 어떠하다　一般 yìbān 형 보통이다, 일반적이다

24 ★★☆ 하

男：妈妈，飞机起飞了。 女：是的，还有两三个小时我们就到北京了，就能见到爸爸了。 问：他们现在在哪儿？	남: 엄마, 비행기가 이륙했어요. 여: 그래. 두세 시간 더 있으면 우리는 북경에 도착할 거야. 바로 아빠를 만날 수 있어. 질문: 그들은 지금 어디에 있는가?

A 飞机上	B 地铁	C 出租车	A 비행기 위	B 지하철	C 택시

해설 보기가 모두 교통수단이므로 녹음에서 어떤 교통수단이 들리는지 확인한다. 남자가 여자에게 飞机起飞了(비행기가 이륙했어요)라고 했으므로 그들이 있는 곳은 비행기임을 알 수 있다. 질문에서 그들이 있는 장소를 물었으므로 정답은 A이다.

어휘 飞机 fēijī 명 비행기 起飞 qǐfēi 동 이륙하다 小时 xiǎoshí 명 시간 到 dào 동 도착하다 能 néng 조동 ~할 수 있다 见 jiàn 동 만나다 在 zài 동 ~에 있다 哪儿 nǎr 대 어디 地铁 dìtiě 명 지하철 出租车 chūzūchē 명 택시

25 ★☆☆ 하

女：请安静，我给你们介绍一下，这位是我们新来的同事王月。
男：大家好，我姓王，以后叫我小王就可以了。

问：他们最可能是什么关系？

여: 조용히 해 주십시오. 제가 소개를 하겠습니다. 이분은 새로 온 동료 왕위에입니다.
남: 여러분 안녕하세요. 저의 성은 왕입니다. 이후에는 저를 샤오왕으로 불러 주시면 됩니다.

질문: 그들은 어떤 관계일 가능성이 높은가?

A 朋友	**B 同事**	C 同学	A 친구	**B 직장 동료**	C 학우

해설 보기가 모두 신분과 관계를 나타내므로 녹음에서 남녀가 무슨 관계인지 집중해서 듣는다. 여자가 모두에게 남자를 소개하면서 这位是我们新来的同事王月(이분은 새로 온 동료 왕위에입니다)라고 했으므로 녹음에 언급된 보기 B에 메모한다. 질문에서 이들이 어떤 관계인지 물었으므로 정답은 B이다.

어휘 安静 ānjìng 형 조용하다 给 gěi 개 ~에게 介绍 jièshào 동 소개하다 位 wèi 양 분 新 xīn 형 새롭다 同事 tóngshì 명 직장 동료 姓 xìng 명 성 以后 yǐhòu 명 이후 叫 jiào 동 ~라고 부르다 什么 shénme 대 무슨 关系 guānxi 명 관계 朋友 péngyou 명 친구 同学 tóngxué 명 학우

26 ★☆☆ 중

男：这种鸟飞得很快吗？
女：对，它一小时能飞85千米呢。

问：那种鸟一小时能飞多少千米？

남: 이 새는 빨리 날아요?
여: 맞아요. 이것은 한 시간에 85,000미터를 날아요.

질문: 그 새는 한 시간에 몇 천 미터를 나는가?

A 75	B 80	**C 85**	A 75	B 80	**C 85**

해설 보기가 모두 숫자이므로 녹음에서 숫자가 언급되는지 주의해서 듣는다. 여자가 그 새는 它一小时能飞85千米(한 시간에 85,000미터를 날아요)라고 말했다. 질문에서 새가 한 시간에 몇 천 미터를 나는지 물었으므로 정답은 C이다.

어휘 种 zhǒng 양 종, 종류 鸟 niǎo 명 새 飞 fēi 동 날다 快 kuài 형 빠르다 对 duì 형 맞다 它 tā 대 저것, 그 能 néng 조동 ~할 수 있다 米 mǐ 양 미터

27 ★★☆ 중

女：你觉得这条裙子好看，还是刚才那条裤子好看？
男：你穿裤子更漂亮，裙子的颜色不太好。

여: 너는 이 치마가 예쁜 거 같아 아니면 방금 저 바지가 예쁜 거 같아?
남: 너 바지 입은 게 더 예뻐. 치마 색깔이 별로야.

问：男的觉得那条裙子怎么样？	질문: 남자는 그 치마가 어떻다고 생각하는가?
A 颜色不好 B 太大了 C 太短了	**A 색깔이 좋지 않다** B 너무 크다 C 너무 짧다

해설 보기가 모두 상태를 나타내므로 녹음에서 이러한 내용이 들리는지 확인한다. 여자가 남자에게 치마와 바지 중 어떤 것이 나은지 물었고 남자는 바지라고 말하며 裙子的颜色不太好(치마 색깔이 별로야)라고 했으므로 보기 A에 메모한다. 질문에서 남자가 그 치마를 어떻게 생각하는지 물었으므로 정답은 A이다. A를 제외한 나머지 보기들이 녹음에서 들리지 않았기 때문에 裤子(바지)나 裙子(치마)를 몰라도 정답이 A라는 것을 찾을 수 있다.

어휘 觉得 juéde 동 ~라고 생각하다 裙子 qúnzi 명 치마 A还是B A háishi B 접 A 아니면 B (선택의문문에 사용함) 刚才 gāngcái 명 방금 裤子 kùzi 명 바지 更 gèng 부 더, 더욱 颜色 yánsè 명 색깔 怎么样 zěnmeyàng 대 어떻다, 어떠하다 太……了 tài……le 부 너무 ~하다 短 duǎn 형 짧다

28 ★☆☆ 하

男：你在看什么呢？这么认真。 女：我在复习今天学的那几个数学题。 问：女的在做什么？	남: 너 뭐 보고 있어? 이렇게 열심히 하다니. 여: 나 오늘 배운 수학 문제 몇 개를 복습하고 있어. 질문: 여자는 무엇을 하고 있는가?
A 看电视 **B 做数学题** C 写日记	A 텔레비전을 본다 **B 수학 문제를 푼다** C 일기를 쓴다

해설 보기가 모두 행동을 나타내므로 여자와 남자가 무엇을 하고 있는지 들어야 한다. 남자가 무엇을 하느냐고 묻는 말에 여자가 我在复习今天学的那几个数学题(나 오늘 배운 수학 문제 몇 개를 복습하고 있어)라고 대답했다. 질문에서 여자가 무엇을 하고 있는지 물었으므로 정답은 B이다.

어휘 在 zài 부 ~하고 있다 认真 rènzhēn 형 진지하다 复习 fùxí 동 복습하다 学 xué 동 배우다 数学 shùxué 명 수학 题 tí 명 문제 电视 diànshì 명 텔레비전 做 zuò 동 하다 写 xiě 동 쓰다 日记 rìjì 명 일기

29 ★★☆ 하

女：检查完了？医生说什么？ 男：医生说没事，就是太累了，让我好好儿休息。 问：关于男的，可以知道什么？	여: 검사 다 했어? 의사 선생님이 뭐라고 하셨어? 남: 의사 선생님이 괜찮대. 너무 힘들어서 그런 거라고 나더러 푹 쉬라고 하셨어. 질문: 남자에 관해서 알 수 있는 것은 무엇인가?
A 很累 B 不想工作 C 不用休息	**A 힘들다** B 일을 하고 싶지 않다 C 쉴 필요가 없다

해설 보기가 모두 상태를 나타내므로 남자와 여자가 어떤 상태인지를 확인한다. 남자의 말에서 就是太累了(너무 힘들어서 그렇다)라고 했으므로 녹음에 언급된 보기 A에 메모한다. 질문에서 남자에 관해 알 수 있는 내용을 물었으므로 정답은 A이다.

어휘 累 lèi 형 힘들다 想 xiǎng 조동 ~하고 싶다 工作 gōngzuò 동 일하다 休息 xiūxi 동 쉬다, 휴식하다 检查 jiǎnchá 동 검사하다 医生 yīshēng 명 의사 关于 guānyú 개 ~에 관해서

30 ★☆☆ 중

男：这个行李箱太大，拿着不方便，换个小点儿的。 女：我这次带的东西多，还要带着电脑，还是用这个吧。 问：男的让女的怎么做？	남: 이 캐리어가 너무 커서 들기에 불편해. 좀 더 작은 것으로 바꿔. 여: 나 이번에 가져가는 물건이 많아. 또 컴퓨터도 가져가야 해. 이것을 사용하는 게 좋겠어. 질문: 남자는 여자에게 무엇을 시키는가?
A 换行李箱 B 换衣服 C 换钱	**A 캐리어를 바꾸다** B 옷을 갈아입다 C 환전하다

해설 녹음을 듣기 전, 보기의 공통점을 파악하여 질문과 녹음의 내용을 미리 예상하고 녹음에서 어떤 부분을 집중적으로 들어야 하는지 미리 준비한다. 보기에 모두 동사 换(바꾸다)이 사용되었으므로 녹음에서 무엇을 바꾸는지 주의해서 듣는다. 남자는 여자에게 这个行李箱太大(이 캐리어가 너무 크다), 换个小点儿的(좀 더 작은 것으로 바꿔)라고 했다. 질문에서 남자가 여자에게 무엇을 시키는지 물었으므로 정답은 A이다.

어휘 换 huàn 동 바꾸다 行李箱 xínglixiāng 명 캐리어 衣服 yīfu 명 옷 钱 qián 명 돈 太 tài 부 너무 大 dà 형 크다 拿 ná 동 잡다, 들다 方便 fāngbiàn 형 편리하다 小 xiǎo 형 작다 带 dài 동 지니다, 휴대하다 东西 dōngxi 명 물건 多 duō 형 많다 还 hái 부 또, 더 要 yào 조동 ~해야 한다 电脑 diànnǎo 명 컴퓨터 还是 háishi 부 ~가 낫다 用 yòng 동 사용하다 让 ràng 동 ~하게 하다

듣기 제4부분

[풀이전략] 녹음을 듣기 전, 먼저 보기를 보고 질문과 녹음의 내용을 미리 예상한다. 남녀의 정보를 구분해야 하며, 녹음에 언급되는 보기에 관련 정보를 메모한다.

31 ★★☆ 중

男：你最快什么时候能来上班？ 女：下周一就可以。 男：太好了，你还有什么别的要求吗？ 女：没有，谢谢您给我这个机会。 问：关于女的，可以知道什么？	남: 빠르면 언제 출근할 수 있나요? 여: 다음 주 월요일에 가능합니다. 남: 좋아요. 다른 요구 사항이 더 있나요? 여: 없습니다. 제게 이 기회를 주셔서 감사합니다. 질문: 여자에 관해서 알 수 있는 것은 무엇인가?
A 没有机会 B 去中国了 **C 找到工作了**	A 기회가 없다 B 중국에 갔다 **C 취직했다**

해설 보기가 모두 행동과 상태를 나타내므로 녹음에서 관련 어휘가 언급되는지 주의해서 듣는다. 남자가 你最快什么时候能来上班？(빠르면 언제 출근할 수 있나요?)이라고 물었을 때 여자는 다음 주 월요일에 가능하다고 대답했다. 질문에서 여자에 관해 알 수 있는 내용을 물었으므로 정답은 C이다.

실전모의고사 2

어휘 没有 méiyǒu 동 없다 机会 jīhuì 명 기회 找到 zhǎodào 동 찾아내다 工作 gōngzuò 명 일자리, 직장 能 néng 조동 ~할 수 있다 来 lái 동 오다 上班 shàngbān 동 출근하다 下周一 xiàzhōuyī 다음 주 월요일 可以 kěyǐ 조 ~할 수 있다 还 hái 부 또, 더 别的 biéde 명 다른 것 要求 yāoqiú 명 요구 给 gěi 동 주다

32 ★☆☆ 하

女：你的孩子有多高？ 男：一米三，他要买票吗？ 女：不用，一米五以下的孩子不用买电影票。 男：好的，谢谢。 问：他们最可能在哪儿？	여: 당신의 아이는 키가 얼마나 됩니까? 남: 130입니다. 표를 사야 하나요? 여: 필요 없습니다. 150 이하의 아이는 영화표를 살 필요가 없습니다. 남: 알겠습니다. 감사합니다. 질문: 그들은 어디에 있는가?
A 公园 **B 电影院** C 商店	A 공원 **B 영화관** C 상점

해설 보기가 모두 장소이므로 녹음을 들으면서 어디에서 나누는 대화인지 또는 어디를 가려고 하는지 중점적으로 듣는다. 여자의 말 一米五以下的孩子不用买电影票(150 이하의 아이는 영화표를 살 필요가 없습니다)에 电影票(영화표)가 언급되었으므로 관련 어휘인 보기 B에 메모한다. 질문에서 그들이 어디에 있는지 물었으므로 정답은 B이다.

Tip▶ '多+형용사' : 多를 형용사 앞에 사용하면 '얼마나 ~한가?'라는 정도를 묻는 표현이 된다. 주로 '大, 高, 长, 远, 宽, 厚' 등의 형용사와 함께 사용한다.

예 他**多**大年纪？ 그는 나이가 **얼마나** 많은가?(=얼마인가?)

어휘 公园 gōngyuán 명 공원 电影院 diànyǐngyuàn 명 영화관 商店 shāngdiàn 명 상점 孩子 háizi 명 아이 多 duō 형 얼마나 高 gāo 형 높다, 키가 크다 买 mǎi 동 사다 以下 yǐxià 명 이하 不用 búyòng 동 ~할 필요 없다 电影票 diànyǐngpiào 명 영화표

33 ★☆☆ 하

男：你头发怎么这么短了？ 女：最近太热了，短点儿更舒服。 男：其实我觉得你短发看着更年轻，也更可爱。 女：真的吗？谢谢。 问：男的觉得女的短发怎么样？	남: 너 머리카락이 왜 이렇게 짧아졌어? 여: 요즘 너무 더워. 좀 짧으니 더 편하다. 남: 사실 나는 네 짧은 머리가 더 젊고 귀여워 보인다고 생각해. 여: 정말? 고마워. 질문: 남자는 여자의 짧은 머리가 어떻다고 생각하는가?
A 不好看 **B 很可爱** C 更老	A 보기 좋지 않다 **B 귀엽다** C 더 늙어 보인다

해설 보기가 모두 형용사이므로 녹음에서 형용사를 중점적으로 듣는다. 남자가 여자의 짧은 머리에 대해 其实我觉得你短发看着更年轻，也更可爱(사실 나는 네 짧은 머리가 더 젊고 귀여워 보인다고 생각해)라고 했으므로 녹음에서 언급된 보기 B에 메모한다. 질문에서 남자가 여자의 짧은 머리를 어떻게 생각하는지 물었으므로 정답은 B이다.

어휘 可爱 kě'ài 형 귀엽다 老 lǎo 형 늙다 头发 tóufa 명 머리카락 怎么 zěnme 대 어째서, 어떻게 短 duǎn 형 짧다 舒服 shūfu 형 편안하다 其实 qíshí 부 사실 觉得 juéde 동 ~라고 생각하다 年轻 niánqīng 형 젊다

34 ★★☆ 중

女：你在上网吗？	여: 너 인터넷하고 있어?
男：是，我在看新闻，你要用电脑吗？	남: 응, 나 뉴스 보고 있어. 너 컴퓨터 사용할 거야?
女：我前天在网上买了个手表，想查一下哪天能送到。	여: 내가 엊그제 인터넷에서 손목시계를 샀는데 언제 도착하는지 한 번 찾아보고 싶어.
男：那你先用吧！	남: 그러면 너 먼저 사용해!
问：关于女的，可以知道什么？	질문: 여자에 관해서 알 수 있는 것은 무엇인가?

A 买了手表	**A 손목시계를 샀다**
B 买了手机	B 핸드폰을 샀다
C 已经收到了	C 이미 받았다

해설 보기가 모두 행동을 나타내므로 녹음에서 행동과 관련된 어떤 내용이 들리는지 확인한다. 여자의 두 번째 대화에서 我前天在网上买了个手表(내가 엊그제 인터넷에서 손목시계를 샀는데)라고 했으므로 녹음에 언급된 보기 A에 '여자'라고 메모한다. 질문에서 여자에 관해 알 수 있는 내용을 물었으므로 정답은 A이다. 보기 A와 B의 목적어가 비슷하므로 답을 선택할 때 실수하지 않도록 주의한다.

어휘 买 mǎi 동 사다　手表 shǒubiǎo 명 손목시계　手机 shǒujī 명 핸드폰　已经 yǐjīng 부 이미, 벌써　收 shōu 동 받다　在 zài 부 ~하고 있다　上网 shàngwǎng 동 인터넷을 하다　新闻 xīnwén 명 뉴스　要 yào 조동 ~하려고 하다　用 yòng 동 사용하다　电脑 diànnǎo 명 컴퓨터　前天 qiántiān 명 엊그제　网上 wǎngshàng 명 인터넷　查 chá 동 찾다　哪天 nǎtiān 언제

35 ★☆☆ 하

男：喂，王经理您好。	남: 여보세요. 왕 사장님, 안녕하세요.
女：是王兰吧？王经理今天请假了，你有什么事吗？	여: 왕란이죠? 왕 사장님 오늘 휴가를 신청했어요. 무슨 일 있어요?
男：我想问他下周五会议的事情。	남: 그에게 다음 주 금요일에 있는 회의 일을 물어보고 싶어요.
女：那你打他的手机或者发电子邮件吧。	여: 그럼 그의 핸드폰으로 전화를 하거나 또는 이메일을 보내 보세요.
问：王经理为什么不在公司？	질문: 왕 사장은 왜 회사에 없는가?

A 出差	A 출장 가다
B 去吃饭	B 밥을 먹으러 가다
C 请假	**C 휴가를 신청하다**

해설 보기가 모두 행동을 나타내므로 녹음에서 여자와 남자의 행동을 주의해서 듣는다. 남자가 왕 사장을 찾았고 여자가 王经理今天请假了(왕 사장님 오늘 휴가를 신청했어요)라고 했으므로 녹음에 언급된 보기 C에 메모한다. 질문에서 왕 사장이 회사에 없는 이유를 물었으므로 정답은 C이다.

어휘 出差 chūchāi 동 출장 가다　请假 qǐngjià 동 휴가를 내다　经理 jīnglǐ 명 사장님　事 shì 명 일　会议 huìyì 명 회의　打 dǎ 동 (전화를) 걸다　或者 huòzhě 접 혹은, 또는　发 fā 동 보내다　电子邮件 diànzǐ yóujiàn 명 이메일, 전자 우편

36 ★★☆ 중

女：晚上吃点儿肉怎么样？ 男：我中午吃了羊肉，吃鱼吧！好久都没吃了。 女：也好，那我去超市看看，买条新鲜的鱼。 男：我跟你一起去吧。 问：他们准备去哪儿？	여: 저녁에 고기를 좀 먹는 게 어때? 남: 나 점심에 양고기를 먹었어. 생선 먹자! 오랫동안 먹지 못했어. 여: 좋아. 그럼 나 마트에 가서 좀 보고 신선한 생선을 사야지. 남: 나 너와 같이 갈래. 질문: 그들은 어디에 갈 준비를 하는가?
A 超市　　B 饭馆　　C 家	**A 마트**　　B 식당　　C 집

해설 보기가 모두 장소이므로 녹음에서 언급되는 장소에 주의한다. 앞부분만 들어서는 그들이 식당을 갈 것 같지만 여자의 두 번째 대화에서 那我去超市看看(그럼 나 마트에 가서 좀 보고)이라고 했고, 이어 남자가 我跟你一起去吧(나 너와 같이 갈래)라고 했으므로 이들이 마트에 간다는 것을 알 수 있다. 질문에서 이들이 가는 장소를 물었으므로 정답은 A이다.

어휘 超市 chāoshì 명 마트　饭馆 fànguǎn 명 식당　家 jiā 명 집　肉 ròu 명 고기　怎么样 zěnmeyàng 대 어떻다, 어떠하다　中午 zhōngwǔ 명 정오　吃 chī 동 먹다　鱼 yú 명 생선, 물고기　久 jiǔ 형 오래다　新鲜 xīnxiān 형 신선하다　跟 gēn 개 ~와/과　一起 yìqǐ 부 같이, 함께　准备 zhǔnbèi 동 준비하다　去 qù 동 가다

37 ★★☆ 중

男：教室里真热啊。 女：是啊，你开空调了吗？ 男：开了，中午的时候我就开了。 女：那怎么还这么热，空调是不是坏了？ 问：教室现在怎么样？	남: 교실 안이 정말 더워. 여: 맞아. 에어컨 켰어? 남: 켰어. 점심에 켰어. 여: 근데 왜 이렇게 더워? 에어컨 고장 난 거 아니야? 질문: 교실은 지금 어떠한가?
A 没开空调 B 冷 **C 热**	A 에어컨을 켜지 않았다 B 춥다 **C 덥다**

해설 보기가 모두 상태를 나타내므로 상태를 나타내는 표현을 주의해서 듣는다. 남자가 教室里真热啊(교실 안이 정말 더워)라고 했고, 여자의 두 번째 대화에서 那怎么还这么热(근데 왜 이렇게 더워)라고 했으므로 보기 C에 '교실'이라고 메모한다. 질문에서 교실이 지금 어떤지 물었으므로 정답은 C이다. 남자가 에어컨을 켰다고 했으므로 보기 A는 정답이 아니다.

어휘 开 kāi 동 켜다　空调 kōngtiáo 명 에어컨　冷 lěng 형 춥다　热 rè 형 덥다　教室 jiàoshì 명 교실　中午 zhōngwǔ 명 정오　坏 huài 형 고장나다

38 ★☆☆ 중

女：刚才你去前面的公园了？ 男：没有，我一直在家里看电视。 女：那是我看错了？那个人真像你。 男：那里没有灯，看错了也不奇怪。 问：女的怎么了？	여: 방금 너 앞 공원에 갔었어? 남: 아니, 나 계속 집에서 텔레비전 보고 있었어. 여: 그럼 내가 잘못 본 건가? 그 사람 정말 너 닮았어. 남: 거기엔 조명이 없으니 잘못 봐도 이상하지 않아. 질문: 여자는 왜 그런가?

A 看错了	B 看对了	C 看好了	**A 잘못 봤다**	B 제대로 봤다	C 잘 봤다

해설 보기가 모두 본 결과를 나타내므로 어떻게 봤는지 주의 깊게 듣는다. 여자가 남자에게 공원에 갔는지 묻는 말에 남자가 아니라고 했고 이어 여자가 那是我看错了？(그럼 내가 잘못 본 건가?)라고 물었다. 남자가 거기에 조명이 없다고 했으므로 여자가 잘못 봤다는 것을 알 수 있다. 질문에서 여자가 왜 그런지 물었으므로 정답은 A이다.

어휘 错 cuò 형 틀리다　对 duì 형 맞다　刚才 gāngcái 명 방금　前面 qiánmiàn 명 앞　公园 gōngyuán 명 공원　一直 yìzhí 부 계속　电视 diànshì 명 텔레비전　像 xiàng 동 닮다　灯 dēng 명 등　奇怪 qíguài 형 이상하다

39 ★☆☆ 하

男：我有两张足球比赛的票，一起去看吧。	남: 나 축구 경기 표가 두 장 있어. 같이 보러 가자.
女：好啊，什么时候？	여: 좋아. 언제?
男：星期六上午十点，在国家体育馆。	남: 토요일 오전 10시 국가체육관이야.
女：好，那我们九点半在体育馆门口见。	여: 좋아. 그럼 우리 9시 30분에 체육관 입구에서 만나자.
问：他们在哪儿见面？	질문: 그들은 어디에서 만나는가?

A 地铁站	B 图书馆	**C 体育馆**	A 지하철역	B 도서관	**C 체육관**

해설 보기가 모두 장소이므로 녹음에서 언급되는 장소에 주의한다. 여자의 두 번째 대화에 那我们九点半在体育馆门口见(그럼 우리 9시 30분에 체육관 입구에서 만나자)이라고 했으므로 녹음에 언급된 보기 C에 메모한다. 질문에서 그들이 어디에서 만나는지 물었으므로 정답은 C이다.

어휘 地铁站 dìtiězhàn 명 지하철역　体育馆 tǐyùguǎn 명 체육관　张 zhāng 양 장　足球 zúqiú 명 축구　比赛 bǐsài 명 시합, 경기　票 piào 명 표　什么时候 shénme shíhou 대 언제　那 nà 접 그러면, 그렇다면　门口 ménkǒu 명 입구　见 jiàn 동 만나다

40 ★★★ 상

女：要喝咖啡吗？	여: 커피 마실래?
男：不要，太晚了，还有什么喝的？	남: 아니, 너무 늦었어. 또 마실 게 뭐가 있어?
女：冰箱里还有啤酒和牛奶，你想喝什么？	여: 냉장고에 맥주랑 우유 있어. 너 뭐 마시고 싶어?
男：啤酒吧。	남: 맥주 마실래.
问：男的想喝什么？	질문: 남자는 무엇을 마시고 싶어 하는가?

A 咖啡	**B 啤酒**	C 牛奶	A 커피	**B 맥주**	C 우유

해설 보기를 통해 남자 또는 여자가 마실 것을 묻는 질문이 나올 것이라고 예상할 수 있다. 여자가 남자에게 뭐 마시고 싶냐고 물었을 때 남자는 啤酒(맥주)라고 대답했으므로 보기 B에 '남자'라고 메모한다. 질문에서 남자가 무엇을 마시고 싶어 하는지 물었으므로 정답은 B이다. 이 문제는 3개의 보기가 녹음에 모두 언급되기 때문에 들으면서 메모하지 않으면 정답을 찾기 어렵다. 녹음에 언급된 보기에는 반드시 관련 내용을 메모하도록 하자.

어휘 咖啡 kāfēi 명 커피　啤酒 píjiǔ 명 맥주　牛奶 niúnǎi 명 우유　喝 hē 동 마시다　晚 wǎn 형 늦다　冰箱 bīngxiāng 명 냉장고　和 hé 개 ~와/과　什么 shénme 대 무슨, 무엇

독해 제1부분

[풀이전략] 먼저 문제 문장에서 핵심 키워드를 찾고, 보기 중에서 이와 동일한 키워드가 있거나 질문과 대답으로 연결되는 것을 정답으로 고른다.

41-45

A 我喜欢去国外旅游，每次去国外旅游的时候都买一张。 B 最近天气一直不好，不是刮风，就是下雨。 C 因为我弟弟下周结婚，所以回来了。 D 我终于明白这个题怎么做了，谢谢你。 E 当然。我们先坐公共汽车，然后换地铁。 F 你可以把它放到冰箱里，半个小时后会更好喝。	A 나는 해외 여행 가는 것을 좋아해서 매번 해외 여행을 갈 때마다 한 장씩 사. B 요즘 날씨가 계속 좋지 않아. 바람이 불거나 아니면 비가 내려. C 내 남동생이 다음 주에 결혼하기 때문에 돌아왔어. D 나 마침내 이 문제를 어떻게 풀어야 하는지 이해했어. 고마워. E 당연하지요. 우리는 먼저 버스를 타고 그 다음에 지하철로 갈아타면 돼요. F 너 그것을 냉장고에 넣어도 돼. 30분 후면 더 맛있어질 거야.

41 ★★☆ 중

张明，你怎么突然从国外回来了？	장밍, 너 왜 갑자기 해외에서 돌아왔어?
(C 因为我弟弟下周结婚，所以回来了。)	(C 내 남동생이 다음 주에 결혼해서 돌아왔어.)

해설 문제의 키워드 怎么(왜)와 从国外回来了?(해외에서 돌아왔어?)가 보기 C의 因为(왜냐하면), 回来了(돌아왔어)와 서로 대응함을 알 수 있다. 왜 갑자기 돌아왔느냐는 물음에 원인을 말하고 있는 C가 알맞게 이어지는 문장이다.

Tip▶ '因为A, 所以B' A하기 때문에 그래서 B하다

예 **因为**身体不舒服, **所以**我今天不上班。 몸이 안 좋**아서** 나는 오늘 출근하지 않는다.

어휘 怎么 zěnme 대 어째서, 어떻게 突然 tūrán 부 갑자기 从 cóng 개 ~에서부터 国外 guówài 명 해외, 국외 回来 huílái 동 돌아오다 因为 yīnwèi 접 왜냐하면 下周 xiàzhōu 명 다음 주 结婚 jiéhūn 동 결혼하다 所以 suǒyǐ 접 그래서

42 ★★☆ 중

你怎么有这么多地图？	너 어째서 지도가 이렇게 많아?
(A 我喜欢去国外旅游，每次去国外旅游的时候都买一张。)	(A 나는 해외 여행 가는 것을 좋아해서 매번 해외 여행을 갈 때마다 한 장씩 사.)

해설 문제에 핵심 키워드로 地图(지도)가 있다. 보기 A에 国外旅游(해외 여행)와 종이를 세는 양사 张이 사용된 买一张(한 장씩 사다)이 있으므로 서로 내용이 연결됨을 알 수 있다. 문장을 모두 해석하지 않아도 비슷한 키워드를 가지고 있는 문장을 찾으면 정답을 빠르게 찾을 수 있다.

어휘 有 yǒu 동 있다 这么 zhème 대 이렇게 多 duō 형 많다 地图 dìtú 명 지도 喜欢 xǐhuan 동 좋아하다 旅游 lǚyóu 동 여행하다 每次 měicì 명 매번 国外 guówài 명 해외 买 mǎi 동 사다 张 zhāng 양 장

43 ★★☆ 중

这种饮料不是很酸，我特别喜欢。	이 음료수는 시지 않아서 나는 너무 좋아.
(F 你可以把它放到冰箱里，半个小时后会更好喝。)	(F 너 그것을 냉장고에 넣어도 돼. 30분 후면 더 맛있어질 거야.)

해설 문제에서 饮料(음료)에 관해 이야기를 하고 있고 보기 F에서 把它放到冰箱里(냉장고에 넣어 두다), 好喝(맛있다)라고 하여 같은 대상을 가지고 말하고 있음을 알 수 있다. 它는 사람이 아닌 사물이나 동물을 가리키는 대사로 여기서는 음료수를 가리키고 있다.

어휘 种 zhǒng 양 종, 종류 饮料 yǐnliào 명 음료 酸 suān 형 시다 可以 kěyǐ 조동 ~할 수 있다, ~해도 된다 它 tā 대 그것 放 fàng 동 놓다 冰箱 bīngxiāng 명 냉장고 会 huì 조동 ~할 것이다 更 gèng 부 더욱, 더

44 ★☆☆ 하

不客气，下次遇到不懂的就来问我。	별말씀을요. 다음에 모르는 것이 있으면 나한테 와서 물어봐.
(D 我终于明白这个题怎么做了，谢谢你。)	(D 나 마침내 이 문제를 어떻게 풀어야 하는지 이해했어. 고마워.)

해설 문제에 不客气(별말씀을요)가 있는데 이는 감사 인사에 대한 대답으로 쓰이므로 谢谢(고맙다)가 있는 D의 뒤에 이어지는 문장임을 알 수 있다. 또한 问我(나에게 물어 봐)와 终于明白了(마침내 이해했다) 역시 의미가 연결되는 키워드이다. 문장을 모두 해석하려고 하면 시간이 오래 걸리기 때문에 자주 출제되는 인사말과 대답을 암기해 두자.

어휘 不客气 búkèqi 별말씀을요 下次 xiàcì 명 다음 번 遇到 yùdào 동 마주치다 懂 dǒng 동 이해하다 问 wèn 동 질문하다 终于 zhōngyú 부 드디어, 마침내 明白 míngbai 동 알다, 이해하다 题 tí 명 문제 怎么 zěnme 대 어떻게 做 zuò 동 하다 谢谢 xièxie 동 감사합니다

45 ★☆☆ 하

好久没见到太阳了，希望明天是个晴天。	태양을 본지 너무 오래 됐어. 내일은 맑은 날이길 바라.
(B 最近天气一直不好，不是刮风，就是下雨。)	(B 요즘 날씨가 계속 좋지 않아. 바람이 불거나 아니면 비가 내려.)

해설 문제의 키워드는 太阳(태양), 晴天(맑은 날)이고, 보기 B에 天气(날씨), 刮风(바람이 불다), 下雨(비가 오다)가 있으므로 날씨에 대한 내용이 서로 연결된다. 따라서 정답은 B이다.

Tip▶ '不是A，就是B' A가 아니면 B이다
예 他一般周末**不是**睡觉，**就是**看电视。 그는 보통 주말에 잠을 자**지 않으면** TV를 본다.

어휘 久 jiǔ 형 오래다 太阳 tàiyáng 명 태양 希望 xīwàng 동 바라다 晴天 qíngtiān 명 맑은 하늘 最近 zuìjìn 명 요즘, 최근 天气 tiānqì 명 날씨 一直 yìzhí 부 계속 刮风 guāfēng 동 바람 불다 下雨 xiàyǔ 동 비가 내리다

46-50

A 都小了，我准备给她买几件新的。	A 다 작아졌어. 나는 그녀에게 새로 몇 벌을 사 줄 거야.
B 终于爬上来了，太不容易了。	B 드디어 올라왔다. 쉽지 않았어.
C 当然可以，就在我的包里，你自己拿吧。	C 당연히 가능하지. 내 가방 안에 있어. 네가 가져 가.
D 爸爸打算把我的小猫送走，我很难过。	D 아빠가 내 고양이를 보낼 예정이야. 나 너무 슬퍼.
E 不用谢，主要是她自己这半年来学习非常努力。	E 별말씀을요. 그녀가 스스로 반년 동안 열심히 공부한 것입니다.

46 ★☆☆ 하

女儿的历史成绩现在提高了不少，谢谢老师。	딸의 역사 성적이 많이 향상되었어요. 감사합니다, 선생님.
(E 不用谢，主要是她自己这半年来学习非常努力。)	(E 고마워할 필요 없어요. 그녀가 스스로 반년 동안 열심히 공부한 것입니다.)

해설 문제의 키워드는 谢谢(감사합니다)이고 보기 E에 이에 대한 대답인 不用谢(고마워할 필요 없어요)가 등장했으므로 두 문장이 연결됨을 알 수 있다. 또한 문제 문장의 历史成绩(역사 성적)와 보기 E의 学习(공부하다)도 서로 의미가 연결되므로 알맞은 정답은 E이다.

어휘 女儿 nǚ'ér 명 딸 历史 lìshǐ 명 역사 成绩 chéngjì 명 성적 提高 tígāo 동 오르다, 향상하다 主要 zhǔyào 부 주로 自己 zìjǐ 대 자기, 스스로 学习 xuéxí 동 공부하다 努力 nǔlì 형 열심히 하다

47 ★★☆ 하

你的照相机可以借我用一下吗？	네 카메라 내가 빌려 써도 될까?
(C 当然可以，就在我的包里，你自己拿吧。)	(C 당연히 가능하지. 내 가방 안에 있어. 네가 가져 가.)

해설 문제에 조동사 可以……吗？(~해도 돼요?)가 있는데 조동사로 질문했을 때는 일반적으로 그 조동사로 대답하므로 当然可以(당연히 가능하지)라고 시작하는 보기 C가 연결되는 문장임을 알 수 있다.

어휘 照相机 zhàoxiàngjī 명 카메라 可以 kěyǐ 조동 ~해도 된다 借 jiè 동 빌리다 用 yòng 동 사용하다 当然 dāngrán 부 당연히 在 zài 동 ~에 있다 包 bāo 명 가방 拿 ná 동 가지다

48 ★★☆ 중

你哭了吗？眼睛怎么这么红？	너 울었어? 눈이 왜 이렇게 빨갛니?
(D 爸爸打算把我的小猫送走，我很难过。)	(D 아빠가 내 고양이를 보낼 예정이야. 나 너무 슬퍼.)

해설 문제에서 哭了吗？(울었어?)라고 물었고 보기 D에 很难过(너무 슬퍼)가 있으므로 서로 내용이 연결됨을 알 수 있다. 왜 울었는지 묻는 말에 알맞은 대답은 아빠가 고양이를 보내려고 해서 슬프다는 내용이 적합하다.

어휘 哭 kū 동 울다 眼睛 yǎnjing 명 눈 红 hóng 형 빨갛다 打算 dǎsuàn 동 ~할 계획이다 猫 māo 명 고양이 送 sòng 동 보내다 难过 nánguò 형 슬프다, 괴롭다

49 ★★☆ 중

女儿今年长高了不少，这些裤子还能穿吗？	딸이 올해 많이 자랐어. 이 바지들 아직 입을 수 있어?
(A 都小了，我准备给她买几件新的。)	(A 다 작아졌어. 나는 그녀에게 새로 몇 벌을 사 줄 거야.)

해설 문제의 키워드는 女儿(딸)과 裤子(바지)인데, 이것은 보기 A의 她(그녀), 件(벌)과 대응한다. 딸이 많이 커서 옷을 아직 입을 수 있느냐는 물음에 알맞은 대답은 작아졌으니 새로 몇 벌을 사 주겠다는 문장인 A이다.

어휘 女儿 nǚ'ér 명 딸 今年 jīnnián 명 올해 长 zhǎng 동 자라다 裤子 kùzi 명 바지 还 hái 부 여전히, 아직도 能 néng 조동 ~할 수 있다 穿 chuān 동 입다 准备 zhǔnbèi 동 준비하다 给 gěi 개 ~에게 件 jiàn 양 벌 新 xīn 형 새롭다

50 ★☆☆ 하

是啊，这山真高，我们爬了五个小时才爬上来。	맞아. 이 산 정말 높다. 우리 다섯 시간만에 올랐어.
(B 终于爬上来了，太不容易了。)	(B 드디어 올라왔다. 쉽지 않았어.)

해설 문제의 키워드는 山(산)과 爬了(올랐다)이고, 보기 B에 爬上来了(올라왔다)가 등장했으므로 두 문장이 서로 연결됨을 알 수 있다.

어휘 山 shān 명 산 爬 pá 동 기다, 오르다 终于 zhōngyú 부 드디어, 마침내 容易 róngyì 형 쉽다

독해 제2부분

[풀이전략] 문제 문장의 빈칸 앞뒤를 보고 어떤 문장 성분이 들어가야 하는지 확인한 뒤, 보기에서 알맞은 품사와 뜻을 가진 단어를 찾아 넣는다.

51-55

A 变化	B 季节	C 决定	A 변화	B 계절	C 결정하다
D 附近	E 声音	F 新鲜	D 근처, 부근	E 목소리	F 신선하다

51 ★★☆ 중

这个城市(A 变化)真大啊，过去那些老房子，现在已经都不是以前的样子了。	이 도시의 (A 변화)가 정말 크다. 과거에 그 낡은 집들이 지금은 이미 이전 모습이 아니다.

해설 빈칸의 구조가 [관형어(这个)+명사(城市)+____+부사어(真)+술어(大)+어기조사(啊)]이므로 빈칸에는 주어가 들어가야 한다. 술어 大와 의미가 어울리는 것은 A 变化(변화)이다.

어휘 城市 chéngshì 명 도시 变化 biànhuà 명 변화 真 zhēn 부 정말, 진짜 大 dà 형 크다 过去 guòqu 명 과거 房子 fángzi 명 집 已经 yǐjīng 부 이미, 벌써 都 dōu 부 모두

52 ★★☆ 상

这个西瓜可以先尝一尝，再(C 决定)买不买。	이 수박은 먼저 맛을 보고 살지 안 살지 (C 결정할) 수 있다.

해설 빈칸의 구조가 [부사어(再)+___+목적어(买不买)]이므로 빈칸은 동사를 목적어로 두는 술어 자리이다. 보기 중 동사는 C가 유일하므로 정답은 C 决定(결정하다)이다. 문장을 모두 해석하지 않아도 빈칸에 들어갈 품사를 확인하면 정답을 쉽게 찾을 수 있다.

Tip▶ '先A, 再B' 먼저 A하고 다음에 B하다

예 **先**吃饭**再**说。 **먼저** 밥을 먹고 **다시** 얘기해요.

어휘 西瓜 xīguā 명 수박 可以 kěyǐ 조동 ~할 수 있다, ~해도 된다 先 xiān 부 먼저 尝 cháng 동 맛보다 决定 juédìng 동 결정하다 买 mǎi 동 사다

53 ★☆☆ 하

春、夏、秋、冬，你最喜欢哪个（B 季节）？	봄, 여름, 가을, 겨울, 너는 어느 (B 계절)을 가장 좋아해?

해설 빈칸의 구조가 [의문대사(哪)+양사(个)+___]이므로 빈칸에는 명사가 들어가야 한다. 빈칸 앞에 계절이 나열되어 있으므로 정답이 B 季节(계절)라는 것을 알 수 있다.

어휘 春 chūn 명 춘, 봄　夏 xià 명 하, 여름　秋 qiū 명 추, 가을　冬 dōng 명 동, 겨울　最 zuì 부 가장　喜欢 xǐhuan 동 좋아하다　哪 nǎ 대 어느　个 ge 양 개　季节 jìjié 명 계절

54 ★★☆ 중

这些苹果已经不（F 新鲜）了。	이 사과들은 더 이상 (F 신선하지) 않다.

해설 빈칸의 구조가 [관형어(这些)+주어(苹果)+부사어(已经不)+___+어기조사(了)]이므로 빈칸에는 술어가 들어가야 한다. 문장이 '이 사과들은 이미 ~하지 않다'라는 뜻이므로 주어인 苹果와 의미가 어울리는 것은 F 新鲜(신선하다)이다.

Tip▶ 형용사 뒤에 了가 쓰이면 '~하게 변했다'라는 뜻을 나타낸다.
예 天气冷**了**。 날씨가 추워**졌다**.

어휘 苹果 píngguǒ 명 사과　已经 yǐjīng 부 이미, 벌써　新鲜 xīnxiān 형 신선하다

55 ★☆☆ 하

我家（D 附近）有一个公园，我早上经常去那里跑步。	우리 집 (D 근처)에는 공원 하나가 있다. 나는 아침에 자주 그곳에 가서 조깅을 한다.

해설 빈칸의 구조가 [주어(我家)+___+술어(有)+관형어(一个)+목적어(公园)]이므로 빈칸은 부사어 자리이다. 문장이 '우리 집 ~에는 공원 하나가 있다'라는 뜻이므로 빈칸에 들어갈 알맞은 단어는 D 附近(근처)이다.

어휘 家 jiā 명 집　附近 fùjìn 명 근처, 부근　公园 gōngyuán 명 공원　经常 jīngcháng 부 종종, 자주　跑步 pǎobù 동 조깅하다

56-60

A 清楚	B 本	C 毕业	A 분명하다, 뚜렷하다	B 권	C 졸업하다
D 爱好	E 简单	F 离	D 취미	E 간단하다	F ~로부터

56 ★☆☆ 하

A：幸福其实很（E 简单）。 B：对啊，我下班以后，躺在床上休息，就非常幸福。	A: 행복은 사실 아주 (E 간단해). B: 맞아. 나는 퇴근 후에 침대에 누워서 쉬면 너무 행복해.

해설 빈칸의 구조가 [주어(幸福)+부사어(其实很)+___]이며 빈칸 앞에 정도부사가 있으므로 형용사 술어가 들어가야 한다. 보기 중 주어인 幸福와 의미가 어울리는 것은 E 简单(간단하다)이다.

어휘 幸福 xìngfú 명 행복　其实 qíshí 부 사실　简单 jiǎndān 형 간단하다　下班 xiàbān 동 퇴근하다　以后 yǐhòu 명 이후　躺 tǎng 동 눕다　床 chuáng 명 침대　休息 xiūxi 동 쉬다, 휴식하다

57 ★★☆ 하

A: 这（B 本）小说让人很感动，你也看看吧。
B: 你可以借给我吗？

A: 이 (B 한 권의) 소설은 사람을 감동시켜. 너도 한번 봐 봐.
B: 너 나에게 빌려줄 수 있어?

해설 빈칸의 구조가 [지시대사(这)+____+명사(小说)]이므로 빈칸에는 양사가 들어가야 한다. 명사 小说와 어울리는 양사는 B 本(권)이다. 빈칸 앞에 지시대사 또는 수사가 있으면 빈칸은 양사 자리임을 기억하도록 하자.

어휘 本 běn 양 권　小说 xiǎoshuō 명 소설　让 ràng 동 ~하게 하다　感动 gǎndòng 동 감동하다　也 yě 부 ~도　可以 kěyǐ 조동 ~할 수 있다, ~해도 된다　借 jiè 동 빌리다　给 gěi 개 ~에게

58 ★★☆ 중

A: 我们住的宾馆（F 离）机场远吗？
B: 不太远，坐出租车十多分钟就到了。

A: 우리가 머무는 호텔은 공항(F 으로부터) 멀어?
B: 그다지 멀지 않아. 택시 타고 10분 정도면 도착해.

해설 빈칸의 구조가 [관형어(我们住的)+주어(宾馆)+부사어{____+명사(机场)}+술어(远)+어기조사(吗)]이므로 빈칸은 명사 机场과 어울리는 개사가 들어가야 한다. 문장이 '호텔'과 '공항'의 거리를 묻고 있으므로 F 离(~으로부터)가 들어가야 한다. 离는 거리 또는 간격을 나타낼 때 사용하는 개사이다.

어휘 住 zhù 동 머무르다　宾馆 bīnguǎn 명 호텔　离 lí 개 ~로부터　机场 jīchǎng 명 공항　远 yuǎn 형 멀다　坐 zuò 동 타다　出租车 chūzūchē 명 택시　到 dào 동 도착하다

59 ★★☆ 중

A: 喂，你把车钥匙放在哪儿了？
B: 你声音太小，大一点儿好吗？我听不（A 清楚）。

A: 여보세요. 너 차키 어디에 놓았어?
B: 너 소리가 너무 작아. 좀 크게 해 줄 수 있어? 나 (A 분명하게) 들리지 않아.

해설 빈칸의 구조가 [주어(我)+술어(听)+不+____]이므로 빈칸은 가능보어의 자리임을 알 수 있다. 동사 听(듣다)과 어울리는 형용사는 A 清楚(분명하다)이다.

어휘 喂 wéi 감 여보세요　钥匙 yàoshi 명 열쇠　放 fàng 동 놓다　声音 shēngyīn 명 소리　听 tīng 동 듣다　清楚 qīngchu 형 분명하다, 뚜렷하다

60 ★★☆ 중

A: 你明年就（C 毕业）了，有什么打算吗？
B: 没有什么打算。

A: 너 내년에 곧 (C 졸업하네). 무슨 계획 있어?
B: 아무 계획도 없어.

해설 빈칸의 구조가 [주어(你)+부사어(明年就)+____+어기조사(了)]이므로 빈칸은 술어가 들어가야 한다. '就……了'는 곧 동작이 발생될 것을 나타내며 가운데에 동사를 사용한다. 보기 중 동사는 C 하나이므로 정답은 C 毕业(졸업하다)이다.

어휘 明年 míngnián 명 내년　就 jiù 부 곧, 즉시　毕业 bìyè 동 졸업하다　了 le 조 동사 또는 형용사 뒤에 쓰여 동작 또는 변화가 이미 완료되었음을 나타냄　有 yǒu 동 있다　什么 shénme 대 무슨, 무엇　打算 dǎsuàn 명 계획　没有 méiyǒu 동 없다

독해 제3부분

[풀이전략] 먼저 질문과 보기를 보고 핵심 키워드를 파악한 뒤, 이 키워드를 중심으로 지문을 읽고 보기와 대조하여 알맞은 정답을 고른다.

61 ★☆☆ 하

一些新老师一开始讲课的时候，都会担心讲不好，学生不喜欢，但时间长了，多练习几次就好了。	몇몇 새로운 선생님들은 강의를 시작할 때, 강의를 잘하지 못할까 봐, 학생들이 싫어할까 봐 걱정한다. 하지만 시간이 흐르고 많은 연습을 하면 좋아진다.
★ 新老师会担心： A 没有黑板 **B 讲不好** C 学生喜欢	★ 새로운 선생님은 무엇을 걱정하는가? A 칠판이 없다 **B 강의를 잘하지 못하다** C 학생이 좋아한다

해설 질문이 새로운 선생님이 무엇을 걱정하는가이므로 지문에서 担心(걱정하다)을 찾는다. 지문에서 都会担心讲不好，学生不喜欢(강의를 잘하지 못할까 봐, 학생들이 싫어할까 봐 걱정한다)이라고 했으므로 정답은 B이다.

어휘 新 xīn 형 새롭다　老师 lǎoshī 명 선생님　开始 kāishǐ 동 시작하다　讲 jiǎng 동 말하다, 강의하다　课 kè 명 수업　的时候 de shíhou ~할 때　会 huì 조동 ~할 것이다　担心 dānxīn 동 걱정하다　但 dàn 접 그러나, 하지만　时间 shíjiān 명 시간　长 cháng 형 길다　练习 liànxí 동 연습하다　黑板 hēibǎn 명 칠판

62 ★☆☆ 하

每年做一次健康检查非常重要，这样如果发现了问题，就能马上去看医生。	매년 건강 검진을 한 번 하는 것은 매우 중요하다. 이렇게 해서 문제가 발견되면 바로 의사에게 갈 수 있다.
★ 每年都要： A 旅游一次 **B 做健康检查** C 骑一次马	★ 매년 해야 하는 것은? A 여행을 한 번 한다 **B 건강 검진을 한다** C 말을 한 번 탄다

해설 질문의 키워드는 每年(매년)과 要(~해야 한다)이고, 지문의 첫 문장에 키워드가 등장하며 每年做一次健康检查非常重要(매년 건강 검진을 한 번 하는 것은 매우 중요하다)라고 했으므로 정답은 B이다.

어휘 每年 měinián 명 매년　做 zuò 동 하다　健康检查 jiànkāng jiǎnchá 명 건강 검진　重要 zhòngyào 형 중요하다　如果 rúguǒ 접 만약　发现 fāxiàn 동 발견하다　问题 wèntí 명 문제　能 néng 조동 ~할 수 있다　马上 mǎshàng 부 즉시, 바로　医生 yīshēng 명 의사　要 yào 조동 ~해야 한다　旅游 lǚyóu 동 여행하다　骑 qí 동 타다　马 mǎ 명 말

63 ★☆☆ 중

这辆车有上下两层，很多人都愿意坐上边，因为可以看到城市的风景，一路上经过的地方，都可以看得更清楚。	이 차는 위아래 두 층이 있다. 많은 사람들은 위쪽에 앉길 원한다. 왜냐하면 도시의 풍경을 볼 수 있고, 가는 길에 지나가는 곳을 더 잘 볼 수 있기 때문이다.

★ 关于这辆车，可以知道什么？

A 一共有两层
B 司机不热情
C 下层不能坐人

★ 이 차에 관해서 알 수 있는 것은 무엇인가?

A 총 두 층이다
B 운전 기사가 친절하지 않다
C 아래층에는 사람이 앉을 수 없다

해설 질문이 이 차에 관한 옳은 내용을 묻고 있으므로 질문의 키워드 这辆车(이 차)를 지문에서 찾는다. 지문의 첫 문장에서 这辆车有上下两层(이 차는 위아래 두 층이 있다)이라고 했으므로 그대로 일치하는 보기 A가 정답이다. 보기 B의 司机(운전 기사)에 관한 언급은 없었고 C의 下层(아래층)도 언급되지 않았으므로 정답이 아니다.

어휘 辆 liàng 양 대 车 chē 명 차 两 liǎng 수 둘 层 céng 양 층 愿意 yuànyì 조동 ~하길 원하다 坐 zuò 동 앉다, 타다 上边 shàngbian 명 위쪽 因为 yīnwèi 접 왜냐하면 城市 chéngshì 명 도시 风景 fēngjǐng 명 풍경, 경치 经过 jīngguò 동 지나가다, 거치다 地方 dìfang 명 곳, 장소 可以 kěyǐ 조동 ~할 수 있다 清楚 qīngchu 형 분명하다, 뚜렷하다 知道 zhīdào 동 알다 什么 shénme 대 무슨, 무엇 一共 yígòng 부 총, 모두 司机 sījī 명 운전 기사 热情 rèqíng 형 친절하다

64 ★★☆ 중

姐，我们要准备吃的，我买了几个面包，所以你下班经过商店时，去买一些饮料吧。

언니, 우리 먹을 것을 준비해야 해. 내가 빵 몇 개를 샀으니 퇴근하고 상점을 지날 때 가서 음료수를 좀 사.

★ 说话人让姐姐：

A 穿皮鞋
B 别上班
C 去买东西

★ 화자는 언니에게 무엇을 시키는가?

A 구두를 신는다
B 출근하지 마라
C 물건을 사러 가다

해설 질문에서 화자가 언니에게 무엇을 시키는지 묻고 있다. 화자는 자신이 빵을 샀다고 하면서, 마지막 문장에서 去买一些饮料吧(가서 음료수를 좀 사)라고 했으므로 언니에게 물건을 사 오라고 시켰음을 알 수 있다. 따라서 정답은 C이다. 보기를 먼저 확인한 뒤 지문에 언급되지 않은 것을 지우면서 문제를 풀면 답을 쉽게 찾을 수 있다.

어휘 要 yào 조동 ~해야 한다 准备 zhǔnbèi 동 준비하다 买 mǎi 동 사다 面包 miànbāo 명 빵 所以 suǒyǐ 접 그래서 下班 xiàbān 동 퇴근하다 商店 shāngdiàn 명 상점 时 shí ~할 때 饮料 yǐnliào 명 음료 让 ràng 동 ~하게 하다 姐姐 jiějie 명 언니 穿 chuān 동 입다, 신다 皮鞋 píxié 명 구두 别 bié 부 ~하지 마라 上班 shàngbān 동 출근하다 东西 dōngxi 명 물건

65 ★★☆ 하

在北京，很多地方坐地铁都能到。如果你去北京玩儿，可以在地铁站附近找一家宾馆住，这样你去哪儿玩儿都很方便。

북경에서 많은 곳을 지하철을 타고 갈 수 있다. 만약 네가 북경에 놀러 간다면 지하철역 근처에 있는 호텔을 찾아 머무를 수 있다. 이렇게 하면 네가 어디를 가서 놀든지 편리할 것이다.

★ 根据这段话，在北京坐地铁：

A 很便宜 **B 很方便** C 很舒服

★ 이 글에 근거하여 북경에서 지하철 타는 것은?

A 저렴하다 **B 편리하다** C 편안하다

해설 질문에서 북경에서 지하철을 타는 것이 어떤지 묻고 있다. 지문의 첫 번째 문장에서 在北京，很多地方坐地铁都能到(북경에서 많은 곳을 지하철을 타고 갈 수 있다)라고 했고 마지막 부분에서 都很方便(편리할 것이다)이라고 했으므로 알맞은 정답은 B임을 알 수 있다. 지하철이 저렴하다는 것과 편안하다는 내용은 언급되지 않았다.

어휘 地方 dìfang 명 곳, 장소 坐 zuò 동 타다, 앉다 地铁 dìtiě 명 지하철 能 néng 조동 ~할 수 있다 到 dào 동 도착하다 如果 rúguǒ 접 만약 玩儿 wánr 동 놀다 可以 kěyǐ 조동 ~할 수 있다 地铁站 dìtiězhàn 명 지하철역 附近 fùjìn 명 근처, 부근 找 zhǎo 동 찾다 宾馆 bīnguǎn 명 호텔 住 zhù 동 머무르다 方便 fāngbiàn 형 편리하다 便宜 piányi 형 저렴하다 舒服 shūfu 형 편안하다

66 ★★☆ 상

为了提高汉语水平，我每天都听中国新闻，而且还读了很多中国小说，看到不错的句子的时候，我就会把它写下来。	중국어 실력을 높이기 위해 나는 매일 중국 뉴스를 듣고 게다가 또 중국 소설을 많이 읽었다. 좋은 문장을 봤을 때 나는 그것을 써 놓는다.
★ 说话人主要讲什么？ A 环境问题 B 汉语不难 **C 学汉语的办法**	★ 화자는 주로 무엇을 말하고 있는가?: A 환경 문제 B 중국어는 어렵지 않다 **C 중국어를 공부하는 방법**

해설 질문에서 화자가 무엇을 말하고 있는지 묻고 있다. 지문의 시작 부분에서 为了提高汉语水平(중국어 실력을 높이기 위해)이라고 하며 뒷부분에 이를 위한 구체적인 행동을 나열하고 있으므로 화자는 중국어 학습 방법에 관해 말하고 있음을 알 수 있다. 따라서 정답은 C이다. 화자가 중국어가 어렵지 않다고 말한 적이 없으므로 B는 정답이 아니고 A의 环境(환경)에 관한 내용은 언급되지 않았다.

어휘 为了 wèi le 개 ~하기 위하여 提高 tígāo 동 향상시키다 汉语 Hànyǔ 명 중국어 水平 shuǐpíng 명 수준 每天 měitiān 명 매일 新闻 xīnwén 명 뉴스 而且 érqiě 접 게다가 还 hái 부 또 读 dú 동 읽다 看到 kàndào 동 보다 句子 jùzi 명 문제 写 xiě 동 쓰다 环境 huánjìng 명 환경 问题 wèntí 명 문제 难 nán 형 어렵다 学 xué 동 배우다, 공부하다 办法 bànfǎ 명 방법

67 ★★☆ 하

如果在考试中遇到不会的问题，不要着急，因为这十个题里只需要回答八个问题就可以了。	만약 시험을 보는 도중 모르는 문제를 만났다면 서두르지 마라. 왜냐하면 이 열 문제 중 여덟 문제만 대답하면 되기 때문이다.
★ 在考试中遇到不会的问题时： **A 不要着急** B 找别人帮忙 C 不做	★ 시험 볼 때 모르는 문제를 만났을 때는? **A 서두르지 마라** B 다른 사람의 도움을 구한다 C 안 한다

해설 질문의 키워드는 在考试中遇到不会的问题时(시험 볼 때 모르는 문제를 만났을 때)이고, 이 키워드가 지문의 첫 문장에 그대로 등장했다. 지문에서 如果在考试中遇到不会的问题，不要着急(만약 시험을 보는 도중 모르는 문제를 만났다면 서두르지 마라)라고 했으므로 정답은 A이다. '시험에서 모르는 문제가 나왔을 경우 조급해하지 말라'라는 것은 상식이므로 간단히 정답을 찾을 수 있는 문제이다.

어휘 在 zài 부 ~하고 있다 考试 kǎoshì 동 시험을 보다 不要 búyào 부 ~하지 마라 着急 zháojí 형 급하다, 서두르다 因为 yīnwèi 접 왜냐하면 只 zhǐ 부 오직, 단지 需要 xūyào 동 필요하다 回答 huídá 동 대답하다 找 zhǎo 동 찾다, 구하다 别人 biérén 명 다른 사람 帮忙 bāngmáng 동 돕다 做 zuò 동 하다

68 ★☆☆ 하

旁边909室昨天搬来了一对年轻的夫妻，跟他们聊天儿后，发现我们是一个公司的同事，世界可真小啊！	옆에 909호실에 어제 젊은 부부 한 쌍이 이사를 왔다. 그들과 이야기를 한 후에 우리가 한 회사의 동료라는 것을 알았다. 세계는 정말 좁다!
★ 那对夫妻：	★ 그 부부는?
A 不爱说话 **B 很年轻** C 是同学	A 말을 잘 하지 않는다 **B 젊다** C 학우이다

해설 질문에서 那对夫妻(그 부부)에 관한 옳은 내용을 묻고 있다. 지문에서 昨天搬来了一对年轻的夫妻(어제 젊은 부부 한 쌍이 이사를 왔다)라고 했으므로 그 부부가 젊다는 것을 알 수 있다. 따라서 알맞은 정답은 B이다. 화자가 알게 된 사실은 직장 동료라는 것이지 同学(학우)가 아니므로 C는 정답이 아니며, A의 내용은 언급되지 않았다.

어휘 旁边 pángbiān 명 옆　昨天 zuótiān 명 어제　搬 bān 동 옮기다　对 duì 양 쌍　年轻 niánqīng 형 젊다　夫妻 fūqī 명 부부　跟 gēn 개 ~와/과　聊天儿 liáotiānr 동 이야기하다　发现 fāxiàn 동 발견하다　公司 gōngsī 명 회사　同事 tóngshì 명 직장 동료　世界 shìjiè 명 세계　小 xiǎo 형 작다　同学 tóngxué 명 학우

69 ★☆☆ 하

喂，我今天得加班，不能跟你去买衣服了，明天去吧，如果有什么事儿，就给我打电话。	여보세요. 나 오늘 야근해야 해. 너와 옷을 사러 갈 수 없어. 내일 가자. 만약 일이 있으면 나에게 전화를 해 줘.
★ 为什么不能去买衣服了？	★ 왜 옷을 사러 갈 수 없게 되었는가?
A 要加班 B 要出差 C 要去喝酒	**A 야근을 해야 한다** B 출장 가야 한다 C 술 마시러 가야 한다

해설 질문에서 옷을 사러 가지 못한 이유를 묻고 있다. 문제의 키워드 不能去买衣服了(옷을 사러 갈 수 없다)가 지문의 첫 문장에서 그대로 언급되어 我今天得加班，不能跟你去买衣服了(나 오늘 야근해야 해. 너와 옷을 사러 갈 수 없어)라고 했으므로 야근이 주된 이유임을 알 수 있다. 따라서 정답은 A이다.

어휘 得 děi 조동 ~해야 한다　加班 jiābān 동 야근하다　衣服 yīfu 명 옷　明天 míngtiān 명 내일　事儿 shìr 명 일　就 jiù 부 바로　给 gěi 개 ~에게　打 dǎ 동 (전화를) 걸다　电话 diànhuà 명 전화　为什么 wèishénme 대 왜　要 yào 조동 ~해야 한다　出差 chūchāi 동 출장 가다　喝 hē 동 마시다　酒 jiǔ 명 술

70 ★★☆ 중

我很喜欢春天，因为天气不太冷，草和树都绿了，花也开了，大家也不用穿那么多的衣服了。	나는 봄을 좋아한다. 왜냐하면 날씨가 너무 춥지 않아서 풀과 나무가 푸르고 꽃도 피고, 모두가 옷을 그렇게 많이 입을 필요가 없기 때문이다.
★ 根据这段话，春天：	★ 이 글에 따르면 봄은?

실전모의고사 2

A 阴天多 B 要多穿衣服 **C 看到花**	A 흐린 날이 많다 B 옷을 많이 입어야 한다 **C 꽃을 본다**

해설 질문에서 봄에 관해 옳은 내용을 묻고 있다. 지문은 봄을 좋아하는 이유를 설명하면서 花也开了(꽃도 핀다)라고 했으므로 옳은 내용은 C임을 알 수 있다. 보기 A의 阴天(흐린 날)은 언급되지 않았고, B는 지문과 반대되는 내용이므로 정답이 될 수 없다.

어휘 喜欢 xǐhuan 동 좋아하다 春天 chūntiān 명 봄 天气 tiānqì 명 날씨 冷 lěng 형 춥다 草 cǎo 명 풀 和 hé 개 ~와/과 树 shù 명 나무 绿 lǜ 형 푸르다 花 huā 명 꽃 也 yě 부 ~도 开 kāi 동 펴다 不用 búyòng 동 ~할 필요없다 穿 chuān 동 입다 多 duō 형 많다 衣服 yīfu 명 옷 阴 yīn 형 흐리다

쓰기 제1부분

[풀이전략] 어순 배열 문제는 가장 먼저 술어를 찾아야 한다. 그리고 술어와 어울리는 주어와 목적어를 배치한 뒤 관형어, 부사어와 같은 수식 성분을 배치하도록 한다.

71 ★★☆ 중

希望您　　年轻　　越来越

술어	서술성 목적어		
	주어	부사어	술어
希望 동사	**您** 인칭대사	**越来越** 부사	**年轻。** 형용사

당신이 점점 더 젊어지기를 바란다.

해설 **술어 배치** 제시어 중 동사 希望(바라다)을 술어에 배치한다.
주어 목적어 배치 希望은 주어를 생략한 형태로 주로 쓰이고 주술구나 술목구를 목적어로 두는 동사이다. 您(당신)이 이미 希望 뒤에 결합되어 있으며 希望 뒤에는 어떠하길 바란다는 내용이 와야 한다. 您의 술어로 형용사 年轻(젊다)을 배치한다.
남은 어휘 배치 부사 越来越(점점 더)는 '越来越+형용사'의 구조로 '점점 더 ~해지다'를 나타내므로 형용사인 年轻 앞에 배치하여 문장을 완성한다.

어휘 希望 xīwàng 동 바라다 年轻 niánqīng 형 젊다 越来越 yuèláiyuè 부 점점 더

72 ★☆☆ 하

已经　　张经理　　请假了

주어	부사어	술어	목적어
张经理 명사	**已经** 부사	**请** 동사	**假了。** 명사+了

장 사장님은 이미 휴가를 내셨다.

해설 **술어 배치** 동태조사 了가 결합된 동사 请假(휴가를 신청하다)를 술어에 배치한다.
주어 목적어 배치 술어 请假의 행위의 주체로 张经理(장 사장님)를 주어에 배치한다. 请假는 '동사+명사' 구조인 이합동사이므로 목적어를 두지 않는다.
남은 어휘 배치 부사 已经(이미)은 부사어로 쓰이므로 술어 앞에 배치하여 문장을 완성한다.

어휘 已经 yǐjīng 부 이미, 벌써 经理 jīnglǐ 명 사장 请假 qǐngjià 동 휴가를 신청하다

73 ★★☆ 중

好极了 最近 天气 几天的

관형어	주어	술어	보어
最近几天的 명사+수사+명사+的	天气 명사	好 형용사	极了。 부사

요 며칠간 날씨가 매우 좋다.

해설 **술어 배치** 제시어 중 술어가 될 수 있는 好极了(매우 좋다)를 술어에 배치한다.
주어 목적어 배치 술어 好의 묘사의 대상으로 天气(날씨)를 주어에 배치한다.
남은 어휘 배치 구조조사 的가 결합된 几天的(며칠간)는 관형어이므로 주어 天气 앞에 배치하고, 最近(최근)은 시간 명사이므로 문장 맨 앞에 배치하여 문장을 완성한다.

Tip▶ '형용사+极了' 매우 ~하다
예 风景美丽**极了**。 풍경이 **매우** 아름답다.

어휘 好 hǎo 형 좋다 极了 jí le 부 매우 ~하다 最近 zuìjìn 명 최근, 요즘 天气 tiānqì 명 날씨 几 jǐ 대 몇 天 tiān 명 날, 일

74 ★★★ 상

声音 请把 一点儿 关小

请	把목적어	술어	보어
请 동사	把声音 把+명사	关 동사	小一点儿。 형용사+一点儿

소리를 약간만 줄여 주세요.

해설 **술어 배치** 제시어 중 把가 있으므로 把자문이면서, 동사 请이 있으므로 청유문임을 알 수 있다. 술어가 될 수 있는 동사 关(끄다)을 술어에 배치한다. 关小는 '동사+보어'의 구조이다.
주어 목적어 배치 把 뒤에는 의미상의 목적어가 와야 하므로, 술어 关의 대상으로 알맞은 声音(소리)을 결합시켜 把声音을 술어 关 앞에 배치한다.
남은 어휘 배치 남은 어휘 一点儿(약간)은 동사 또는 형용사 술어 뒤에서 '약간 ~하다'라는 뜻으로 쓰이므로 关小 뒤에 배치하여 문장을 완성한다.

어휘 声音 shēngyīn 명 소리 一点儿 yìdiǎnr 수 조금, 약간 关 guān 동 끄다

75 ★★☆ 중

树　　真高　　长得　　街道两边的

관형어	주어	술어	보어
街道两边的 명사+수사+명사+的	树 명사	长 동사	得真高。 得+부사+형용사

거리 양쪽의 나무가 진짜 높게 자랐다.

해설 **술어 배치** 제시어에 '동사+得'와 형용사가 있으므로 정도보어 문장임을 알 수 있다. 동사 长(자라다)을 술어에 배치한다.
주어 목적어 배치 술어 长의 주체로 树(나무)를 주어에 배치한다.
남은 어휘 배치 구조조사 的가 결합된 街道两边的(거리 양쪽의)는 관형어이므로 주어 树 앞에 배치하고, '정도부사+형용사'인 真高(진짜 높다)는 정도보어로 배치하여 문장을 완성한다.

어휘 树 shù 명 나무　真 zhēn 부 진짜, 정말　高 gāo 형 높다　长 zhǎng 동 자라다　街道 jiēdào 명 거리　两 liǎng 수 둘　边 biān 명 가장자리

쓰기 제2부분

[풀이전략] 빈칸 앞뒤의 단어 또는 글자와 의미가 연결되면서 상단의 병음에 해당하는 글자 또는 단어를 써 넣는다.

76 ★★☆ 중

我没见过这种鸟，你知道（ tā 它 ）是什么鸟吗？	나는 이 종류의 새를 본 적이 없어. 너 (저것)이 무슨 새인지 알아?

해설 빈칸 뒤에 동사 是(~이다)가 있으므로 주어에 해당하는 단어가 들어가야 한다. 앞문장에 鸟(새)가 있으므로 병음에 해당하는 한자는 동물이나 사물을 지칭하는 대사 它(그것)임을 알 수 있다.

어휘 见 jiàn 동 만나다　种 zhǒng 양 종, 종류　鸟 niǎo 명 새　知道 zhīdào 동 알다　它 tā 대 그것, 저　是 shì 동 ~이다

77 ★★★ 중

这几天大家住在宾馆一共（ huā 花 ）了12,080块钱。	요 며칠간 모두들 호텔에 머물면서 12,080위안을 (썼어요).

해설 빈칸 뒤 목적어 자리에 가격이 있으므로 빈칸에 알맞은 한자는 花(쓰다)임을 알 수 있다. 花는 명사로 '꽃'이라는 뜻이지만, 동사로는 돈이나 시간 등을 '쓰다, 소비하다'의 뜻을 나타낸다.

어휘 住 zhù 동 머무르다　在 zài 개 ~에서　宾馆 bīnguǎn 명 호텔　一共 yígòng 부 총, 모두　花 huā 동 쓰다, 소비하다

78 ★☆☆ 하

我住在这个楼的12(层)。 (céng)	나는 이 건물의 12(층)에 산다.

해설 빈칸 앞에 숫자 12와 명사 楼(건물)가 있으므로, 병음에 해당하는 한자로는 层이 들어가야 한다.

어휘 楼 lóu 명 건물　的 de 조 ~의　层 céng 양 층

79 ★☆☆ 하

他经常骑着绿色的自(行)车。 (xíng)	그는 자주 초록색 (자전거)를 타고 있다.

해설 빈칸 앞뒤의 한자 自와 车, 그리고 앞에 동사 骑(타다)가 있으므로 빈칸의 한자는 行임을 알 수 있다. 自行车는 '자전거'를 나타낸다.

어휘 经常 jīngcháng 부 종종, 자주　骑 qí 동 타다　绿色 lǜsè 명 초록색　自行车 zìxíngchē 명 자전거

80 ★☆☆ 하

我不喜欢夏天，夏天太(热)了。 (rè)	나는 여름이 싫다. 여름은 너무 (덥다).

해설 빈칸 앞에 정도부사 太(너무)가 있으므로 빈칸에 형용사를 넣어야 한다. 주어인 夏天(여름)과 어울리면서 병음에 해당하는 한자는 热(덥다)이다.

어휘 喜欢 xǐhuan 동 좋아하다　夏天 xiàtiān 명 여름　太……了 tài……le 부 너무 ~하다　热 rè 형 덥다

실전모의고사

3회 한눈에 정답 확인하기

듣기

제1부분	1. B	2. C	3. E	4. A	5. F	6. D	7. C	8. E	9. A	10. B
제2부분	11. ✓	12. ✗	13. ✗	14. ✓	15. ✓	16. ✗	17. ✗	18. ✓	19. ✓	20. ✗
제3부분	21. C	22. C	23. A	24. B	25. B	26. C	27. B	28. C	29. B	30. B
제4부분	31. A	32. A	33. B	34. C	35. B	36. C	37. C	38. A	39. B	40. C

독해

제1부분	41. D	42. B	43. A	44. C	45. F	46. E	47. A	48. B	49. D	50. C
제2부분	51. C	52. F	53. D	54. A	55. B	56. A	57. F	58. B	59. E	60. C
제3부분	61. B	62. C	63. C	64. A	65. B	66. A	67. C	68. B	69. B	70. A

쓰기

제1부분

71. 小猫向东边跑了。

72. 明天她打算晚点儿起床。

73. 妹妹对自己画的狗特别满意。

74. 电梯在洗手间的右边。

75. 你怎么突然哭了？

제2부분

76. 方　77. 被　78. 水　79. 又　80. 千

나의 학습 취약점 & 보완점 체크하기

문제별 중요도와 난이도를 보고 자신의 학습 취약점을 파악할 수 있게 하였습니다. 정답을 확인하여 반복적으로 틀린 문제를 표시하고 어떤 부분(어휘력, 독해력, 청취력)을 보완해야 할지 진단해 봅시다.

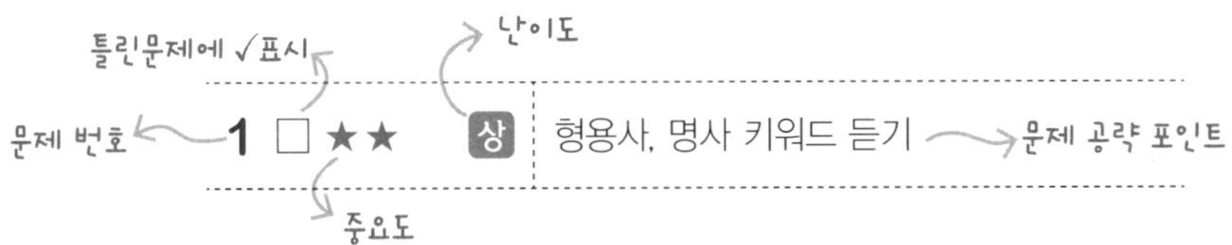

듣기 제1부분			
1 □ ★★	중	동사 키워드 듣기
2 □ ★	하	명사 키워드 듣기
3 □ ★★	하	동사 키워드 듣기
4 □ ★★	하	명사 키워드 듣기
5 □ ★	중	동사 키워드 듣기
6 □ ★	하	형용사 키워드 듣기
7 □ ★★★	상	명사, 동사 키워드 듣기
8 □ ★★	중	명사 키워드 듣기
9 □ ★	하	명사 키워드 듣기
10 □ ★★	중	양사, 형용사 키워드 듣기
듣기 제2부분		
11 □ ★★	중	같은 부분 찾아내기
12 □ ★★	중	다른 부분 찾아내기
13 □ ★★	하	주제 파악하기
14 □ ★	하	상태 파악하기
15 □ ★	하	같은 부분 찾아내기
16 □ ★	하	전체적인 내용 파악하기
17 □ ★★	중	다른 부분 찾아내기
18 □ ★★	상	같은 부분 찾아내기
19 □ ★★	중	같은 부분 찾아내기
20 □ ★★	상	전체적인 내용 파악하기
듣기 제3부분		
21 □ ★	하	상태 듣기
22 □ ★	하	장소 듣기
23 □ ★	하	생각/견해 듣기
24 □ ★★	중	남/여의 행동 듣기
25 □ ★	하	신체 단어 듣기
26 □ ★	하	남/여의 행동 듣기
27 □ ★★	중	상태 듣기
28 □ ★	하	사물 듣기
29 □ ★★	하	상태 듣기
30 □ ★	하	사물 듣기
듣기 제4부분		
31 □ ★	중	관계/신분 듣기
32 □ ★	하	위치 듣기
33 □ ★★	중	남/여의 행동 듣기
34 □ ★★	중	위치 듣기
35 □ ★	하	가격 듣기
36 □ ★★	중	상태/상황 듣기
37 □ ★★	하	남/여의 행동 듣기
38 □ ★★	중	남/여의 행동 듣기

절취선

문항	난이도	유형
39 □ ★★	상	상태/상황 듣기
40 □ ★	하	남/여의 행동 듣기
독해 제1부분		
41 □ ★	하	핵심 어휘로 연결
42 □ ★★	중	핵심 어휘로 연결
43 □ ★★	하	질문과 대답, 핵심 어휘로 연결
44 □ ★	하	질문과 대답, 핵심 어휘로 연결
45 □ ★	하	질문과 대답, 핵심 어휘로 연결
46 □ ★	중	핵심 어휘로 연결
47 □ ★	하	핵심 어휘로 연결
48 □ ★	하	질문과 대답, 핵심 어휘로 연결
49 □ ★★	중	질문과 대답, 핵심 어휘로 연결
50 □ ★★	중	질문과 대답, 핵심 어휘로 연결
독해 제2부분		
51 □ ★★	중	부사어로 쓰인 부사 넣기
52 □ ★	하	술어로 쓰인 동사 넣기
53 □ ★★	중	관형어로 쓰인 양사 넣기
54 □ ★	하	술어로 쓰인 형용사 넣기
55 □ ★★	중	목적어로 쓰인 명사 넣기
56 □ ★★	하	주어로 쓰인 명사 넣기
57 □ ★★	중	술어로 쓰인 동사 넣기
58 □ ★	하	부사어로 쓰인 부사 넣기
59 □ ★★	중	술어로 쓰인 동사 넣기
60 □ ★★	중	술어로 쓰인 동사 넣기

문항	난이도	유형
독해 제3부분		
61 □ ★★	중	전체적인 내용 파악하기
62 □ ★★★	상	중심 내용 파악하기
63 □ ★	하	세부 내용 파악하기
64 □ ★★	중	세부 내용 파악하기
65 □ ★★	중	핵심 어휘로 정답 찾기
66 □ ★	하	세부 내용 파악하기
67 □ ★	하	세부 내용 파악하기
68 □ ★★	중	핵심 어휘로 정답 찾기
69 □ ★	하	핵심 어휘로 정답 찾기
70 □ ★★	중	핵심 어휘로 정답 찾기
쓰기 제1부분		
71 □ ★★	중	부사어, 동사술어 배치하기
72 □ ★★	중	부사어, 동사술어 배치하기
73 □ ★★★	상	부사어, 동사술어 배치하기
74 □ ★	하	관형어 배치, 在자문 완성하기
75 □ ★	하	의문문 완성하기
쓰기 제2부분		
76 □ ★	하	명사 쓰기
77 □ ★★★	상	개사 쓰기
78 □ ★	하	명사 쓰기
79 □ ★★	중	부사 쓰기
80 □ ★	하	수사 쓰기

- 수고하셨습니다! -

점수 확인

			총점(만점 300점)
듣기	정답수(　　/40개) X 2.5점 = ______	점/100점	
독해	정답수(　　/30개) X 3.3점 = ______	점/100점	
쓰기 제1부분	정답수(　　/ 5개) X 12점 = ______	점/60점	
쓰기 제2부분	정답수(　　/ 5개) X 8점 = ______	점/40점	______점

※ 주의: 위의 영역별 문항 점수는 만점을 기준으로 하여 산출한 가상 점수로 실제 HSK 성적과 계산 방식이 상이할 수 있습니다.

절취선

듣기 제1부분

[풀이전략] 녹음을 듣기 전에 먼저 5개의 제시된 그림을 보고 어떤 단어 또는 내용이 들릴지 미리 예상한 뒤 녹음을 듣는다.

1 ★★☆ 중

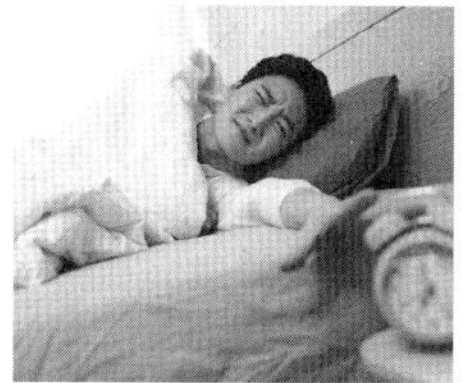

사진은 침대에 누워 있는 남자의 모습이다. 녹음을 듣기 전, 잠과 관련된 어휘 睡觉(잠자다), 起床(일어나다) 등을 미리 연상하고 듣는다.

女：都十点一刻了，你怎么还**不起床**？
男：星期六我不上班，你让我多**睡**一会儿吧。

여: 10시 15분이 다 됐어. 너 왜 아직도 **안 일어나니**?
남: 토요일에 저 출근 안 해요. 더 **자게** 해 주세요.

해설 여자가 남자에게 你怎么还不起床？(왜 아직도 안 일어나니?)이라고 묻는 말과 남자가 你让我多睡一会儿吧(더 자게 해 주세요)라는 말을 통해 남자가 잠을 자고 있는 B가 정답임을 알 수 있다.

어휘 都 dōu 부 모두, 다　刻 kè 양 15분　怎么 zěnme 대 어째서　还 hái 부 여전히, 아직도　起床 qǐchuáng 동 일어나다　上班 shàngbān 동 출근하다　让 ràng 동 ~하게 하다　睡 shuì 동 자다

2 ★☆☆ 하

사진은 바지를 파는 가게의 장면이다. 녹음을 듣기 전, 바지와 관련된 어휘 裤子(바지), 条(가늘고 긴 물건을 세는 단위), 买(사다) 등을 미리 연상한다.

男：这条**裤子**怎么样？好不好看？
女：好看是好看，但会不会有点儿长？

남: 이 **바지** 어때? 보기 괜찮아?
여: 보기 좋긴 좋은데 좀 긴 거 아니야?

해설 남자가 여자에게 这条裤子怎么样？(이 바지 어때?)이라고 묻고 있는 상황으로 대화의 핵심 단어는 裤子(바지)이다. 따라서 남녀가 바지를 고르는 모습인 C를 정답으로 고른다.

Tip▶ 'A是A，但B' A하긴 A한데 하지만 B하다
　예 好**是**好，**但**有点儿贵。 좋**긴** 좋아. **하지만** 좀 비싸.

어휘 条 tiáo 양 가늘고 긴 물건을 세는 단위　裤子 kùzi 명 바지　怎么样 zěnmeyàng 대 어떻다, 어떠하다　好看 hǎokàn 형 보기 좋다　会 huì 조동 ~할 것이다　有点儿 yǒudiǎnr 부 조금, 약간　长 cháng 형 길다

3 ★★☆ 하

사진 속 남자가 청소를 하고 있다. 청소와 관련된 어휘 打扫(청소하다), 洗(씻다, 닦다) 등을 미리 연상하고 듣는다.

女：还没打扫完？ 男：快了，除了这儿，就差厨房了。	여: 아직 청소 다 안 했어요? 남: 금방 해요. 여기를 제외하고 주방만 남았어요.

해설 여자가 还没打扫完？(아직 청소를 다 안했어요?)이라고 한 말에서 대화의 핵심 단어가 打扫(청소하다)임을 알 수 있다. 따라서 남자가 청소하고 있는 사진 E를 정답으로 고른다.

어휘 还 hái 부 여전히, 아직도 打扫 dǎsǎo 동 청소하다 完 wán 동 다하다 除了 chú le 접 ~를 제외하고 差 chà 형 부족하다, 모자라다 厨房 chúfáng 명 주방

4 ★★☆ 하

사진에 생선이 있으므로 녹음을 듣기 전, 관련 어휘 鱼(생선), 吃(먹다), 买(사다) 등을 연상해 둔다.

男：这条鱼看起来不太新鲜，你在哪儿买的？ 女：就是我们常去的那家超市。我还买了些水果。	남: 이 생선 보아하니 그다지 신선하지 않은 것 같아. 어디에서 산 거야? 여: 우리가 자주 가는 그 슈퍼야. 나 과일도 좀 샀어.

해설 남자가 这条鱼看起来不太新鲜(생선이 보아하니 그다지 신선하지 않은 것 같아)이라고 한 말 중 鱼(생선)만 들어도 정답이 A라는 것을 알 수 있다.

어휘 鱼 yú 명 생선 看起来 kànqǐlái 보아하니 新鲜 xīnxiān 형 신선하다 在 zài 개 ~에서 哪儿 nǎr 대 어디 买 mǎi 동 사다 常 cháng 부 종종, 자주 超市 chāoshì 명 마트 还 hái 부 또, 더 水果 shuǐguǒ 명 과일

5 ★☆☆ 중

사진은 아이가 자전거를 타고 있고 뒤에서 아빠가 잡고 있으므로, 아이가 자전거를 배우고 있다는 것을 알 수 있다. 녹음을 듣기 전, 자전거와 관련된 어휘 骑(타다), 自行车(자전거) 등을 미리 연상하고 듣는다.

女：爸，你别走，我害怕。 男：别害怕，眼睛看前面，慢慢地骑。	여: 아빠, 가지 마요. 나 무서워요. 남: 무서워하지 마. 눈은 앞을 보고 천천히 타.

해설 아이가 무서워하고 있고 남자가 慢慢地骑(천천히 타)라고 했으므로 아이가 아빠와 함께 자전거를 타고 있다는 것을 알 수 있다. 따라서 정답은 F이다.

어휘 别 bié 부 ~하지 마라 走 zǒu 동 걷다, 가다 害怕 hàipà 동 두려워하다, 무서워하다 眼睛 yǎnjing 명 눈 前面 qiánmiàn 명 앞 慢 màn 형 느리다 骑 qí 동 타다

6 ★☆☆ 하

사진은 아이가 키를 재고 있는 모습이다. 녹음을 듣기 전, 키와 관련된 어휘 高(키가 크다), 个子(키) 등을 미리 연상해 둔다.

男：妈妈，你来看，我比上个月**高了多少**？ 女：等一下，我马上就来。	남: 엄마, 와서 보세요. 저 지난달보다 **얼마나 컸어요**? 여: 기다려. 내가 곧 갈게.

해설 남자가 여자에게 我比上个月高了多少？(저 지난달보다 얼마나 컸어요?)라고 물어보고 있는 상황으로 남자아이가 키를 재고 있는 그림인 D를 정답으로 고른다.

어휘 比 bǐ 개 ~보다 上个月 shàng ge yuè 명 지난달 高 gāo 형 높다, 키가 크다 多少 duōshao 대 얼마나 等 děng 동 기다리다 马上 mǎshàng 부 곧, 바로

7 ★★★ 상

사진은 남자가 가방에서 무언가를 찾고 있는 모습이다. 녹음을 듣기 전, 관련 어휘 找(찾다), 包(가방) 등을 미리 연상하고 듣는다.

女：你的手机呢？不会又没带吧。 男：我记得早上放**包**里了，我再找找。	여: 핸드폰은요? 또 안 가져온 거 아니죠? 남: 아침에 **가방**에 넣었는데 다시 찾아 볼게요.

해설 여자가 남자에게 핸드폰이 어딨냐고 물었고 남자가 我记得早上放包里了，我再找找(아침에 가방에 넣었는데 다시 찾아 볼게)라고 했으므로 남자가 가방에서 무엇을 찾고 있는 모습인 C가 알맞은 정답이다.

어휘 手机 shǒujī 명 핸드폰 又 yòu 부 또 带 dài 동 지니다, 휴대하다 记得 jìde 동 기억하다 早上 zǎoshang 명 아침 放 fàng 동 넣다, 놓다 包 bāo 명 가방 再 zài 부 다시 找 zhǎo 명 찾다

8 ★★☆ 중

사진에서 남녀가 문제를 풀고 있다. 녹음을 듣기 전, 관련 어휘 题(문제), 会(할 줄 안다), 做(하다) 등을 미리 연상하고 듣는다.

男：你的**作业**写完了吗？我有一个**题**不会，想问问你。 女：好的，哪一个题？	남: 너 **숙제** 다 했어? 나 모르는 **문제**가 하나 있는데 너에게 좀 물어보고 싶어. 여: 좋아. 어느 문제?

해설 남자가 여자에게 你的作业写完了吗？(너 숙제 다 했어?)라고 묻는 말과 有一个题不会(모르는 문제가 하나 있어) 등을 듣고 두 사람이 공부를 하고 있다는 것을 알 수 있다. 따라서 알맞은 정답은 E이다.

어휘 作业 zuòyè 명 숙제 写 xiě 동 쓰다 有 yǒu 동 있다 题 tí 명 문제 会 huì 조동 (배워서) ~할 줄 알다 问 wèn 동 묻다 哪 nǎ 대 어느

9 ★☆☆ 하

사진은 꽃으로 녹음을 듣기 전, 꽃과 관련된 어휘 花(꽃), 买(사다) 등을 미리 연상한다.

女：好漂亮的花啊，谁送的？ 男：不是送的，我自己买的。	여: 예쁜 꽃이다. 누가 준 거야? 남: 준 거 아니야. 내가 직접 산 거야.

해설 여자가 한 말 중 好漂亮的花(예쁜 꽃)가 이 대화의 핵심 단어이므로 정답은 A이다.

어휘 花 huā 명 꽃　谁 shéi 대 누구　送 sòng 동 보내다, 주다　自己 zìjǐ 대 자기, 스스로　买 mǎi 동 사다

10 ★★☆ 중

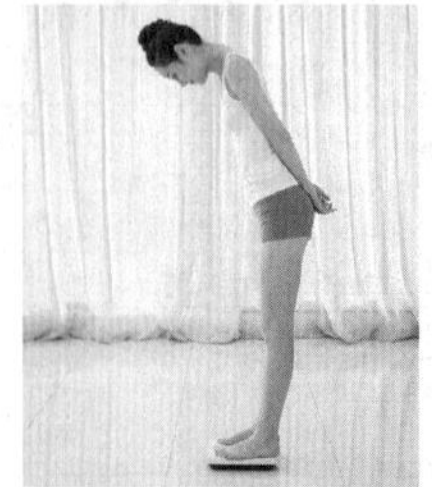

사진은 여자가 체중을 재고 있는 모습이다. 녹음을 듣기 전, 체중과 관련된 어휘 公斤(kg), 胖(살찌다), 瘦(마르다) 등을 미리 연상해 둔다.

男：你现在才五十公斤。 女：是，看来我最近又瘦了很多。	남: 너 지금 겨우 50kg야. 여: 응, 보니까 나 요즘 또 살이 많이 빠졌어.

해설 녹음을 듣기 전, 5개의 제시된 그림을 먼저 보고 어떤 단어 또는 내용이 들릴지 미리 예상한 후 녹음을 들어야 한다. 남자의 말에 들린 公斤은 무게의 단위인 kg를 뜻하며, 여자에 말에서 瘦了(살이 빠졌다)라고 했으므로 여자가 체중을 재고 있는 모습인 B가 알맞은 정답이다.

Tip▶ 형용사 뒤에 了를 사용하여 변화를 나타낼 수 있다.
예 **胖了**两公斤。 2kg **늘었다.**

어휘 现在 xiànzài 명 지금, 현재　才 cái 부 겨우　公斤 gōngjīn 양 kg, 킬로그램　最近 zuìjìn 명 요즘, 최근　又 yòu 부 또　瘦 shòu 형 마르다, 여위다

듣기 제2부분

[풀이전략] 일치/불일치를 판단하는 문제는 먼저 보기 문장의 핵심 내용을 파악한 뒤, 녹음을 들으면서 일치하는 내용을 확인한다.

11 ★★☆ 중

★ 他们要在地图上找一个国家。 （ ✔ ）	★ 그들은 지도에서 나라를 찾아야 한다.
我说一个国家的名字，你们在世界地图上找出来，看谁找得快。	내가 한 나라의 이름을 말하면 너희는 세계지도에서 찾아. 누가 빨리 찾는지 본다.

해설 보기 문장이 他们要在地图上找一个国家(그들은 지도에서 나라를 찾아야 한다)이므로 녹음에서 그들이 어떤 동작을 할 것인지를 듣는다. 녹음에서 화자가 자신이 나라를 말하면 你们在世界地图上找出来(너희는 세계지도에서 찾아)라고 했으므로 녹음과 보기 문장이 일치(✔)함을 알 수 있다.

어휘 要 yào 조동 ~해야 한다　在 zài 개 ~에서　地图 dìtú 명 지도　找 zhǎo 동 찾다　国家 guójiā 명 국가, 나라　说 shuō 동 말하다　名字 míngzi 명 이름　世界 shìjiè 명 세계　谁 shéi 대 누구　快 kuài 형 빠르다

12 ★★☆ 중

★ 说话人觉得冬天很漂亮。 (✗)	★ 화자는 겨울이 예쁘다고 생각한다.
我觉得每个季节都有它自己的颜色，春天是绿色，夏天是红色，秋天是黄色，冬天是白色。虽然这四个季节的颜色不一样，但都非常漂亮。	나는 계절마다 그것만의 색깔이 있다고 생각한다. 봄은 초록색, 여름은 빨간색, 가을은 노란색, 겨울은 흰색이다. 비록 이 사계절의 색은 다르지만 모두 매우 예쁘다.

해설 보기 문장이 说话人觉得冬天很漂亮(화자는 겨울이 예쁘다고 생각한다)이므로 화자가 겨울이 예쁘다고 생각하는지를 확인해야 한다. 녹음에서 虽然这四个季节的颜色不一样，但都非常漂亮(비록 이 사계절의 색은 다르지만 모두 매우 예쁘다)이라고 했으므로 정답은 불일치(✗)이다. 접속사 但(그러나)은 내용을 전환시키므로 但이 들리면 그 뒤의 내용을 주의 깊게 들어야 한다.

어휘 觉得 juéde 동 ~라고 생각하다 冬天 dōngtiān 명 겨울 漂亮 piàoliang 형 예쁘다 季节 jìjié 명 계절 都 dōu 부 모두 有 yǒu 동 있다 它 tā 대 그것 自己 zìjǐ 대 자기, 스스로 颜色 yánsè 명 색깔 春天 chūntiān 명 봄 是 shì 동 ~이다 绿色 lǜsè 명 초록색 夏天 xiàtiān 명 여름 红色 hóngsè 명 빨간색 秋天 qiūtiān 명 가을 黄色 huángsè 명 노란색 白色 báisè 명 하얀색 虽然A，但(是)B suīrán A, dàn(shì) B 비록 A하지만 B하다 一样 yíyàng 형 같다

13 ★★☆ 하

★ 生气时做的决定一般是对的。 (✗)	★ 화가 날 때 내린 결정은 보통 옳은 것이다.
不要在生气的时候，做重要决定。因为这时候做出的决定，常常是不对的。	화가 날 때 중요한 결정을 하지 마라. 왜냐하면 이때 내린 결정은 종종 맞지 않기 때문이다.

해설 보기 문장이 生气时做的决定一般是对的(화가 날 때 내린 결정은 보통 옳은 것이다)라고 했으므로 화가 났을 때 내린 결정이 어떤지 들어야 한다. 그런데 이것은 상식 문제로 화가 날 때 내린 결정은 보통 옳지 않기 때문에 정답은 일치하지 않다라고 예상할 수 있다. 녹음에서도 不要在生气的时候，做重要决定(화가 날 때는 중요한 결정을 하지 마라)이라고 했으므로 정답은 불일치(✗)이다.

어휘 生气 shēngqì 동 화나다 的时候 de shíhou ~할 때 做 zuò 동 하다 决定 juédìng 명 결정 一般 yìbān 형 보통이다, 일반적이다 对 duì 형 맞다 不要 búyào 부 ~하지 마라 重要 zhòngyào 형 중요하다 因为 yīnwèi 접 왜냐하면 常常 chángcháng 부 종종, 자주

14 ★☆☆ 하

★ 他们现在用的冰箱旧了。 (✓)	★ 그들이 현재 사용하고 있는 냉장고는 낡아졌다.
我们买个新冰箱吧。现在用的这个，还是我们结婚的时候买的。已经用了十多年了，太旧了。	우리 새 냉장고를 하나 사자. 지금 사용하고 있는 이것은 우리가 결혼할 때 산 거야. 벌써 10년 넘게 사용하고 있어. 너무 낡았어.

해설 보기 문장이 他们现在用的冰箱旧了(그들이 현재 사용하고 있는 냉장고는 낡아졌다)이므로 그들이 사용하고 있는 냉장고의 상태가 어떠한지를 들어야 한다. 녹음에서 새 냉장고를 사자고 했고, 太旧了(너무 낡았어)라고 하여 마지막 말에 旧가 그대로 들렸으므로 정답은 일치(✓)이다.

어휘 现在 xiànzài 명 현재, 지금 用 yòng 동 사용하다 冰箱 bīngxiāng 명 냉장고 旧 jiù 형 낡다 买 mǎi 동 사다 新 xīn 형 새롭다 结婚 jiéhūn 동 결혼하다 已经 yǐjīng 부 이미, 벌써 太……了 tài……le 부 너무 ~하다

15 ★☆☆ 하

★ 张阿姨很热情。 (✓)	★ 장 아주머니는 친절하다.
张阿姨是我们的邻居。她对人热情，也很关心我们。总能帮我解决一些问题，我们关系非常好。	장 아주머니는 우리의 이웃이다. 그녀는 사람들에게 친절하고 우리에게도 관심이 많다. 항상 내가 문제 해결하는 것을 도와주신다. 우리는 관계가 매우 좋다.

해설 보기 문장이 张阿姨很热情(장 아주머니는 친절하다)이므로 주어인 장 아주머니가 어떤 사람인지 확인해야 한다. 녹음에서 她对人热情(그녀는 사람들에게 친절하다)이라고 하여 很热情이 그대로 들렸으므로 정답은 일치(✓)이다.

어휘 阿姨 āyí 명 아주머니 热情 rèqíng 형 친절하다 邻居 línjū 명 이웃 对 duì 개 ~에게, ~에 대하여 关心 guānxīn 동 관심을 가지다 总 zǒng 부 늘, 항상 帮 bāng 동 돕다 解决 jiějué 동 해결하다 问题 wèntí 명 문제 关系 guānxi 명 관계

16 ★☆☆ 하

★ 说话人在和别人聊节目。 (✗)	★ 화자는 다른 사람과 프로그램을 이야기하고 있다.
中文名字是姓在前，名在后。就像我叫王小亮，王是姓，小亮是名。大家了解了吗？	중국어 이름은 성이 앞에 있고, 이름은 뒤에 있어요. 제 이름은 왕샤오량인데 왕은 성이고, 샤오량은 이름인 것과 같아요. 다들 이해하셨나요?

해설 보기 문장이 说话人在和别人聊节目(화자는 다른 사람과 프로그램을 이야기하고 있다)이므로 녹음에서 화자가 무엇에 대해 이야기하고 있는지 확인한다. 녹음 시작에서부터 中文名字(중국어 이름)를 언급하며 姓(성)과 名(이름)에 대해 이야기하고 있으므로 정답은 불일치(✗)이다.

어휘 在 zài 부 ~하고 있다 和 hé 개 ~와/과 别人 biérén 명 다른 사람 聊 liáo 동 이야기하다 节目 jiémù 명 프로그램 中文 Zhōngwén 명 중국어 名字 míngzi 명 이름 姓 xìng 명 성 在 zài 동 ~에 있다 前 qián 명 앞 后 hòu 명 뒤 像 xiàng 동 ~와 같다 了解 liǎojiě 동 알다, 이해하다

17 ★★☆ 중

★ 花园不大。 (✗)	★ 화원은 크지 않다.
这个房子真的很不错。房子前面有一个大花园。像你们这么喜欢动物，有个花园会很方便。	이 집은 정말 괜찮다. 집 앞에는 큰 화원이 있다. 너희처럼 동물을 좋아하면 화원이 있으면 편리할 거야.

해설 보기 문장이 花园不大(화원은 크지 않다)이므로 화원이 큰지 여부를 확인한다. 녹음에서 이 집이 괜찮다고 하며 房子前面有一个大花园(집 앞에 큰 화원이 있다)이라고 했으므로 화원이 크다는 것을 알 수 있다. 따라서 정답은 불일치(✗)이다.

어휘 花园 huāyuán 명 화원 大 dà 형 크다 房子 fángzi 명 집 不错 búcuò 형 좋다, 괜찮다 前面 qiánmiàn 명 앞 有 yǒu 동 있다 喜欢 xǐhuan 동 좋아하다 动物 dòngwù 명 동물 方便 fāngbiàn 형 편리하다

18 ★★☆ 상

★ 说话人希望大家对自己要求更高。(✓)	★ 화자는 모두가 자기에 대한 요구가 더 높아지길 바란다.
新的一年就要到了。同学们又长大了一岁，希望你们在新的一年里，对自己有更高的要求。学习能更上一层楼。	새해가 다가오고 있습니다. 학우들 한 살 더 자랐으니, 새해에는 여러분 자신에 대해 더 높은 요구를 하길 바랍니다. 공부도 더 잘하길 바랍니다.

해설 보기 문장이 说话人希望大家对自己要求更高(화자는 모두가 자기에 대한 요구가 더 높아지길 바란다)이므로 화자가 모두에게 바라는 것이 무엇인지 확인해야 한다. 녹음에서 새해가 다가오면서 希望你们……对自己有更高的要求(여러분 자신에 대해 더 높은 요구를 하길 바랍니다)라고 하여 보기 문장이 그대로 들렸으므로 정답은 일치(✓)이다.

어휘 希望 xīwàng 동 바라다, 희망하다 对 duì 개 ~에게, ~에 대하여 要求 yāoqiú 명 요구 更 gèng 부 더, 더욱 高 gāo 형 높다 就要……了 jiùyào……le 곧 ~하다 又 yòu 부 또 长 zhǎng 동 자라다 岁 suì 양 살, 세 学习 xuéxí 동 공부하다 能 néng 조동 ~할 수 있다 上 shàng 동 오르다 层 céng 양 층

19 ★★☆ 중

★ 和爷爷说话要大点儿声。 (✓)	★ 할아버지와 이야기하려면 목소리가 커야 한다.
对不起，我爷爷的耳朵不太好。你和他说话的时候，声音要大一点儿。声音小了，他听不清楚。	죄송하지만 우리 할아버지는 귀가 별로 좋지 않아요. 그와 이야기를 할 때 목소리가 좀 커야 해요. 목소리가 작아지면 그는 분명하게 알아들을 수 없어요.

해설 보기 문장이 和爷爷说话要大点儿声(할아버지와 이야기하려면 목소리가 커야 한다)이므로 할아버지와 이야기를 할 때 목소리를 어떻게 해야 하는지 확인한다. 녹음에서 我爷爷的耳朵不太好(우리 할아버지는 귀가 별로 좋지 않아요)라고 하며 이어 声音要大一点儿(목소리가 좀 커야 해요)이라고 했으므로 일치(✓)함을 알 수 있다.

어휘 爷爷 yéye 명 할아버지 说 shuō 동 말하다 话 huà 명 말 要 yào 조동 ~해야 한다 大 dà 형 크다 耳朵 ěrduo 명 귀 的时候 de shíhou ~할 때 声音 shēngyīn 명 소리, 목소리 小 xiǎo 형 작다 清楚 qīngchu 형 분명하다, 뚜렷하다

20 ★★☆ 상

★ 说话人买到了机票。 (✗)	★ 화자는 비행기표를 샀다.
这几天去北京的人太多了。不但机票没有了，火车票也卖完了。我只能选择坐船去了。	요 며칠 북경으로 가는 사람이 너무 많다. 비행기표가 없을 뿐만 아니라 기차표도 다 팔렸다. 나는 배를 타고 가는 수밖에 없었다.

해설 보기 문장이 说话人买到了机票(화자는 비행기표를 샀다)이므로 화자가 비행기표를 샀는지를 확인해야 한다. 녹음에서 사람이 너무 많아서 不但机票没有了(비행기표가 없을 뿐만 아니라)라고 했으므로 화자가 비행기표를 사지 못했음을 알 수 있다. 따라서 정답은 불일치(✗)이다.

어휘 机票 jīpiào 명 비행기표 不但 búdàn 접 ~할 뿐만 아니라 火车票 huǒchēpiào 명 기차표 卖 mài 동 팔다 完 wán 동 다하다 只能 zhǐnéng ~할 수밖에 없다 选择 xuǎnzé 동 선택하다 坐 zuò 동 타다 船 chuán 명 배

듣기 제3부분

[풀이전략] 녹음을 듣기 전, 먼저 보기를 보고 질문과 녹음의 내용을 미리 예상한다. 남녀의 정보를 구분해야 하며, 녹음에 언급되는 보기에 관련 정보를 메모한다.

21 ★☆☆ 하

女：你为什么不吃鸡蛋？ 男：我不太喜欢吃。 问：男的为什么不吃鸡蛋？	여: 너 왜 달걀 안 먹어? 남: 나 그다지 좋아하지 않아. 질문: 남자는 왜 달걀을 왜 먹지 않는가?

실전모의고사 3

A 吃饱了 B 想吃面包 **C 不爱吃鸡蛋**	A 배부르게 먹었다 B 빵을 먹고 싶다 **C 달걀을 즐겨먹지 않는다**

해설 보기에 모두 동사 吃(먹다)가 사용되었으므로 먹는 것과 관련된 대화임을 예상할 수 있다. 여자는 남자에게 달걀을 먹지 않는 이유를 물었고 남자는 我不太喜欢吃(나 그다지 좋아하지 않아)이라고 했다. 질문에서 남자가 왜 달걀을 먹지 않는지 물었으므로 정답은 C이다.

어휘 为什么 wèishénme 대 왜 喜欢 xǐhuan 동 좋아하다 吃 chī 동 먹다 鸡蛋 jīdàn 명 달걀 饱 bǎo 형 배부르다 面包 miànbāo 명 빵 爱 ài 동 좋아하다

22 ★☆☆ 하

男：我的眼镜用了很久了，想换个新的。 女：那我们一起去买吧。 问：他们要去哪儿？	남: 나 안경 오랫동안 사용해서 새것으로 바꾸고 싶어. 여: 그럼 우리 같이 가서 사자. 질문: 그들은 어디를 가려고 하는가?
A 公园　　B 饭馆　　**C 眼镜店**	A 공원　　B 식당　　**C 안경점**

해설 보기가 모두 장소이므로 대화를 나누는 장소가 어디인지, 또는 어디를 가는지를 파악한다. 남자가 我的眼镜用了很久了，想换个新的(나 안경 오랫동안 사용해서 새것으로 바꾸고 싶어)라고 했고 여자가 같이 가자고 했다. 질문에서 그들이 어디를 가려는지 물었으므로 정답은 C이다.

어휘 用 yòng 동 사용하다 久 jiǔ 형 오래다 换 huàn 동 바꾸다 新 xīn 형 새롭다 那 nà 접 그러면 一起 yìqǐ 부 같이, 함께 买 mǎi 동 사다 公园 gōngyuán 명 공원 饭馆 fànguǎn 명 식당 眼镜店 yǎnjìngdiàn 명 안경점

23 ★☆☆ 하

女：你觉得这件衣服怎么样？ 男：很好看，而且很便宜。 问：男的觉得那件衣服怎么样？	여: 네가 생각하기에 이 옷은 어때? 남: 예쁘다. 게다가 저렴해. 질문: 남자는 그 옷이 어떻다고 생각하는가?
A 很便宜　　B 很难看　　C 很贵	**A 저렴하다**　　B 보기 좋지 않다　　C 비싸다

해설 보기가 모두 상태를 나타내므로 녹음에서 묘사나 설명하는 표현을 주의 깊게 듣는다. 여자가 이 옷이 어떤지 묻는 말에 남자가 很好看，而且很便宜(예쁘다. 게다가 저렴해)라고 했다. 질문에서 남자가 그 옷을 어떻게 생각하는지 물었으므로 정답은 A이다.

어휘 觉得 juéde 동 ~라고 생각하다 衣服 yīfu 명 옷 怎么样 zěnmeyàng 대 어떻다, 어떠하다 好看 hǎokàn 형 보기 좋다 而且 érqiě 접 게다가 便宜 piányi 형 저렴하다 难看 nánkàn 형 보기 좋지 않다 贵 guì 형 비싸다

24 ★★☆ 중

男：办公室在三楼，我们走楼梯上去吧。 女：我很累，还是等电梯吧。	남: 사무실은 3층에 있으니 우리 계단을 걸어 올라가자. 여: 나 힘들어. 그냥 엘리베이터 기다리자.

问：女的要做什么？	질문: 여자는 무엇을 하려고 하는가?
A 爬山 **B 等电梯** C 做练习	A 등산하다 **B 엘리베이터를 기다리다** C 연습을 하다

해설 보기가 모두 행동을 나타내므로 남자와 여자가 어떤 행동을 하는지 확인한다. 남자는 我们走楼梯上去吧(우리 계단을 걸어 올라가자)라고 했고 여자는 还是等电梯吧(그냥 엘리베이터 기다리자)라고 했다. 질문에서 여자가 하려는 행동을 물었으므로 정답은 B이다.

어휘 办公室 bàngōngshì 명 사무실 楼 lóu 명 층 走 zǒu 동 걷다 楼梯 loutī 명 계단 累 lèi 형 힘들다 还是 háishi 부 ~하는 것이 낫다 等 děng 동 기다리다 电梯 diàntī 명 엘리베이터 爬山 páshān 동 등산하다 练习 liànxí 명 연습

25 ★☆☆ 하

女：医生，最近我的鼻子有点儿不舒服。 男：你过来，我看看吧。 问：女的哪儿不舒服？	여: 의사 선생님, 요즘 제 코가 좀 불편해요. 남: 이리로 오세요. 제가 좀 볼게요. 질문: 여자는 어디가 불편한가?
A 嘴 **B 鼻子** C 眼睛	A 입 **B 코** C 눈

해설 보기는 모두 신체 부위로 녹음에서 그대로 들리는지 확인한다. 여자는 남자에게 最近我的鼻子有点儿不舒服(요즘 제 코가 좀 불편해요)라고 했으므로 녹음에 언급된 보기 B에 메모한다. 질문에서 여자가 어디가 불편한지 물었으므로 정답은 B이다.

어휘 医生 yīshēng 명 의사 最近 zuìjìn 명 요즘, 최근 鼻子 bízi 명 코 有点儿 yǒudiǎnr 부 조금, 약간 舒服 shūfu 형 편안하다 哪儿 nǎr 대 어디 嘴 zuǐ 명 입 眼睛 yǎnjing 명 눈

26 ★☆☆ 하

男：你最近怎么这么忙？ 女：我正在准备结婚，所以有点儿忙。 问：女的准备做什么？	남: 너 요즘 왜 이렇게 바빠? 여: 나 결혼 준비 중이야. 그래서 좀 바빠. 질문: 여자는 무엇을 준비하는가?
A 搬家 B 不吃糖 **C 结婚**	A 이사하다 B 설탕을 먹지 않는다 **C 결혼하다**

해설 보기는 모두 행동을 나타내므로 녹음에 어떤 행동이 들리는지 확인한다. 남자는 여자에게 요즘 왜 바쁜지 물었고 여자는 我正在准备结婚(나 결혼 준비 중이야)이라고 했다. 질문에서 여자가 무엇을 준비하는지 물었으므로 정답은 C이다.

어휘 这么 zhème 대 이렇게 忙 máng 형 바쁘다 正在 zhèngzài 부 ~하고 있다 准备 zhǔnbèi 동 준비하다 结婚 jiéhūn 동 결혼하다 所以 suǒyǐ 접 그래서 搬家 bānjiā 동 이사하다 糖 táng 명 설탕, 사탕

27 ★★☆ 중

女：我害怕游泳。 男：别害怕，有我在呢。慢慢地游吧。 问：男的让女的做什么？	여: 나는 수영하는 것이 무서워. 남: 무서워하지 마. 내가 있잖아. 천천히 헤엄쳐 봐. 질문: 남자는 여자에게 무엇을 하도록 시키는가?
A 坐一会儿 **B 别害怕** C 走慢点儿	A 잠시 앉아 있어라 **B 무서워하지 마라** C 천천히 걸어라

해설 보기는 모두 상태를 나타내므로 녹음에서 상태에 관한 어떤 내용이 들리는지 확인한다. 여자는 남자에게 수영이 무섭다고 했고 남자는 别害怕(무서워하지 마)라고 했다. 질문에서 남자가 여자에게 무엇을 하게 하는지 물었으므로 알맞은 답은 B이다. 别害怕가 남자의 첫 마디에 그대로 들렸으므로 정답을 쉽게 찾을 수 있다.

어휘 害怕 hàipà 동 무서워하다, 두려워하다　游泳 yóuyǒng 동 수영하다　在 zài 동 ~에 있다　慢 màn 형 느리다　让 ràng 동 ~하게 하다　坐 zuò 동 앉다　别 bié 부 ~하지 마라　安静 ānjìng 형 조용하다

28 ★☆☆ 하

男：我的笔记本用完了，下课后跟我一起去买新的，怎么样？ 女：好的，我的也快用完了，一起去买吧。 问：他们下课后去买什么？	남: 내 공책 다 썼어. 수업 끝나고 나랑 같이 새것을 사러 가자. 어때? 여: 좋아. 내 것도 다 써 가. 같이 사러 가자. 질문: 그들은 수업이 끝나고 무엇을 사러 가는가?
A 菜单　B 节目单　**C 笔记本**	A 메뉴판　B 프로그램 표　**C 공책**

해설 보기는 모두 사물이므로 녹음에서 어떤 사물에 대해 대화하는지 확인한다. 남자는 我的笔记本用完了(내 공책 다 썼어)라고 했고, 이에 남자와 여자 모두 새것을 사러 간다고 했다. 질문에서 그들이 수업이 끝나고 무엇을 사러 가는지 물었으므로 정답은 C이다.

어휘 笔记本 bǐjìběn 명 공책　完 wán 동 다하다　下课 xiàkè 동 수업이 끝나다　后 hòu 명 후, 뒤　跟 gēn 개 ~와/과　也 yě 부 ~도　买 mǎi 동 사다　菜单 càidān 명 메뉴　节目单 jiémùdān 명 프로그램 표

29 ★★☆ 하

女：你怎么了？发烧了吗？ 男：我好像感冒了，想睡觉。 问：男的怎么了？	여: 너 왜 그래? 열 나? 남: 나 감기 걸린 것 같아. 자고 싶어. 질문: 남자는 왜 그런가?
A 病好了 **B 感冒了** C 有些生气	A 병이 좋아졌다 **B 감기에 걸렸다** C 화가 좀 났다

해설 보기가 모두 상태를 나타내므로 남자와 여자의 상태가 어떤지 확인한다. 여자가 남자에게 왜 그런지 묻는 말에 남자가 我好像感冒了(나 감기에 걸린 것 같아)라고 했다. 질문에서 남자가 왜 그런지 물었으므로 정답은 B이다.

어휘 发烧 fāshāo 동 열이 나다 好像 hǎoxiàng 부 아마 ~인 것 같다 想 xiǎng 조동 ~하고 싶다 睡觉 shuìjiào 동 잠자다 病 bìng 명 병 感冒 gǎnmào 동 감기에 걸리다 生气 shēngqì 동 화나다

30 ★☆☆ 하

男：你喜欢看报纸吗？我每天睡觉前看报纸。 女：我不太喜欢看报纸。 问：男的喜欢看什么？	남: 너 신문 보는 거 좋아해? 나는 매일 잠 자기 전에 신문을 봐. 여: 나는 신문 보는 것을 그다지 좋아하지 않아. 질문: 남자는 무엇을 보는 것을 좋아하는가?
A 电脑 **B 报纸** C 电视	A 컴퓨터 **B 신문** C 텔레비전

해설 보기가 모두 보는 것과 관련이 있는 사물이므로 녹음에서 남녀가 무엇을 보는지를 듣는다. 남자가 여자에게 你喜欢看报纸吗？(신문 보는 거 좋아해?)라고 물어보면서 我每天睡觉前看报纸(나는 매일 잠 자기 전에 신문을 봐)이라고 했으므로 남자는 신문을 즐겨 본다는 것을 알 수 있다. 남자가 무엇을 보는 것을 좋아하는지 물었으므로 정답은 B이다.

어휘 看 kàn 동 보다 报纸 bàozhǐ 명 신문 每天 měitiān 명 매일 前 qián 명 전, 이전 睡觉 shuìjiào 동 잠자다 电脑 diànnǎo 명 컴퓨터 电视 diànshì 명 텔레비전

듣기 제4부분

[풀이전략] 녹음을 듣기 전, 먼저 보기를 보고 질문과 녹음의 내용을 미리 예상한다. 남녀의 정보를 구분해야 하며, 녹음에 언급되는 보기에 관련 정보를 메모한다.

31 ★☆☆ 중

男：这个游戏需要三个人才能玩儿，还少一个人。 女：那叫弟弟一起吧。 男：他不是出去踢足球了吗？ 女：已经回来了，在洗澡呢。 问：他们想叫谁一起玩儿游戏？	남: 이 게임은 세 명이 있어야만 할 수 있어. 아직 한 명이 부족해. 여: 그럼 남동생 부르자. 남: 그는 축구 하러 나가지 않았어? 여: 이미 돌아왔어. 샤워하고 있어. 질문: 그들은 누구를 불러서 같이 게임을 하려 하는가?
A 弟弟 B 哥哥 C 妹妹	**A 남동생** B 오빠/형 C 여동생

해설 보기가 모두 가족 구성원을 나타내므로 대화에서 누가 들리는지 확인한다. 게임을 하기에 한 명이 부족해서 여자가 那叫弟弟一起吧(그럼 남동생을 부르자)라고 했다. 질문에서 그들이 누구를 불러서 같이 게임을 하려는지 물었으므로 정답은 A이다.

어휘 游戏 yóuxì 명 게임 需要 xūyào 동 필요하다 才 cái 부 비로소 能 néng 조동 ~할 수 있다 玩儿 wánr 동 놀다 还 hái 부 여전히, 아직도 少 shǎo 형 부족하다, 모자라다 叫 jiào 동 부르다 弟弟 dìdi 명 남동생 踢足球 tī zúqiú 동 축구하다 已经 yǐjīng 부 이미, 벌써 在 zài 부 ~하고 있다 洗澡 xǐzǎo 동 샤워하다 哥哥 gēge 명 오빠, 형 妹妹 mèimei 명 여동생

32 ★☆☆ 하

女：您好，请问一共几位？ 男：八位，有大一点儿的桌子吗？ 女：右边那张怎么样？再搬三个椅子就可以了。 男：好的，我们就坐那儿吧。 问：男的打算坐哪张桌子？	여: 안녕하세요. 실례지만 총 몇 분이세요? 남: 8명이요. 좀 더 큰 테이블 있나요? 여: 오른쪽 저건 어떠세요? 의자 세 개만 더 옮기면 됩니다. 남: 좋아요. 우리 저기 앉을게요. 질문: 남자는 어느 테이블에 앉을 생각인가?
A 右边的 B 左边的 C 中间的	**A 오른쪽 것** B 왼쪽 것 C 가운데 것

해설 보기를 보고 위치를 묻는 질문이 나올 것이라고 예상할 수 있다. 좀 더 큰 테이블이 있는지 묻는 남자의 말에 여자가 右边那张怎么样？(오른쪽 저건 어떠세요?)이라고 했고 남자가 好的(좋아요)라고 했다. 질문에서 남자가 어느 테이블에 앉을지 물었으므로 정답은 A이다.

어휘 一共 yígòng 부 총, 모두 几 jǐ 대 몇 位 wèi 양 분 桌子 zhuōzi 명 책상 搬 bān 동 옮기다, 운반하다 椅子 yǐzi 명 의자 坐 zuò 동 앉다 打算 dǎsuàn 동 ~할 생각이다 右边 yòubian 명 오른쪽 左边 zuǒbian 명 왼쪽 中间 zhōngjiān 명 중간

33 ★★☆ 중

男：女儿今天在动物园玩儿得特别高兴。 女：是吗，你们玩儿什么了？ 男：看了大熊猫，还骑了马。 女：骑马？她不害怕吗？ 男：不怕，还一直笑呢，说以后还想去骑呢。 问：女儿以后还想去做什么？	남: 딸이 오늘 동물원에서 매우 즐겁게 놀았어. 여: 그래요? 뭐하고 놀았어요? 남: 큰 판다도 보고 말도 탔어. 여: 말을 타요? 애가 무서워하지 않았어요? 남: 안 무서워했어. 계속 웃었어. 다음에 또 타고 싶다고 말했어. 질문: 딸은 이후에 무엇을 또 하러 가고 싶어 하는가?
A 去公园 **B 骑马** C 看熊猫	A 공원을 가다 **B 말을 타다** C 판다를 보다

해설 보기가 모두 행동을 나타내므로 녹음에서 어떤 행동이 들리는지 확인한다. 남자가 오늘 딸과 동물원에 갔던 이야기를 하면서 看了大熊猫，还骑了马(큰 판다도 보고 말도 탔어)라고 했으므로 보기 B와 C에 '오늘'이라고 메모한다. 이어 남자의 세 번째 대화에 说以后还想去骑(다음에 또 타고 싶다고 말했어)라고 했으므로 보기 C에 '나중'이라고 메모한다. 질문에서 딸이 이후에 무엇을 또 하러 가고 싶어 하는지 물었으므로 정답은 B이다.

어휘 女儿 nǚ'ér 명 딸 今天 jīntiān 명 오늘 在 zài 개 ~에서 动物园 dòngwùyuán 명 동물원 玩儿 wánr 동 놀다 熊猫 xióngmāo 명 판다 还 hái 부 또 骑 qí 동 타다 马 mǎ 명 말 害怕 hàipà 동 무서워하다, 두려워하다 一直 yìzhí 부 계속, 줄곧 笑 xiào 동 웃다 说 shuō 동 말하다 以后 yǐhòu 명 이후 想 xiǎng 조동 ~하고 싶다 去 qù 동 가다 公园 gōngyuán 명 공원

34 ★★☆ 중

女：你好，请问地铁站怎么走？ 男：你走到前面那个路口，再一直往北走就到了。 女：往北的意思是，到了路口后往右走吗？ 男：对，走十分钟就到了。 问：女的到了路口，应该往哪儿走？	여: 안녕하세요. 실례지만 지하철역은 어떻게 가나요? 남: 먼저 앞에 있는 길목까지 가서 다시 북쪽으로 곧장 가면 돼요. 여: 북쪽으로 가라는 말은 길목에 도착한 뒤 오른쪽으로 가라는 건가요? 남: 맞아요. 10분만 걸으면 돼요. 질문: 여자는 길목에 도착한 뒤 어디를 향해 가야 하는가?

A 东边	B 南边	**C 北边**	A 동쪽	B 남쪽	**C 북쪽**

해설 보기가 모두 방향을 나타내므로 녹음에 언급되는 방향 표현을 주의해서 듣는다. 여자가 지하철역을 가는 방법을 묻고 있는 상황으로 남자가 你走到前面那个路口，再一直往北走就到了(먼저 앞에 있는 길목까지 가서 다시 북쪽으로 곧장 가면 돼요)라고 했으므로 녹음에 언급된 보기 C에 메모한다. 질문에서 여자가 길목에 도착한 뒤 어디로 가야 하는지 물었으므로 정답은 C이다.

어휘 地铁站 dìtiězhàn 명 지하철역 怎么 zěnme 대 어떻게 走 zǒu 동 걷다, 가다 前面 qiánmiàn 명 앞쪽 路口 lùkǒu 명 갈림길, 길목 往 wǎng 개 ~를 향해서 意思 yìsi 명 의미, 뜻 对 duì 형 맞다 应该 yīnggāi 조동 마땅히 ~해야 한다 哪儿 nǎr 대 어디 东边 dōngbian 명 동쪽 南边 nánbian 명 남쪽 北边 běibian 명 북쪽

35 ★☆☆ 하

男：这个手机的颜色怎么样？ 女：我觉得不错，多少钱？ 男：5,400块。 女：太贵了，我们再看看别的吧！ 问：那个手机，卖多少钱？	남: 이 핸드폰 색깔 어때? 여: 나는 괜찮은 것 같아. 얼마야? 남: 5,400위안. 여: 너무 비싸다. 우리 다른 데 가서 다시 보자! 질문: 그 핸드폰은 얼마에 파는가?
A 4,500块　**B 5,400块**　C 540块	A 4,500위안　**B 5,400위안**　C 540위안

해설 보기가 모두 가격이므로 대화에서 들리는 가격에 집중한다. 여자가 핸드폰 가격을 묻는 말에 남자가 5,400块(5,400위안)라고 말했으므로 그대로 언급된 보기 B에 메모한다. 질문에서 핸드폰 가격을 물었으므로 정답은 B이다.

어휘 手机 shǒujī 명 핸드폰 颜色 yánsè 명 색깔 觉得 juéde 동 ~라고 생각하다 不错 búcuò 형 좋다, 괜찮다 多少 duōshao 대 얼마 钱 qián 명 돈 别的 biéde 명 다른 것

36 ★★☆ 중

女：服务员，空调怎么打不开？ 男：应该是坏了，给您换个房间吧。 女：好，我想要个干净点儿的房间。 男：没问题，小姐。 问：男的为什么要给女的换房间？	여: 저기요, 에어컨이 왜 켜지지 않아요? 남: 아마 고장난 것 같아요. 방을 바꿔 드릴게요. 여: 네, 저는 좀 깨끗한 방으로 바꾸고 싶어요. 남: 문제없습니다. 질문: 남자는 왜 여자에게 방을 바꿔 주려고 하는가?
A 不干净 B 灯坏了 **C 空调坏了**	A 깨끗하지 않다 B 등이 고장났다 **C 에어컨이 고장났다**

해설 보기가 모두 상태를 나타내므로 대화에서 상태에 관련된 내용을 중점적으로 들어야 한다. 여자가 에어컨이 왜 안 켜지냐는 말에 남자가 应该是坏了，给您换个房间吧(아마 고장난 것 같아요. 방을 바꿔 드릴게요)라고 했으므로 녹음에 언급된 보기 C에 메모한다. 질문에서 남자가 방을 바꿔 주는 이유를 물었으므로 정답은 C이다. 여자가 想要个干净点儿的房间(좀 깨끗한 방으로 바꾸고 싶어요)이라고 했지만 이것이 방을 바꿔 주는 직접적인 원인이 아니므로 A는 정답이 아니다.

어휘 服务员 fúwùyuán 명 종업원 空调 kōngtiáo 명 에어컨 坏 huài 동 망가지다, 고장나다 给 gěi 개 ~에게 换 huàn 동 바꾸다 房间 fángjiān 명 방 为什么 wèishénme 대 왜 干净 gānjìng 형 깨끗하다 灯 dēng 명 등

37 ★★☆ 하

男：你的中文水平怎么样？ 女：我在中国学过五年汉语，听、说、读、写都很不错。	남: 당신의 중국어 실력은 어떤가요? 여: 저는 중국에서 5년 동안 중국어를 배워서 듣기, 말하기, 읽기, 쓰기 모두 잘합니다.
男：我们在中国有公司，您愿意去那儿工作吗？ 女：好的，没问题。 问：关于女的，可以知道什么？	남: 우리는 중국에 회사가 있어요. 당신은 그곳에 가서 일하길 원합니까? 여: 좋아요. 문제없습니다. 질문: 여자에 관해서 알 수 있는 것은 무엇인가?
A 不会说汉语 B 不愿意工作 **C 学过汉语**	A 중국어를 할 줄 모른다 B 일하는 것을 원하지 않는다 **C 중국어를 배운 적이 있다**

해설 보기가 모두 상태를 나타내므로 남자와 여자에 관한 내용을 주의 깊게 듣는다. 남자가 여자에게 중국어 수준을 물었고 여자가 我在中国学过五年汉语(저는 중국에서 5년 동안 중국어를 배웠어요)라고 했으므로 여자에 관해서 알 수 있는 것은 C이다.

어휘 中文 Zhōngwén 명 중국어　水平 shuǐpíng 명 수준　读 dú 동 읽다　写 xiě 동 쓰다　有 yǒu 동 있다　公司 gōngsī 명 회사　会 huì 조동 (배워서) ~할 줄 알다　汉语 Hànyǔ 명 중국어　愿意 yuànyì 조동 ~하길 원하다　工作 gōngzuò 동 일하다　学 xué 동 배우다　过 guo 조 ~한 적 있다

38 ★★☆ 중

女：再看一下你的行李箱，别忘了什么东西。 男：放心吧，我已经检查过两三次了。 女：对了，护照你带了吗？ 男：带了，在我包里。 问：女的让男的做什么？	여: 캐리어를 다시 한번 봐. 물건을 잊지 마. 남: 걱정 마. 나 이미 두세 번 확인했어. 여: 맞다. 여권 챙겼어? 남: 챙겼어. 내 가방 안에 있어. 질문: 여자는 남자가 무엇을 하도록 하는가?
A 检查行李 B 放心 C 带手机	**A 짐을 검사하다** B 안심하다 C 핸드폰을 챙기다

해설 보기가 모두 행동을 나타내므로 녹음에서 어떤 행동이 들리는지 확인한다. 여자가 남자에게 再看一下你的行李箱，别忘了什么东西(캐리어를 다시 한번 봐. 물건을 잊지 마)라고 하며 짐을 확인하라고 했으므로 보기 A에 '여자'라고 메모한다. 질문에서 여자가 남자에게 무엇을 하도록 시키는지 물었으므로 정답은 A이다.

어휘 行李箱 xínglixiāng 명 캐리어　别 bié 부 ~하지 마라　忘 wàng 동 잊다　东西 dōngxi 명 물건　护照 hùzhào 명 여권　包 bāo 명 가방　检查 jiǎnchá 동 검사하다　行李 xíngli 명 짐　放心 fàngxīn 동 안심하다　带 dài 동 지니다, 휴대하다　手机 shǒujī 명 핸드폰

39 ★★☆ 상

男：你怎么哭了？	남: 너 왜 울어?
女：为这个比赛我准备了很久，还是没拿到第一名。	여: 이 시합을 위해 오랫동안 준비했는데 일등을 하지 못했어.
男：没关系，你已经很努力了。一千多人参赛，能拿第三已经非常好了。	남: 괜찮아. 너 이미 많이 노력했잖아. 천 명 넘는 사람이 경기에 참가했는데 3등을 한 건 이미 매우 잘한 거야.
女：我知道，但还是有点儿难过。	여: 알아. 하지만 그래도 좀 슬퍼.
问：女的怎么了？	질문: 여자는 왜 그런가?
A 拿了第一名	A 1등을 했다
B 没拿第一名	**B 1등을 하지 못했다**
C 没准备	C 준비하지 않았다

해설 보기가 상태를 나타내므로 여자와 남자의 상태가 어떤지 확인한다. 남자가 여자에게 왜 우냐고 물었고, 여자는 为这个比赛我准备了很久，还是没拿到第一名(이 시합을 위해 오랫동안 준비했는데 일등을 하지 못했어)이라고 했다. 질문에서 여자가 왜 그러는지 물었으므로 정답은 B이다.

어휘 拿 ná 동 가지다, 쥐다 第一名 dìyīmíng 명 일등 准备 zhǔnbèi 동 준비하다 哭 kū 동 울다 为 wèi 개 ~를 위해서 比赛 bǐsài 명 시합, 경기 久 jiǔ 형 오래다 努力 nǔlì 형 노력하다 能 néng 조동 ~할 수 있다 难过 nánguò 형 슬프다

40 ★☆☆ 하

女：终于到家了，谢谢你送我回来。	여: 드디어 집에 도착했다. 날 데려다 줘서 고마워.
男：不客气，今天爬山累了吧？	남: 별말씀을. 오늘 등산하는 거 힘들었지?
女：是啊，脚都走疼了。	여: 응, 발이 아프도록 걸었어.
男：我也是，快回去洗个热水澡，早点儿睡吧。	남: 나도야. 얼른 돌아가서 따뜻한 물로 샤워하고 일찍 자.
问：他们今天去做什么了？	질문: 그들은 오늘 무엇을 하러 갔는가?
A 打篮球　B 开车　**C 爬山**	A 농구하다　B 운전하다　**C 등산하다**

해설 보기가 모두 행동을 나타내므로 남녀의 행동을 중점적으로 들어야 한다. 남자가 今天爬山累了吧？(오늘 등산하는 거 힘들었지?)라고 했으므로 녹음에 언급된 보기 C에 메모한다. 질문에서 그들이 오늘 무엇을 하러 갔는지 물었으므로 정답은 C이다.

어휘 终于 zhōngyú 부 드디어, 마침내 送 sòng 동 보내다, 배웅하다 脚 jiǎo 명 발 疼 téng 형 아프다 早 zǎo 형 이르다 睡 shuì 동 자다 打篮球 dǎ lánqiú 동 농구하다 开车 kāichē 동 운전하다 爬山 páshān 동 등산하다

독해 제1부분

[풀이전략] 먼저 문제 문장에서 핵심 키워드를 찾고, 보기 중에서 이와 동일한 키워드가 있거나 질문과 대답으로 연결되는 것을 정답으로 고른다.

41-45

A 这个句子的意思你懂了吗？	A 이 문장의 뜻을 너는 이해했니?
B 是啊，我们也应该像他一样每天锻炼身体。	B 맞아. 우리도 그와 똑같이 매일 몸을 단련해야 해.
C 当然要去！我觉得这是很好的机会。	C 당연히 가야지! 나는 이것이 좋은 기회라고 생각해.
D 冰箱里有蛋糕、牛奶。	D 냉장고 안에 케이크와 우유가 있어.
E 当然。我们先坐公共汽车，然后换地铁。	E 당연하지요. 우리는 먼저 버스를 타고 그 다음에 지하철로 갈아타면 돼요.
F 这个周末有时间吗？我们一起吃饭吧。	F 이번 주말에 시간 있어? 우리 같이 밥 먹자.

41 ★☆☆ 하

如果饿了，就自己拿吧。	만약 배가 고프면 직접 가져가.
(D 冰箱里有蛋糕、牛奶。)	(D 냉장고 안에 케이크와 우유가 있어.)

해설 문제의 키워드는 饿(배고프다)이고 보기 D에 먹을 것인 蛋糕、牛奶(케이크와 우유)가 등장하므로 내용이 연결됨을 알 수 있다.

어휘 如果 rúguǒ 접 만약　饿 è 형 배고프다　自己 zìjǐ 대 자기, 스스로　拿 ná 동 가지다　冰箱 bīngxiāng 명 냉장고　有 yǒu 동 있다　蛋糕 dàngāo 명 케이크　牛奶 niúnǎi 명 우유

42 ★★☆ 중

爷爷已经75岁了，但还是很健康！	할아버지는 벌써 75세이지만 아직 건강하시다!
(B 是啊，我们也应该像他一样每天锻炼身体。)	(B 맞아. 우리도 그와 똑같이 매일 몸을 단련해야 해.)

해설 문제의 키워드는 爷爷(할아버지)와 很健康(건강하시다)이므로 이와 어울리는 내용은 건강과 관련된 내용인 像他一样每天锻炼(그와 똑같이 매일 단련하다)이 있는 B이다.

어휘 爷爷 yéye 명 할아버지　已经 yǐjīng 부 이미, 벌써　岁 suì 양 살, 세　但 dàn 접 그러나, 하지만　还是 háishi 부 여전히, 아직도　健康 jiànkāng 형 건강하다　应该 yīnggāi 조동 마땅히 ~해야 한다　像 xiàng 동 닮다　每天 měitiān 명 매일　锻炼 duànliàn 동 단련하다　身体 shēntǐ 명 몸, 신체

43 ★★☆ 하

我也不太明白，你再问问其他同学吧。	나도 잘 모르겠어. 다른 학우에게 다시 물어봐.
(A 这个句子的意思你懂了吗？)	(A 이 문장의 뜻을 너는 이해했니?)

해설 문제의 我也不太明白(나도 잘 모르겠어)는 '알고 있느냐'는 질문을 받았을 때 할 수 있는 대답이므로 你懂了吗？(너는 이해했니?)로 끝나는 보기 A와 연결됨을 알 수 있다. 懂(알다)과 明白(이해하다)는 서로 비슷한 뜻이다.

어휘 明白 míngbai 동 알다, 이해하다 再 zài 부 다시 问 wèn 동 묻다 其他 qítā 명 기타, 다른 同学 tóngxué 명 학우 句子 jùzi 명 문장 意思 yìsi 명 뜻, 의미 懂 dǒng 동 알다, 이해하다

44 ★☆☆ 하

公司让我去上海工作，我去不去呢？	회사가 나보고 상해에 가서 일을 하라는데 나 갈까 말까?
(C 当然要去！我觉得这是很好的机会。)	(C 당연히 가야지! 나는 이것이 좋은 기회라고 생각해.)

해설 문제에서 我去不去呢？(나 갈까 말까?)라고 물었고 보기 C에서 当然要去！(당연히 가야지!)라고 대답했으므로 두 문장의 의미가 연결된다. 의문문과 그에 대한 대답은 같은 술어를 사용하는 경우가 많으므로 정답을 비교적 쉽게 찾을 수 있다.

어휘 公司 gōngsī 명 회사 让 ràng 동 ~하게 하다 工作 gōngzuò 동 일하다 当然 dāngrán 부 당연히 要 yào 조동 ~해야 한다 去 qù 동 가다 觉得 juéde 동 ~라고 생각하다 机会 jīhuì 명 기회

45 ★☆☆ 하

好啊，星期六还是星期天？	좋아. 토요일 아니면 일요일?
(F 这个周末有时间吗？我们一起吃饭吧。)	(F 이번 주말에 시간 있어? 우리 같이 밥 먹자.)

해설 문제의 好啊(좋다)라는 대답은 제안을 받았을 때 하는 말이므로 보기 중 제안을 나타내는 말 吃饭吧(밥 먹자)로 끝나는 문장 F를 정답으로 고른다. 또한 문제 문장의 키워드 星期六(토요일), 星期天(일요일)이 보기 F에 周末(주말)로 등장했다.

어휘 星期六 xīngqīliù 명 토요일 还是 háishi 접 또는, 아니면 星期天 xīngqītiān 명 일요일 周末 zhōumò 명 주말 有 yǒu 동 있다 时间 shíjiān 명 시간

46-50

A 特别是北方人很喜欢吃面条。 B 你穿什么都好看，没有时间了，快点儿走吧。 C 请问，超市在哪儿？ D 你是不是喝多了？ E 我突然想吃羊肉了。	A 특히 동북 사람들이 국수를 즐겨 먹는다. B 너는 무엇을 입어도 예뻐. 시간 없으니까 얼른 가자. C 실례지만 마트는 어디에 있어요? D 너 많이 마신 거 아니야?. E 나 갑자기 양고기가 먹고 싶어졌어.

46 ★☆☆ 중

你来我家吧，我给你做吧。	너 우리 집에 와. 내가 너에게 만들어 줄게.
(E 我突然想吃羊肉了。)	(E 나 갑자기 양고기가 먹고 싶어졌어.)

해설 문제의 我给你做吧(내가 너에게 만들어 줄게)에서 做(만들다)는 음식을 만들다라는 뜻에 사용하므로 보기 E의 想吃羊肉了(양고기가 먹고 싶어졌어)에 대한 대답으로 어울린다.

어휘 来 lái 동 오다 家 jiā 명 집 给 gěi 개 ~에게 做 zuò 동 하다, 만들다 突然 tūrán 부 갑자기 想 xiǎng 조동 ~하고 싶다 吃 chī 동 먹다 羊肉 yángròu 명 양고기

47 ★☆☆ 하

面条是在中国很常见的主食。	국수는 중국에서 흔한 주식이다.
(A 特别是北方人很喜欢吃面条。)	(A 특히 동북 사람들이 국수를 즐겨 먹는다.)

해설 문제의 키워드 面条(국수)가 보기 A에 그대로 등장했으므로 두 문장이 같은 화제를 말하고 있음을 알 수 있다. 또한 지역을 나타내는 中国(중국)와 东北人(동북 사람들) 역시 관련 있는 내용이므로 알맞은 정답은 A이다.

어휘 面条 miàntiáo 명 국수　在 zài 개 ~에서　中国 Zhōngguó 지명 중국　常 cháng 부 자주　见 jiàn 동 보다　主食 zhǔshí 명 주식　特别 tèbié 부 특히, 매우　喜欢 xǐhuan 동 좋아하다

48 ★☆☆ 하

穿裤子还是裙子呢?	바지 입을까 아니면 치마 입을까?
(B 你穿什么都好看，没有时间了，快点儿走吧。)	(B 너는 무엇을 입어도 예뻐. 시간 없으니까 얼른 가자.)

해설 문제의 키워드 穿(입다)이 보기 B에 그대로 사용되었으므로 서로 연결되는 문장임을 알 수 있다. 바지를 입을지 치마를 입을지 고민하는 말에 무엇을 입어도 예쁘다는 대답이 어울린다.

어휘 穿 chuān 동 입다　裤子 kùzi 명 바지　裙子 qúnzi 명 치마　都 dōu 부 모두, 다　好看 hǎokàn 형 보기 좋다　快 kuài 형 빠르다

49 ★★☆ 중

不是，我才喝了一瓶啤酒。	아니야. 나 겨우 맥주 한 병 마셨어.
(D 你是不是喝多了?)	(D 너 많이 마신 거 아니야?)

해설 문제에서 不是(아니)라고 대답했으므로 같은 동사를 사용한 의문문에 대한 대답임을 알 수 있다. 따라서 是不是……?(~인 거 아니야?)가 있는 D가 정답이다. 또한 두 문장 모두 동사 喝(마시다)가 사용되었으므로 연결되는 내용임을 알 수 있다.

어휘 才 cái 부 고작, 겨우　喝 hē 동 마시다　瓶 píng 양 병　啤酒 píjiǔ 명 맥주　是 shì 동 ~이다　多 duō 형 많다

50 ★★☆ 중

很近，从这儿走十分钟就能到。	가까워요. 여기에서 걸어서 10분이면 갈 수 있어요.
(C 请问，超市在哪儿?)	(D 실례지만 마트는 어디에 있어요?)

해설 문제에서 从这儿走十分钟就能到(여기에서 걸어서 10분이면 갈 수 있어요)라고 거리를 설명하고 있으므로 在哪儿?(어디에 있어요?)이라고 장소를 묻는 C가 서로 연결된다.

어휘 近 jìn 형 가깝다　从 cóng 개 ~에서부터　这儿 zhèr 대 여기　走 zǒu 동 걷다　到 dào 동 도착하다　超市 chāoshì 명 마트　在 zài 동 ~에 있다　哪儿 nǎr 대 어디

독해 제2부분

[풀이전략] 문제 문장의 빈칸 앞뒤를 보고 어떤 문장 성분이 들어가야 하는지 확인한 뒤, 보기에서 알맞은 품사와 뜻을 가진 단어를 찾아 넣는다.

51-55

A 有名	B 其他	C 更	A 유명하다	B 기타, 다른 것	C 더, 더욱
D 辆	E 声音	F 坐	D 대	E 목소리	F 앉다

51 ★★☆ 중

这次我一定可以做得 (C 更) 好，你相信我。	이번에 나는 반드시 (C 더) 잘 할 수 있으니까 날 믿어.

해설 빈칸의 구조가 [술어(做)+得+___+형용사(好)]이므로 빈칸에는 형용사 好를 수식할 수 있는 부사가 들어가야 한다. 따라서 정도부사인 C 更(더)이 들어가야 한다.

어휘 一定 yídìng 부 반드시 可以 kěyǐ 조동 ~할 수 있다 做 zuò 동 하다 更 gèng 부 더, 더욱 相信 xiāngxìn 동 믿다

52 ★☆☆ 하

你别 (F 坐) 着，站在树下面，我给你照张相吧。	(F 앉아) 있지 마. 나무 아래 서. 내가 사진 찍어 줄게.

해설 빈칸의 구조가 [주어(你)+부사어(别)+___+동태조사(着)]이므로 빈칸은 동사 술어가 들어가야 한다. 보기 중 동사는 F 坐(앉다) 하나이며 빈칸 뒤에 站(서다)이 있으므로 반의어인 坐가 문맥상 어울린다는 것을 알 수 있다.

어휘 别 bié 부 ~하지 마라 坐 zuò 동 앉다 着 zhe 조 ~하고 있다, ~한 채로 있다 站 zhàn 동 서다 在 zài 개 ~에서 树 shù 명 나무 下面 xiàmian 명 아래 给 gěi 개 ~에게 照相 zhàoxiàng 동 사진을 찍다

53 ★★☆ 중

我一直很想买这 (D 辆) 自行车，但是太贵了，要好几千呢。	나는 줄곧 이 (D 한 대의) 자전거를 사고 싶었다. 하지만 너무 비싸다. 몇 천 위안이 필요하다.

해설 빈칸의 구조가 [지시대사(这)+___+명사(自行车)]이므로 빈칸은 명사 自行车 앞에 사용할 수 있는 양사가 들어가야 한다. 따라서 정답은 D 辆(대)이다.

어휘 一直 yìzhí 부 계속, 줄곧 想 xiǎng 조동 ~하고 싶다 买 mǎi 동 사다 辆 liàng 양 대 自行车 zìxíngchē 명 자전거 但是 dànshì 접 그러나 贵 guì 형 비싸다 要 yào 동 필요하다

54 ★☆☆ 하

听金老师说这家面包店在北京最 (A 有名)。	김 선생님 말에 의하면 이 빵집은 북경에서 가장 (A 유명하다)고 한다.

해설 빈칸의 구조가 [관형어(这家)+주어(面包店)+부사어(在北京最)+___]이므로 빈칸은 정도부사 最의 수식을 받는 형용사 술어가 들어가야 한다. 주어가 面包店(빵집)이므로 어울리는 형용사는 A 有名(유명하다)이다.

어휘 面包店 miànbāodiàn 명 빵집 在 zài 개 ~에서 最 zuì 부 가장 有名 yǒumíng 형 유명하다

55 ★★☆ 중

这个包只能放一个手机，放不下（B 其他）的了。	이 가방은 핸드폰 하나만 넣을 수 있고 (B 다른) 것들은 넣을 수가 없다.

해설 빈칸의 구조가 [술어(放)+不+보어(下)+___+조사(的了)]이므로 빈칸은 목적어가 들어가야 한다. 빈칸 앞문장에 只(단지)가 사용되어 '이 가방은 핸드폰 하나만 넣을 수 있다'라고 했고 빈칸 문장이 '~은 넣을 수 없다'라는 뜻이므로 B 其他(다른)가 들어가야 한다.

어휘 包 bāo 명 가방　只能 zhǐnéng 부 ~할 수밖에 없다　放 fàng 동 넣다　手机 shǒujī 명 핸드폰　放不下 fàng bu xià 넣을 수 없다　其他 qítā 명 기타, 다른

56-60

A 服务员	B 再	C 长	A 종업원	B 다시	C 생기다
D 爱好	E 睡	F 迟到	D 취미	E 자다	F 지각하다

56 ★★☆ 하

A：这家饭馆儿的菜真好吃。我还想来这儿吃， B：我也觉得这家菜特别好吃，而且（A 服务员）都很热情。	A: 이 식당의 음식은 정말 맛있다. 나는 이곳에 또 와서 먹고 싶어. B: 나도 이 집의 음식이 매우 맛있다고 생각해. 게다가 (A 종업원) 모두 친절해.

해설 빈칸의 구조가 [접속사(而且)+___+부사어(都很)+술어(热情)]이므로 빈칸은 주어가 들어가야 한다. 술어인 热情과 의미가 어울리는 것은 A 服务员(종업원)이다.

어휘 饭馆(儿) fànguǎn(r) 명 식당　菜 cài 명 요리　还 hái 부 또　而且 érqiě 접 게다가　服务员 fúwùyuán 명 종업원　都 dōu 부 모두　热情 rèqíng 형 친절하다

57 ★★☆ 중

A：你怎么又（F 迟到）了，都几点了？ B：对不起，我起晚了。	A: 너 어째서 또 (F 지각했어). 벌써 몇 시야? B: 죄송해요. 늦게 일어났어요.

해설 빈칸의 구조가 [주어(你)+부사어(怎么又)+___+어기조사(了)]이므로 빈칸은 술어 자리이다. B가 我起晚了(늦게 일어났어요)라며 사과했으므로 문맥상 빈칸에는 F 迟到(지각하다)가 들어가야 한다.

어휘 怎么 zěnme 대 어째서, 어떻게　又 yòu 부 또　迟到 chídào 동 지각하다　对不起 duìbuqǐ 동 미안합니다　起 qǐ 동 일어나다　晚 wǎn 형 늦다

58 ★☆☆ 하

A：老师，可以（B 再）说一遍吗？我没听清楚。 B：好，是不是我说得太快了？	A: 선생님, (B 다시) 한번 말해 주실 수 있으세요? 못 들었어요. B: 좋아요. 제가 말이 너무 빨랐나요?

해설 빈칸의 구조가 [부사어(可以)+___+술어(说)+수량보어(一遍)]이므로 빈칸은 술어를 꾸며주는 단어가 들어가야 한다. 빈칸의 문장이 '한번 말해 주실 수 있으세요?'이므로 의미상 어울리는 것은 부사 B 再(다시)이다.

어휘 再 zài 부 다시　说 shuō 동 말하다　遍 biàn 양 번　听 tīng 동 듣다　清楚 qīngchu 형 분명하다, 뚜렷하다　快 kuài 형 빠르다

59 ★★☆ 중

A：你怎么了？脸色不太好。
B：昨天才(E 睡)了三个小时。

A: 너 왜 그래? 안색이 안 좋아.
B: 어제 나 겨우 세 시간 (E 잤어).

해설 빈칸의 구조가 [부사어(昨天才)+____+어기조사(了)+시량보어(三个小时)]이므로 빈칸은 동사 술어 자리이다. 시량보어인 三个小时(세 시간)과 어울리는 동사 술어는 E 睡(자다)이다.

어휘 脸色 liǎnsè 명 안색 身体 shēntǐ 명 몸, 신체 有点儿 yǒudiǎnr 부 조금, 약간 舒服 shūfu 형 편안하다

60 ★★☆ 중

A：这是你弟弟吗？
B：是啊，你看我们(C 长)得像不像？

A: 이 사람이 네 남동생이야?
B: 응, 네가 보기에 우리 (C 생긴) 게 닮았어 안 닮았어?

해설 빈칸의 구조가 [주어(我们)+____+得+정도보어(像不像)]이므로 빈칸은 동사 술어가 들어가야 한다. 빈칸 뒤에 像(닮다)이 있으므로 의미가 어울리는 것은 C 长(생기다)이다.

어휘 这 zhè 대 이, 이것 是 shì 동 ~이다 弟弟 dìdi 명 남동생 长 zhǎng 동 생기다 像 xiàng 동 닮다

독해 제3부분

[풀이전략] 먼저 질문과 보기를 보고 핵심 키워드를 파악한 뒤, 이 키워드를 중심으로 지문을 읽고 보기와 대조하여 알맞은 정답을 고른다.

61 ★★☆ 중

茶在中国有很长的历史。北方人喜欢喝花茶，南方人喜欢喝绿茶，而且有的少数民族还在茶里加糖和牛奶。

차는 중국에서 긴 역사를 가지고 있다. 북방 사람들은 꽃차를 좋아하고, 남방 사람들은 녹차를 즐겨 마신다. 게다가 어떤 소수 민족은 차에 설탕과 우유를 넣기도 한다.

★ 茶在中国：

A 很贵
B 很受欢迎
C 不太有名

★ 차는 중국에서?

A 비싸다
B 인기가 많다
C 그다지 유명하지 않다

해설 문제의 키워드는 茶(차)이므로 지문에서 어떤 내용이 언급되는지 보기와 대조한다. 지문에서 중국 각 지역의 사람들이 어떤 차를 즐겨 마시는지 나열하면서 喜欢喝花茶(꽃차를 좋아한다), 喜欢喝绿茶(녹차를 좋아한다)라고 했으므로 차가 중국에서 인기가 많다는 것을 알 수 있다. 따라서 정답은 B이다.

어휘 茶 chá 명 차 在 zài 개 ~에서 长 cháng 형 길다 历史 lìshǐ 명 역사 喜欢 xǐhuan 동 좋아하다 喝 hē 동 마시다 花茶 huāchá 명 꽃차 绿茶 lǜchá 명 녹차 而且 érqiě 접 게다가 少数民族 shǎoshù mínzú 명 소수 민족 加 jiā 동 더하다 糖 táng 명 설탕 和 hé 개 ~와/과 牛奶 niúnǎi 명 우유 受 shòu 동 받다 欢迎 huānyíng 명 환영

62 ★★★ 상

"面包会有的，牛奶也会有的，一切都会变好的。" 所以不要担心，也不要着急，因为风雨之后才能见彩虹。	"빵도 있을 것이고 우유도 있을 것이다. 모두 다 괜찮아질 것이다." 그러니 너무 걱정하지 말고 조급해 하지도 말아요. 왜냐하면 바람과 비가 그친 뒤에 무지개를 볼 수 있으니까요.
★ 这句话想告诉我们： A 不要吃饭 B 怕自己 **C 会更好的**	★ 이 말이 우리에게 말하고자 하는 것은? A 밥을 먹지 마라 B 자신을 무서워 해라 **C 더 좋아질 것이다**

해설 질문에서 이 글이 말하고자 하는 바를 묻고 있다. 쌍따옴표 안에 사용된 말은 인용구로 글에서 강조하는 내용인 경우가 많다. 이 인용구에 一切都会变好的(모두 다 괜찮아질 것이다)라고 했으므로 이 글에서 말하고자 하는 바는 C임을 알 수 있다.

어휘 面包 miànbāo 명 빵　有 yǒu 동 있다　会……的 huì……de ~할 것이다　一切 yíqiè 명 모든 것　变 biàn 동 변하다　好 hǎo 형 좋다　所以 suǒyǐ 접 그래서　不要 búyào 부 ~하지 마라　担心 dānxīn 동 걱정하다　着急 zháojí 동 조급해하다　因为 yīnwèi 접 왜냐하면　之后 zhīhòu ~후　彩虹 cǎihóng 명 무지개　怕 pà 동 두려워하다　自己 zìjǐ 대 자기, 스스로

63 ★☆☆ 하

我喜欢看这本杂志，因为内容很有意思，图片也很好看，而且价格不太贵。所以我经常买来看。	나는 이 잡지를 즐겨 본다. 왜냐하면 내용이 재미있고 그림도 예쁘고 가격이 그리 비싸지 않기 때문이다. 그래서 나는 자주 사서 읽는다.
★ 我为什么喜欢这本杂志？ A 价格贵 B 图片少 **C 内容有意思**	★ 그는 왜 이 잡지를 즐겨 보는가? A 가격이 비싸다 B 그림이 적다 **C 내용이 재미있다**

해설 질문에서 그가 잡지를 좋아하는 이유를 묻고 있다. 이유를 나타내는 접속사 因为(왜냐하면) 뒤에 内容很有意思(내용이 재미있다)라고 하여 보기 C가 그대로 언급되었다. 따라서 정답은 C이다. A의 价格(가격)는 그다지 비싸지 않다고 했고, B의 图片(그림)은 예쁘다라고 했으므로 정답이 아니다.

어휘 杂志 zázhì 명 잡지　因为 yīnwèi 접 왜냐하면　内容 nèiróng 명 내용　图片 túpiàn 명 그림　价格 jiàgé 명 가격　所以 suǒyǐ 접 그래서　经常 jīngcháng 부 종종, 자주　少 shǎo 형 적다

64 ★★☆ 중

我买了新房子，所以想把原来的房子租出去。可是过了两个星期，连一个电话也没接到。原来广告上的电话号码写错了。	나는 새 집을 샀다. 그래서 원래의 집을 임대하고 싶다. 그런데 2주가 지나도록 전화를 한 통도 받지 못했다. 알고보니 광고에 전화번호를 잘못 썼다.
★ 没有人打电话的原因是： **A 电话号码写错了** B 没写电话号码 C 房子太贵了	★ 아무도 전화하지 않은 이유는? **A 전화번호를 잘못 썼다** B 전화번호를 쓰지 않았다 C 집이 너무 비싸다

해설 질문에서 아무도 전화하지 않은 이유를 묻고 있다. 지문의 마지막 부분에 原来(알고보니) 뒷부분에서 电话号码写错了(전화번호를 잘못 썼다)라고 했으므로 정답은 A이다.

Tip▶ 原来는 '원래'라는 뜻도 있지만, 실제 상황을 알아냈을 때 '알고 보니'라는 뜻으로도 쓰인다.
예 我的手机**原来**在这里啊。 내 핸드폰이 **원래** 여기 있었구나.
原来他是五十来岁。 **알고 보니** 그는 50세 정도였다.

어휘 房子 fángzi 명 집 原来 yuánlái 명 원래 부 알고 보니 租 zū 동 임대하다 过 guò 동 지나다 星期 xīngqī 명 주, 요일 连 lián 개 ~조차도 电话 diànhuà 명 전화 接 jiē 동 받다 广告 guǎnggào 명 광고 号码 hàomǎ 명 번호 写 xiě 동 쓰다 错 cuò 형 틀리다

65 ★★☆ 중

老人和小孩子有些地方其实差不多。中国有一句话叫"老小孩儿"。它的意思就是，人老了就像小孩子一样，容易高兴，也容易生气。

노인과 어린이는 어느 부분이 사실 비슷하다. 중국에는 '아이같이 행동하는 노인'이라는 말이 있다. 사람이 늙으면 어린아이와 같이 쉽게 기뻐하고 화를 잘 낸다는 뜻이다.

★ 根据这段话，老人：

A 不会生气
B 有的时候像孩子
C 不像孩子

★ 이 단락에 따르면 노인은?

A 화내지 않는다
B 어떨 때는 아이 같다
C 아이 같지 않다

해설 문제의 키워드는 老人(노인)이므로 지문에 노인에 관해 어떤 내용이 등장했는지 살펴본다. 지문에서 老小孩儿(아이 같이 행동하는 노인)을 언급하며 人老了就像小孩子一样(사람이 늙으면 어린아이와 같다)이라고 했으므로 보기 B가 정답임을 알 수 있다.

어휘 老人 lǎorén 명 노인 和 hé 개 ~와/과 小孩子 xiǎoháizi 명 어린아이 差不多 chàbuduō 형 비슷하다 意思 yìsi 명 뜻, 의미 像 xiàng 동 닮다 容易 róngyì 형 쉽다 高兴 gāoxìng 형 기쁘다 生气 shēngqì 동 화나다

66 ★☆☆ 하

他第一次看这么大的雪，特别高兴，所以在外面玩儿了很长时间。可是第二天就感冒了。

그는 이렇게 큰 눈을 처음 보고 너무 기뻐서 밖에서 오랫동안 놀았다. 하지만 다음 날 감기에 걸렸다.

★ 他怎么了？

A 生病了
B 回家了
C 哭了

★ 그는 어떻게 됐는가?

A 병이 났다
B 집으로 돌아갔다
C 울었다

해설 질문에서 그가 어떻게 됐는지 묻고 있다. 지문의 마지막 부분에서 第二天就感冒了(다음 날 감기에 걸렸다)라고 했으므로 그가 병이 났음을 알 수 있다. 따라서 정답은 A이다. 접속사 可是(그러나)는 전환을 나타내므로 뒷부분에 강조하는 내용이 주로 등장한다.

어휘 第一 dìyī 수 처음 次 cì 양 번 雪 xuě 명 눈 在 zài 개 ~에서 外面 wàimiàn 명 바깥 玩儿 wánr 동 놀다 可是 kěshì 접 그러나 感冒 gǎnmào 동 감기에 걸리다 生病 shēngbìng 동 병이 나다 哭 kū 동 울다

67 ★☆☆ 하

会议10号结束，我准备开完会后，去上海看看我的老朋友，然后再回去。	회의가 10일에 끝나서 나는 회의를 마치고 상하이에 가서 나의 옛 친구를 보고 다시 돌아갈 생각이다.
★ 我为什么要去上海？	★ 나는 왜 상하이에 가야 하는가?
A 见学生 B 看月亮 **C 见朋友**	A 학생을 만나다 B 달을 보다 **C 친구를 만나다**

해설 질문에서 화자가 상하이에 가려는 이유를 묻고 있다. 지문에서 去上海看看我的老朋友(상하이에 가서 나의 옛 친구를 본다)라고 했으므로 상하이에 가는 이유가 친구를 만나기 위함임을 알 수 있다. 따라서 정답은 C이다. A는 동사는 지문과 일치하지만 목적어가 다르므로 정답을 선택할 때 실수하지 않도록 주의한다.

어휘 会议 huìyì 명 회의　结束 jiéshù 동 마치다　准备 zhǔnbèi 동 준비하다　朋友 péngyou 명 친구　然后 ránhòu 접 그리고 나서　见 jiàn 동 만나다　学生 xuésheng 명 학생　月亮 yuèliang 명 달

68 ★★☆ 중

我家附近有一家水果店，走五分钟就到了。那家水果很新鲜，而且不太贵，所以我常常去那儿买。	우리 집 근처에 과일 가게가 있는데 5분만 가면 도착한다. 그 집의 과일은 신선하고 게다가 많이 비싸지 않아서 나는 종종 그곳에 가서 산다.
★ 那个水果店：	★ 그 과일 가게는?
A 很贵 **B 离我家不远** C 很有名	A 비싸다 **B 우리 집에서 멀지 않다** C 유명하다

해설 문제의 키워드는 水果店(과일 가게)이므로 지문에서 과일 가게에 대한 설명을 보기와 대조한다. 지문에서 我家附近(우리 집 근처), 走五分钟就到了(5분만 가면 도착한다)라고 했으므로 보기 B의 내용이 일치함을 알 수 있다. 따라서 정답은 B이다.

어휘 附近 fùjìn 명 근처　有 yǒu 동 있다　水果店 shuǐguǒdiàn 명 과일 가게　走 zǒu 동 걷다　新鲜 xīnxiān 형 신선하다　常常 chángcháng 부 종종, 자주　离 lí 개 ~로부터　远 yuǎn 형 멀다

69 ★☆☆ 하

这几天天气怎么了？一会儿下雨，一会儿晴。带雨伞的时候不下雨，可是不带雨伞的时候总下雨。	요 며칠 날씨가 왜 그럴까? 비가 오다가 맑았다 한다. 우산을 가져갈 때는 비가 안 오고 우산을 안 가져갈 때는 항상 비가 내린다.
★ 最近天气怎么样？	★ 요즘 날씨는 어떠한가?
A 热 **B 一会儿晴一会儿下雨** C 冷	A 덥다 **B 맑았다가 비가 왔다가 한다** C 춥다

해설 질문에서 요즘 날씨가 어떤지 묻고 있다. 지문에서 一会儿下雨，一会儿晴(비가 오다가 맑았다 한다)이라고 했으므로 순서만 바뀌어 그대로 일치하는 보기 B가 정답이다.

어휘 天气 tiānqì 명 날씨　下雨 xiàyǔ 동 비가 내리다　晴 qíng 형 맑다　带 dài 동 지니다, 휴대하다　雨伞 yǔsǎn 명 우산　总 zǒng 부 항상, 늘　最近 zuìjìn 명 요즘, 최근　怎么样 zěnmeyàng 대 어떻다, 어떠하다

70 ★★☆ 중

我觉得爬山是很好的运动，可以一边锻炼身体，一边看风景。但是一定要穿舒服的鞋。	나는 등산은 좋은 운동이라고 생각한다. 몸을 단련하면서 경치를 볼 수 있다. 하지만 꼭 편한 신발을 신어야 한다.
★ 爬山：	★ 등산은?
A 对身体很好 B 不是运动 C 不需要穿好鞋	**A 몸에 좋다** B 운동이 아니다 C 좋은 신발을 신을 필요가 없다

해설 질문에서 등산이 어떤지 묻고 있다. 지문에서 可以一边锻炼身体，一边看风景(몸을 단련하면서 경치를 볼 수 있다)이라고 했으므로 보기 A가 정답임을 알 수 있다. 등산이 很好的运动(아주 좋은 운동)이라고 했으므로 보기 B는 정답이 아니다. C의 내용은 언급되지 않았다.

어휘 觉得 juéde 동 ~라고 생각하다　爬山 páshān 동 등산하다　运动 yùndòng 명 운동　锻炼 duànliàn 동 단련하다　身体 shēntǐ 명 몸, 신체　风景 fēngjǐng 명 풍경　一定 yídìng 부 반드시　要 yào 조동 ~해야 한다　穿 chuān 동 입다, 신다　舒服 shūfu 형 편안하다　鞋 xié 명 신발　对 duì 개 ~에게, ~에 대해

쓰기 제1부분

[풀이전략] 어순 배열 문제는 가장 먼저 술어를 찾아야 한다. 그리고 술어와 어울리는 주어와 목적어를 배치한 뒤 관형어, 부사어와 같은 수식 성분을 배치하도록 한다.

71 ★★☆ 중

小猫　向　跑了　东边

주어	부사어	술어
小猫 명사	向东边 개사구(개사+명사)	跑了。 동사+了

고양이가 동쪽으로 뛰어갔다.

해설 **술어 배치** 동태조사 了가 결합된 跑了(뛰었다)를 술어에 배치한다.
주어 목적어 배치 술어 跑의 주체로 小猫(고양이)를 주어에 배치한다.
남은 어휘 배치 개사 向(~을 향해서)은 명사와 결합하여 개사구를 이루므로 방향을 나타내는 东边(동쪽) 앞에 배치시키고, 向东边을 다시 술어 跑 앞에 배치하여 문장을 완성한다.

어휘 猫 māo 명 고양이　向 xiàng 개 ~를 향해서　跑 pǎo 동 뛰다　东边 dōngbian 명 동쪽

72 ★★☆ 중

明天　她打算　起床　晚点儿

부사어	주어	술어	서술성 목적어	
			부사어	술어
明天 명사	她 인칭대사	打算 동사	晚点儿 형용사+一点儿	起床。 동사

내일 그녀는 늦게 일어날 계획이다.

해설 **술어 배치** 제시어 중 '명사+동사' 구조인 她打算(그녀는 ~할 계획이다)에서 打算(계획이다)이 술어임을 알 수 있다.
주어 목적어 배치 술어 打算은 서술성 목적어를 가지므로 의미상 알맞은 起床(일어나다)을 목적어로 배치한다.
남은 어휘 배치 '형용사+一点儿'인 晚点儿(늦게)은 동사 앞에 쓰여 '늦게 ~하다'를 나타내므로 起床 앞에 배치하고, 시간명사 明天(내일)은 주어 앞에 배치하여 문장을 완성한다.

어휘 明天 míngtiān 명 내일　打算 dǎsuàn 동 ~할 생각이다　起床 qǐchuáng 동 일어나다　晚 wǎn 형 늦다

73 ★★★ 상

对　妹妹　自己画的狗　特别　满意

주어	부사어	술어
妹妹 명사	对自己画的狗特别 개사구(개사+관형어+명사)+부사	满意。 형용사

여동생은 자신이 그린 강아지에 매우 만족한다.

해설 **술어 배치** 제시어 중 술어가 될 수 있는 형용사 满意(만족하다)를 술어에 배치한다.
주어 목적어 배치 술어 满意의 주어로 의미상 알맞은 妹妹(여동생)를 배치한다.
남은 어휘 배치 정도부사 特别(매우)는 형용사 满意 앞에 배치하고, 개사 对(~에 대해)는 의미가 어울리는 명사 自己画的狗(자신이 그린 강아지)와 결합시켜 对自己画的狗特别满意를 완성한다.

어휘 对 duì 개 ~에게, ~에 대해　妹妹 mèimei 명 여동생　自己 zìjǐ 대 자기, 스스로　画 huà 동 그리다　狗 gǒu 명 강아지　特别 tèbié 부 특히, 매우　满意 mǎnyì 형 만족한다

74 ★☆☆ 하

电梯　右边　在　洗手间的

주어	술어	관형어	목적어
电梯 명사	在 동사	洗手间的 명사+的	右边。 명사

엘리베이터는 화장실 오른쪽에 있다.

해설 **술어 배치** 제시어 중 술어가 될 수 있는 동사 在(~에 있다)를 술어에 배치한다.
주어 목적어 배치 동사 在는 'A在B(A가 B에 있다)'의 구조를 이루므로 电梯(엘리베이터)를 주어에, 右边(오른쪽)을 목적어에 배치한다.
남은 어휘 배치 구조조사 的가 결합된 洗手间的(화장실의)는 관형어이므로 의미가 어울리는 右边 앞에 배치하여 문장을 완성한다.

어휘 电梯 diàntī 명 엘리베이터 右边 yòubian 명 오른쪽 在 zài 동 ~에 있다 洗手间 xǐshǒujiān 명 화장실

75 ★☆☆ 하

你怎么 哭了 突然

주어	부사어	술어
你 인칭대사	怎么突然 의문대사+부사	哭了? 동사+了

너 왜 갑자기 울어?

해설 **술어 배치** 동태조사 了가 결합되어 있는 동사 哭了(울었다)를 술어에 배치한다.
주어 목적어 배치 술어 哭의 주체로 你(너)를 주어에 배치한다.
남은 어휘 배치 부사 突然(갑자기)은 부사어이므로 술어 哭 앞에 배치하고, 의문대사 怎么(왜)는 주어 你와 결합되어 있으므로 你怎么突然哭了?로 문장을 완성한다.

어휘 怎么 zěnme 대 어째서, 왜 哭 kū 동 울다 突然 tūrán 부 갑자기

쓰기 제2부분

[풀이전략] 빈칸 앞뒤의 단어 또는 글자와 의미가 연결되면서 상단의 병음에 해당하는 글자 또는 단어를 써 넣는다.

76 ★☆☆ 하

fāng
南(方)应该没有这种树。

남(쪽)에는 아마 이 종류의 나무가 없을 것이다.

해설 빈칸 앞에 방위사 南(남)이 있으므로 병음에 해당하는 한자로 方을 넣어야 한다.

어휘 南方 nánfāng 명 남쪽, 남방 应该 yīnggāi 조동 아마 ~일 것이다 没有 méiyǒu 동 없다 种 zhǒng 양 종류 树 shù 명 나무

77 ★★★ 상

bèi
这件事后来(被)我们公司的同事知道了。

이 일은 나중에 우리 회사 동료들(에게) 알려졌다.

해설 문장의 뜻이 '이 일은 나중에 동료들에 의해 알려졌다'가 적합하므로 병음에 해당하는 한자이면서 피동의 뜻을 나타내는 被를 넣어야 한다.

어휘 事 shì 명 일 后来 hòulái 명 그 후 被 bèi 개 ~에게 당하다 公司 gōngsī 명 회사 同事 tóngshì 명 직장 동료 知道 zhīdào 동 알다

실전모의고사 3

78 ★☆☆ 하

shuǐ 这条河里的（ 水 ）非常干净。	이 강의 (물)이 매우 깨끗하다.

해설 문장이 '이 강의 ~이 매우 깨끗하다'를 나타내므로 河(강)와 干净(깨끗하다)과 어울리는 것은 水(물)임을 알 수 있다.

어휘 河 hé 명 강 水 shuǐ 명 물 非常 fēicháng 부 매우 干净 gānjìng 형 깨끗하다

79 ★★☆ 중

yòu 已经九点半了，他今天上班（ 又 ）迟到了。	벌써 아홉 시 반이 되었다. 그는 오늘 출근하는데 (또) 늦었다.

해설 빈칸 뒤에 동사 술어 迟到(지각하다)가 있으므로 병음에 해당하는 부사 又(또)를 넣는다.

어휘 已经 yǐjīng 부 이미, 벌써 上班 shàngbān 동 출근하다 又 yòu 부 또 迟到 chídào 동 지각하다

80 ★☆☆ 하

qiān 这个电影院应该能坐三（ 千 ）人。	이 영화관은 3(천) 명이 앉을 수 있을 것이다.

해설 빈칸 앞에 숫자 三(3)이 있고 뒤에 명사 人(사람)이 있다. 병음에 해당하는 한자로 숫자와 결합할 수 있는 千을 넣는다.

어휘 电影院 diànyǐngyuàn 명 영화관 应该 yīnggāi 조동 아마 ~일 것이다 能 néng 조동 ~할 수 있다 坐 zuò 동 앉다 千 qiān 수 천

MEMO

I wish you the best of luck!

AI면접은 win 시대로 www.sdedu.co.kr/winsidaero

실전모의고사

4회 한눈에 정답 확인하기

듣기

제1부분	1. C	2. F	3. E	4. A	5. B	6. A	7. C	8. B	9. E	10. D
제2부분	11. ✗	12. ✗	13. ✗	14. ✓	15. ✓	16. ✓	17. ✗	18. ✓	19. ✗	20. ✓
제3부분	21. B	22. A	23. C	24. A	25. C	26. A	27. C	28. A	29. B	30. C
제4부분	31. B	32. A	33. A	34. C	35. C	36. C	37. B	38. C	39. A	40. A

독해

제1부분	41. C	42. A	43. D	44. F	45. B	46. A	47. E	48. C	49. B	50. D
제2부분	51. C	52. A	53. F	54. B	55. D	56. C	57. E	58. F	59. B	60. A
제3부분	61. B	62. C	63. A	64. A	65. B	66. C	67. A	68. B	69. C	70. A

쓰기

제1부분

71. 瓶子里的水变黄了。

72. 他总是第一个到教室。

73. 事情已经被老师解决了。

74. 服务员把菜单拿走了。

75. 没有什么比健康更重要。

제2부분

76. 文　77. 笑　78. 飞　79. 借　80. 法

자가진단 나의 학습 취약점 & 보완점 체크하기

문제별 중요도와 난이도를 보고 자신의 학습 취약점을 파악할 수 있게 하였습니다. 정답을 확인하여 반복적으로 틀린 문제를 표시하고 어떤 부분(어휘력, 독해력, 청취력)을 보완해야 할지 진단해 봅시다.

틀린문제에 √표시 / 난이도 / 문제 번호 / 중요도 / 문제 공략 포인트

1 □ ★★ 상 | 형용사, 명사 키워드 듣기

번호	중요도	난이도	문제 공략 포인트
듣기 제1부분			
1 □	★	중	명사 키워드 듣기
2 □	★	하	명사 키워드 듣기
3 □	★★	하	명사 키워드 듣기
4 □	★	하	명사 키워드 듣기
5 □	★★	중	명사 키워드 듣기
6 □	★	하	동사 키워드 듣기
7 □	★	하	명사 키워드 듣기
8 □	★★	중	시간, 동사 키워드 듣기
9 □	★★	하	호칭, 동사 키워드 듣기
10 □	★	중	동사 키워드 듣기
듣기 제2부분			
11 □	★★	중	완료/진행/장래 구분하기
12 □	★★	중	전체적인 내용 파악하기
13 □	★★	상	다른 부분 찾아내기
14 □	★	하	같은 부분 찾아내기
15 □	★	하	같은 부분 찾아내기
16 □	★★	중	전체적인 내용 파악하기
17 □	★	중	동작의 순서 구별하기
18 □	★★	하	같은 부분 찾아내기
19 □	★★	중	다른 부분 찾아내기
20 □	★	하	같은 부분 찾아내기
듣기 제3부분			
21 □	★	하	상태 듣기
22 □	★★	중	장소 듣기
23 □	★★	중	상태/상황 듣기
24 □	★	하	사물 듣기
25 □	★★	하	관계/신분 듣기
26 □	★★	중	남/여의 행동 듣기
27 □	★	하	상태/상황 듣기
28 □	★	하	남/여의 행동 듣기
29 □	★	하	장소 듣기
30 □	★★	중	상태/상황 듣기
듣기 제4부분			
31 □	★	중	남/여의 행동 듣기
32 □	★	하	장소 듣기
33 □	★	하	사물 듣기
34 □	★★	중	상태/상황 듣기
35 □	★	하	남/여의 행동 듣기
36 □	★★	중	상태/상황 듣기
37 □	★★	중	생각/견해 듣기
38 □	★	하	상태 듣기

절취선

39 □ ★	하	남/여의 행동 듣기	**독해 제3부분**		
40 □ ★★★	상	상태/상황 듣기	61 □ ★★	중	세부 내용 파악하기
독해 제1부분			62 □ ★	하	세부 내용 파악하기
41 □ ★★	하	질문과 대답, 핵심 어휘로 연결	63 □ ★★	하	세부 내용 파악하기
42 □ ★★	중	핵심 어휘로 연결	64 □ ★	하	전체적인 내용 파악하기
43 □ ★★	중	질문과 대답, 핵심 어휘로 연결	65 □ ★★	중	핵심 어휘로 정답 찾기
44 □ ★★★	상	질문과 대답, 핵심 어휘로 연결	66 □ ★★	하	중심 내용 파악하기
45 □ ★	하	질문과 대답, 핵심 어휘로 연결	67 □ ★	하	세부 내용 파악하기
46 □ ★	하	질문과 대답, 핵심 어휘로 연결	68 □ ★	하	핵심 어휘로 정답 찾기
47 □ ★	중	질문과 대답, 핵심 어휘로 연결	69 □ ★★	중	전체적인 내용 파악하기
48 □ ★	하	핵심 어휘로 연결	70 □ ★★	하	전체적인 내용 파악하기
49 □ ★★	하	질문과 대답, 핵심 어휘로 연결	**쓰기 제1부분**		
50 □ ★★	중	핵심 어휘로 연결	71 □ ★	하	관형어, 보어 배치하기
독해 제2부분			72 □ ★	중	부사어, 목적어 배치하기
51 □ ★★	중	술어로 쓰인 형용사 넣기	73 □ ★★★	상	부사어, 被자문 완성하기
52 □ ★	하	주어로 쓰인 명사 넣기	74 □ ★★★	중	보어, 把자문 완성하기
53 □ ★★	중	술어로 쓰인 동사 넣기	75 □ ★★	상	비교문 완성하기
54 □ ★	하	개사구를 이루는 개사 넣기	**쓰기 제2부분**		
55 □ ★★	하	술어로 쓰인 의문대사 넣기	76 □ ★	하	명사 쓰기
56 □ ★	하	주어로 쓰인 명사 넣기	77 □ ★★	중	동사 쓰기
57 □ ★★	하	술어로 쓰인 동사 넣기	78 □ ★	하	동사 쓰기
58 □ ★★	중	보어로 쓰인 동량사 넣기	79 □ ★★★	상	동사 쓰기
59 □ ★★	하	술어로 쓰인 동사 넣기	80 □ ★★	중	명사 쓰기
60 □ ★★	중	부사어로 쓰인 부사 넣기	- 수고하셨습니다! -		

점수 확인		
듣기	정답수(　　/40개) X 2.5점 = ______ 점/100점	**총점**(만점 300점)
독해	정답수(　　/30개) X 3.3점 = ______ 점/100점	
쓰기 제1부분	정답수(　　/ 5개) X　12점 = ______ 점/60점	______ 점
쓰기 제2부분	정답수(　　/ 5개) X　8점 = ______ 점/40점	

※ 주의: 위의 영역별 문항 점수는 만점을 기준으로 하여 산출한 가상 점수로 실제 HSK 성적과 계산 방식이 상이할 수 있습니다.

절취선

듣기 제1부분

[풀이전략] 녹음을 듣기 전에 먼저 5개의 제시된 그림을 보고 어떤 단어 또는 내용이 들릴지 미리 예상한 뒤 녹음을 듣는다.

1 ★☆☆ 중

사진은 남자아이가 케이크를 먹고 있는 모습이다. 녹음을 듣기 전, 관련 어휘 孩子(아이), 蛋糕(케이크), 吃(먹다) 등을 미리 떠올려 둔다.

女：你看，**儿子**把**蛋糕**都吃到鼻子上了。
男：我带他去洗手间洗洗。

여: 봐. **아들** 코에 **케이크**가 묻었어.
남: 내가 화장실에 데리고 가서 씻을게.

해설 여자가 儿子把蛋糕都吃到鼻子上了(아들 코에 케이크가 묻었어)라고 했으므로 남자 아이가 케이크를 먹고 있는 C를 정답으로 고른다.

어휘 儿子 érzi 명 아들 蛋糕 dàngāo 명 케이크 鼻子 bízi 명 코 带 dài 동 데리다 洗手间 xǐshǒujiān 명 화장실 洗 xǐ 동 씻다

2 ★☆☆ 하

사진은 식당의 모습으로 녹음을 듣기 전, 식당과 관련된 어휘 饭馆(식당), 菜(요리), 吃(먹다) 등을 미리 연상한다.

男：我们好久没来这家**饭馆儿**了，它们都换菜单了。
女：出什么**新菜**了吗？我们尝一下吧。

남: 우리 오랫동안 이 **식당**에 안 왔잖아. 메뉴가 다 바뀌었어.
여: 뭐 **새로운 요리**가 나왔어? 우리 먹어 보자.

해설 남자가 我们好久没来这家饭馆儿了(우리 오랫동안 이 식당에 안 왔잖아)라고 했고, 여자도 出什么新菜了吗?(뭐 새로운 요리가 나왔어?)라고 물었으므로 이들이 식당에서 대화를 나누고 있다는 것을 알 수 있다. 따라서 식당의 모습인 F를 정답으로 고른다.

어휘 好久 hǎojiǔ 명 오랫동안 饭馆儿 fànguǎnr 명 식당 换 huàn 동 바꾸다 菜单 càidān 명 메뉴 新 xīn 형 새롭다 菜 cài 명 요리 尝 cháng 동 맛보다

3 ★★☆ 하

사진은 새가 나무에 앉아 있는 모습이다. 녹음을 듣기 전, 관련 어휘 鸟(새), 树(나무) 등을 미리 연상한다.

女：快看，树上是不是有只鸟？ 男：真的有，我以前没见过这种鸟，它的嘴真长。	여: 빨리 봐. 나무 위에 새 한 마리가 있지? 남: 진짜 있네. 나는 전에 이 새를 본 적이 없어. 부리가 정말 길다.

해설 남자와 여자의 말에서 모두 鸟(새)가 들렸으므로 정답은 E이다.

어휘 树 shù 명 나무 只 zhī 양 마리 鸟 niǎo 명 새 以前 yǐqián 명 이전 嘴 zuǐ 명 입 长 cháng 형 길다

4 ★☆☆ 하

사진은 꽃으로 녹음을 듣기 전, 꽃과 관련된 어휘 花(꽃), 买(사다), 开(피다) 등을 미리 연상하고 듣는다.

男：**好漂亮的花**啊！谁送的？ 女：这是我为老师准备的教师节礼物。	남: 정말 예쁜 꽃이다! 누가 준 거야? 여: 이건 내가 선생님을 위해 준비한 스승의 날 선물이야.

해설 남자의 말에서 好漂亮的花(정말 예쁜 꽃)가 들렸고 여자는 이것을 礼物(선물)라고 했으므로 일치하는 사진은 A이다.

어휘 漂亮 piàoliang 형 예쁘다 花 huā 명 꽃 谁 shéi 대 누구 送 sòng 동 보내다, 주다 为 wèi 개 ~를 위해서 准备 zhǔnbèi 동 준비하다 教师节 jiàoshījié 명 스승의 날 礼物 lǐwù 명 선물

5 ★★☆ 중

사진에 전등이 있으므로 녹음을 듣기 전, 관련 어휘 灯(등), 坏(고장나다) 등을 미리 연상하고 듣는다.

女：这个**灯**坏了吗？需要买一个新的吗？ 男：不是灯的问题，我检查一下。	여: 이 등 고장났어? 새거 사야 해? 남: 등의 문제가 아니야. 내가 확인해 볼게.

해설 여자가 这个灯坏了吗？(이 등 고장났어?)라고 물었으므로 灯(등)과 관련된 그림인 B를 정답으로 고른다.

어휘 灯 dēng 명 등, 전구 坏 huài 동 고장나다 需要 xūyào 동 필요하다 问题 wèntí 명 문제 检查 jiǎnchá 동 검사하다, 확인하다

6 ★☆☆ 하

사진 속 남녀가 악수를 하고 있으므로 옆에 있는 남자가 소개시켜 주고 있는 상황임을 알 수 있다. 녹음을 듣기 전, 소개와 관련된 어휘 介绍(소개하다) 등을 미리 연상해 둔다.

男：我给你**介绍**一下，这是新来的小王，他的办公室就在你的旁边。 女：欢迎欢迎，很高兴能一起工作。	남: 내가 너에게 소개해 줄게. 여기는 새로 온 샤오왕이야. 그의 사무실은 네 옆에 있어. 여: 환영해요. 같이 일하게 돼서 기뻐요.

해설 대화는 남자가 여자에게 我给你介绍一下(내가 너에게 소개해 줄게)라며 새로 온 사람을 소개하는 내용이므로 남녀가 악수를 하고 있는 A를 정답으로 고른다.

어휘 给 gěi 개 ~에게 介绍 jièshào 동 소개하다 办公室 bàngōngshì 명 사무실 旁边 pángbiān 명 옆 欢迎 huānyíng 동 환영하다 工作 gōngzuò 동 일하다

7 ★☆☆ 하

사진은 여자가 바지를 고르고 있는 모습이다. 녹음을 듣기 전, 바지와 관련된 어휘 裤子(바지), 条(가늘고 긴 것을 세는 단위), 买(사다), 试(시험 삼아 해 보다) 등을 미리 연상하고 듣는다.

女：周末我要参加一个唱歌比赛，你看这条**裤子**好看不好看？
男：看起来很不错，你去试试吧！

> 여: 주말에 노래 대회에 참가하려고 하는데 이 **바지**가 보기 좋아?
> 남: 보아하니 괜찮아. 너 가서 입어 봐!

해설 여자가 남자에게 你看这条裤子好看不好看？(이 바지가 보기 좋아?)이라고 물었으므로 대화의 핵심 단어는 裤子(바지)임을 알 수 있다. 따라서 여자가 바지를 들고 있는 C를 정답으로 고른다.

어휘 周末 zhōumò 명 주말 参加 cānjiā 동 참가하다 唱歌 chànggē 동 노래를 부르다 比赛 bǐsài 명 시합, 경기 裤子 kùzi 명 바지 试 shì 동 시험 삼아 해 보다

8 ★★☆ 중

사진은 시계를 보고 있는 모습이다. 녹음을 듣기 전, 시계와 관련된 어휘 手表(손목 시계), 点(시), 分(분) 등을 미리 연상하고 듣는다.

男：奇怪，**差一刻钟就十点**了，他怎么**还没来**？
女：是啊，他总是来得很早，几乎没迟到过，今天是怎么了？

> 남: 이상하다. **9시 45분**이 되었는데 그는 왜 **아직 안 오는 거지**?
> 여: 그러게. 그는 항상 일찍 와서 거의 지각한 적이 없어. 오늘 왜 그러지?

해설 남자의 말 差一刻钟就十点了，他怎么还没来？(9시 45분이 되었는데 그는 왜 아직 안 오는 거지?)에 시간에 관련된 표현이 들렸고, 대화가 어떤 사람이 아직 안 왔다는 내용이므로 남자가 시계를 보고 있는 B를 정답으로 고른다.

Tip▶ '差A B点' A 전 B시
예 **差**十分两**点** 10분 **전** 2**시**(= 1시 50분)

어휘 奇怪 qíguài 형 이상하다 差 chà 형 부족하다, 모자라다 刻 kè 수 15분 还 hái 부 여전히, 아직도 总是 zǒngshì 부 항상, 늘 来 lái 동 오다 早 zǎo 형 이르다 几乎 jīhū 부 거의 迟到 chídào 동 지각하다

9 ★★☆ 하

사진은 학교에서 수업을 하고 있는 모습이다. 녹음을 듣기 전, 수업과 관련된 어휘 老师(선생님), 上课(수업하다), 题(문제) 등을 미리 연상하고 듣는다.

실전모의고사 4

女：老师，刚才那个题您能再讲吗？我还是不太懂。 男：先看黑板上这个吧，下了课再给你讲。	여: 선생님, 방금 그 문제 다시 한번 말씀해 주실 수 있나요? 저 여전히 잘 이해가 되지 않아요. 남: 먼저 칠판 위에 이걸 보고 수업 끝나면 다시 말해 줄게요.

해설 여자가 남자를 老师(선생님)라고 부른 것과 남자가 下了课再给你讲(수업이 끝나면 다시 말해 줄게요)이라고 했으므로 그들은 수업 중이라는 것을 알 수 있다. 따라서 알맞은 그림은 E이다.

어휘 刚才 gāngcái 명 방금 题 tí 명 문제 再 zài 부 다시 讲 jiǎng 동 말하다, 강의하다 懂 dǒng 동 알다, 이해하다 黑板 hēibǎn 명 칠판 下课 xiàkè 동 수업이 끝나다

10 ★☆☆ 중

사진은 차가 비포장 도로를 주행하고 있는 모습이다. 녹음을 듣기 전, 운전과 관련된 어휘 开(운전하다), 车(차), 路(길) 등을 미리 연상하고 듣는다.

男：公司旁边那条**路**非常**难走**，你慢点儿**开**。 女：放心吧，我会小心的。	남: 회사 옆에 그 **길 가기가 어려우니** 너 천천히 **운전해**. 여: 안심해. 나 조심할 거야.

해설 남자가 公司旁边那条路非常难走，你慢点儿开(회사 옆에 그 길 가기가 어려우니 너 천천히 운전해)라고 했으므로 비포장도로와 자동차가 있는 D를 정답으로 고른다.

Tip▶ '难+동사' ~하기 어렵다/힘들다
예 **难**看 보기 **안 좋다**(=안 예쁘다), **难**吃 먹기 **어렵다**(=맛이 없다)

어휘 公司 gōngsī 명 회사 旁边 pángbiān 명 옆 路 lù 명 길 难 nán 형 어렵다 走 zǒu 동 가다, 걷다 慢 màn 형 느리다 开 kāi 동 운전하다 放心 fàngxīn 동 안심하다 小心 xiǎoxīn 동 조심하다

듣기 제2부분

[풀이전략] 일치/불일치를 판단하는 문제는 먼저 보기 문장의 핵심 내용을 파악한 뒤, 녹음을 들으면서 일치하는 내용을 확인한다.

11 ★★☆ 중

★ 明天的会议不开了。　　(✘)	★ 내일 회의는 열리지 않는다.
校长说，明天上午的会议非常重要，希望老师们都能参加。	교장 선생님께서 내일 오전 회의는 매우 중요하므로 선생님들이 모두 참석해 주시기를 바란다고 말씀하셨습니다.

해설 보기 문장이 明天的会议不开了(내일 회의는 열리지 않는다)이므로 내일 회의가 열리는지 안 열리는지 확인해야 한다. 녹음에서 明天上午的会议(내일 오전 회의)가 언급되었고 이어 希望老师们都能参加(선생님들이 모두 참석해 주시기를 바란다)라고 했으므로 내일 회의가 진행된다는 것을 알 수 있다. 따라서 정답은 불일치(✘)이다.

어휘 明天 míngtiān 명 내일 会议 huìyì 명 회의 开 kāi 동 열다 校长 xiàozhǎng 명 교장 重要 zhòngyào 형 중요하다 希望 xīwàng 동 바라다 参加 cānjiā 동 참가하다

12 ★★☆ 중

★ 他想学跳舞。 (✗)

他喜欢体育，但是他的妈妈希望他去学跳舞，所以他现在不知道该怎么选择。

★ 그는 춤을 배우고 싶어 한다.

그는 체육을 좋아하지만 그의 엄마는 그가 춤을 배우러 가기를 원하기 때문에 그는 지금 어떻게 선택해야 할지 모르겠다.

해설 보기 문장이 他想学跳舞(그는 춤을 배우고 싶어 한다)이므로 그가 무엇을 배우고 싶어 하는지 들어야 한다. 녹음에서 他喜欢体育，但是他的妈妈希望他去学跳舞(그는 체육을 좋아하지만 그의 엄마가 춤을 배우러 가길 원한다)라고 했으므로 그는 춤을 배우고 싶어 하지 않는다는 것을 알 수 있다. 따라서 정답은 불일치(✗)이다.

어휘 想 xiǎng 조동 ~하고 싶다 学 xué 동 배우다 跳舞 tiàowǔ 동 춤추다 体育 tǐyù 명 체육, 스포츠 但是 dànshì 접 그러나 知道 zhīdào 동 알다 该 gāi 조동 마땅히 ~해야 한다 怎么 zěnme 대 어떻게 选择 xuǎnzé 동 선택하다

13 ★★☆ 상

★ 丈夫忘记送孩子上学了。 (✗)

我丈夫一忙起来就容易忘记要做的事情，上次他就忘了去学校接孩子。

★ 남편은 아이를 학교에 보내는 것을 잊었다.

내 남편은 바쁘면 할 일을 쉽게 잊는다. 지난번에 그는 학교에 아이를 데리러 가는 것을 잊어버렸다.

해설 보기 문장이 丈夫忘记送孩子上学了(남편은 아이를 학교에 보내는 것을 잊었다)이므로 남편이 잊은 것이 무엇인지 녹음에서 확인한다. 녹음에서 上次他就忘了去学校接孩子(지난번에 그는 학교에 아이를 데리러 가는 것을 잊어버렸다)라고 하여 去接(데리러 가다)를 사용했으므로 일치하지 않는 내용(✗)이다.

어휘 丈夫 zhàngfu 명 남편 忘记 wàngjì 동 잊다 送 sòng 동 보내다 孩子 háizi 명 아이 上学 shàngxué 동 등교하다 忙起来 mángqǐlai 바빠지기 시작하다 容易 róngyì 형 쉽다 做 zuò 동 하다 事情 shìqing 명 일 上次 shàngcì 명 지난번 接 jiē 동 마중하다

14 ★☆☆ 하

★ 说话人下午要去图书馆还书。 (✓)

我上个星期从图书馆借了几本书，今天是最后一天，所以下午我要去还书。

★ 화자는 오후에 책을 반납하러 도서관에 갈 것이다.

나는 지난주에 도서관에서 책을 몇 권 빌렸는데, 오늘이 마지막 날이라 오후에 책을 반납하러 갈 것이다.

해설 보기 문장이 说话人下午要去图书馆还书(화자는 오후에 책을 반납하러 도서관에 갈 것이다)이므로 화자가 오후에 무엇을 하는지 또는 도서관에 가는 시간이 오후가 맞는지를 확인한다. 녹음에서 下午我要去还书(오후에 도서관에 가서 반납할 것이다)라고 했으므로 정답은 일치(✓)이다.

어휘 下午 xiàwǔ 명 오후 要 yào 조동 ~할 것이다 去 qù 동 가다 图书馆 túshūguǎn 명 도서관 还 huán 동 돌려주다, 반납하다 从 cóng 개 ~에서부터 借 jiè 동 빌리다 最后 zuìhòu 명 최후, 마지막

15 ★☆☆ 하

★ 她非常聪明。 (✓)

她不但年轻，而且很聪明，每次工作上遇到什么问题，她都能想出解决的办法。

★ 그녀는 매우 똑똑하다.

그녀는 젊을 뿐만 아니라 똑똑하기 때문에 일을 하면서 어떤 문제에 부딪힐 때마다 해결 방법을 생각해낼 수 있다.

해설 보기 문장이 她非常聪明(그녀는 매우 똑똑하다)이므로 주어인 她(그녀)가 어떤 사람인지 확인해야 한다. 첫 문장에서 她不但年轻，而且很聪明(그녀는 젊을 뿐만 아니라 똑똑하다)이라고 하여 聪明이 그대로 들렸으므로 정답은 일치(✓)이다.

어휘 聪明 cōngming 형 총명하다, 똑똑하다 不但A，而且B búdàn A, érqiě B A할 뿐만 아니라 B하다 年轻 niánqīng 형 젊다 遇到 yùdào 동 마주치다 想 xiǎng 동 생각하다 解决 jiějué 동 해결하다 办法 bànfǎ 명 방법

16 ★★☆ 중

★ 说话人生气了。 (✓)	★ 화자는 화가 났다.
昨天我做作业的时候，妹妹在旁边玩儿游戏，声音特别大。让她关小点儿她也不听，我非常生气，但一点儿办法也没有。	어제 내가 숙제를 하고 있을 때 여동생이 옆에서 게임을 하는데 소리가 엄청 컸다. 그녀에게 소리를 좀 줄이라고 했지만 듣지 않아 나는 몹시 화가 났다. 하지만 방법이 하나도 없었다.

해설 보기 문장이 说话人生气了(화자는 화가 났다)이므로 녹음에서 화자가 어떤 상태인지 확인한다. 녹음에서 화자는 让她关小点儿她也不听，我非常生气(그녀에게 소리를 줄이라고 했지만 듣지 않아 매우 화가 났다)라고 했으므로 정답은 일치(✓)이다.

어휘 生气 shēngqì 동 화나다 作业 zuòyè 명 숙제 的时候 de shíhou ~할 때 妹妹 mèimei 명 여동생 玩儿 wánr 동 놀다 游戏 yóuxì 명 게임 声音 shēngyīn 명 소리

17 ★☆☆ 중

★ 说话人起床后先洗脸。 (✗)	★ 화자는 일어난 뒤 먼저 세수를 한다.
我早上起床以后，一般会先把牛奶热上，然后再去洗脸刷牙。这样洗完出来，牛奶也可以喝了。	나는 아침에 일어나면 보통 먼저 우유를 데운 다음 세수를 하고 양치질을 한다. 이렇게 씻고 나면 우유도 마실 수 있다.

해설 보기 문장이 说话人起床后先洗脸(화자는 일어난 뒤 먼저 세수를 한다)이므로 화자가 일어나서 먼저 하는 일이 무엇인지 확인한다. 녹음에서 先把牛奶热上(먼저 우유를 데운다)이라고 했으므로 그가 먼저 하는 행동은 세수가 아닌 우유를 데우는 것임을 알 수 있다. 따라서 정답은 불일치(✗)이다.

어휘 起床 qǐchuáng 동 일어나다 先 xiān 부 먼저 洗脸 xǐliǎn 동 세수하다 一般 yìbān 형 보통이다, 일반적이다 牛奶 niúnǎi 명 우유 刷牙 shuāyá 동 양치하다 可以 kěyǐ 조동 ~할 수 있다, ~해도 된다 喝 hē 동 마시다

18 ★★☆ 하

★ 那条河是黄河。 (✓)	★ 그 강은 황허이다.
地图上的这条河叫黄河，它是中国非常有名的一条河，也是中国的第二长河。	지도에 있는 이 강은 황허라고 불리는데, 그것은 중국에서 매우 유명한 강이며 중국에서 두 번째로 긴 강이다.

해설 보기 문장이 那条河是黄河(그 강은 황허이다)이므로 녹음에서 말하고 있는 것이 황허인지 확인해야 한다. 녹음의 첫 문장에서 地图上的这条河叫黄河(지도에 있는 이 강은 황허라고 불린다)라고 했으므로 일치하는 내용(✓)임을 알 수 있다.

어휘 条 tiáo 양 가늘고 긴 물체를 세는 단위 河 hé 명 강 黄河 Huánghé 지명 황허 강 地图 dìtú 명 지도 叫 jiào 동 ~라고 부르다 有名 yǒumíng 형 유명하다 长 cháng 형 길다

19 ★★☆ 중

★ 姐姐的脚现在已经不疼了。(✗)

★ 언니의 발은 이제 아프지 않다.

姐，你还是去医院看一下吧。你的脚都疼了一星期了，下个月还有跳舞比赛呢。

언니, 병원에 가 보는 것이 좋겠어. 언니 발이 일주일 내내 아팠고, 다음 달에는 무용 대회도 있잖아.

해설 보기 문장이 姐姐的脚现在已经不疼了(언니의 발은 이제 아프지 않다)이므로 언니의 발이 어떤지 확인한다. 녹음에서 화자는 언니에게 병원에 가 보라고 하며 你的脚都疼了一星期了(언니 발이 일주일 내내 아팠어)라고 했으므로 언니의 발이 아직 낫지 않았다는 것을 알 수 있다. 따라서 정답은 불일치(✗)이다.

어휘 姐姐 jiějie 명 언니 脚 jiǎo 명 발 现在 xiànzài 명 현재 已经 yǐjīng 부 이미, 벌써 疼 téng 형 아프다 医院 yīyuàn 명 병원 星期 xīngqī 명 주, 요일 跳舞 tiàowǔ 동 춤추다 比赛 bǐsài 명 시합, 경기

20 ★☆☆ 하

★ 爷爷奶奶对说话人的影响最大。(✓)

★ 할아버지와 할머니는 화자에게 가장 큰 영향을 미쳤다.

我很小的时候，爸妈就出国了。一直都是爷爷奶奶在照顾我，他们对我的影响最大。

내가 어렸을 때 엄마 아빠는 출국하셨다. 항상 할아버지와 할머니가 나를 돌봐 주셨고 그들은 나에게 가장 큰 영향을 미쳤다.

해설 보기 문장이 爷爷奶奶对说话人的影响最大(할아버지와 할머니는 화자에게 가장 큰 영향을 미쳤다)이므로 할아버지와 할머니가 화자에게 영향을 미쳤는지 확인한다. 녹음에서 어렸을 때 할아버지, 할머니께서 화자를 돌봐 주셔서 他们对我的影响最大(자신에게 가장 큰 영향을 미쳤다)라고 했으므로 정답은 일치(✓)이다.

어휘 爷爷 yéye 명 할아버지 奶奶 nǎinai 명 할머니 对 duì 개 ~에게, ~에 대하여 影响 yǐngxiǎng 동 영향을 주다 最 zuì 부 가장 大 dà 형 크다 出国 chūguó 동 출국하다 一直 yìzhí 부 줄곧, 계속 照顾 zhàogù 동 돌보다

듣기 제3부분

[풀이전략] 녹음을 듣기 전, 먼저 보기를 보고 질문과 녹음의 내용을 미리 예상한다. 남녀의 정보를 구분해야 하며, 녹음에 언급되는 보기에 관련 정보를 메모한다.

21 ★☆☆ 하

女：外面雨下得很大，你还要去公园跑步吗？
男：不去了，我就在跑步机上跑跑吧。

问：男的是什么意思？

여: 밖에 비가 많이 오는데 너 공원에 달리기하러 갈 거야?
남: 안 갈래. 나 그냥 런닝머신 위에서 좀 뛰어야겠어.

질문: 남자는 무슨 의미인가?

A 不累
B 不去公园了
C 想去玩儿

A 너무 힘들다
B 공원에 가지 않는다
C 놀러 가고 싶다

해설 보기가 상태와 행동을 나타내므로 보기의 어휘가 녹음에 언급되는지 주의해서 듣는다. 여자가 남자에게 비가 많이 오는데 공원에 달리기하러 갈 것인지 물었고 남자는 不去了(안 갈래)라고 대답했다. 질문에서 남자가 한 말의 의미를 물었으므로 B가 정답이 된다.

실전모의고사 4

어휘 外面 wàimiàn 명 바깥　跑步 pǎobù 동 달리다, 조깅하다　跑步机 pǎobùjī 명 런닝머신　累 lèi 형 힘들다　去 qù 동 가다　公园 gōngyuán 명 공원　想 xiǎng 조동 ~하고 싶다

22 ★★☆ 중

男：喂，妈，我已经到火车站了，在出站口等你。 女：好的，火车还有十分钟就到站了。 问：女的现在在哪儿？	남: 엄마, 저 벌써 기차역에 도착했어요. 출구에서 기다리고 있어요. 여: 알겠어. 기차가 10분 있으면 역에 도착할 거야. 질문: 여자는 지금 어디에 있는가?
A 火车上 B 飞机上 C 学校门口	**A 기차 위** B 비행기 위 C 학교 문 앞

해설 보기가 모두 장소이므로 대화에 언급되는 장소 또는 대화를 나누는 장소가 어디인지 파악하며 듣는다. 남자는 여자에게 자신이 기차역 출구에서 기다리고 있다고 했고 여자는 火车还有十分钟就到站了(기차가 10분 있으면 역에 도착할 거야)라고 했다. 질문에서 여자가 있는 장소를 물었으므로 정답은 A이다.

어휘 已经 yǐjīng 부 이미, 벌써　到 dào 동 도착하다　火车站 huǒchēzhàn 명 기차역　在 zài 개 ~에서　出站口 chūzhànkǒu 명 출구　等 děng 동 기다리다　火车 huǒchē 명 기차　飞机 fēijī 명 비행기　门口 ménkǒu 명 입구

23 ★★☆ 중

女：下次考试的时候，要认真写，看清楚试题要求。 男：知道了，我会注意的。 问：女的希望男的怎么样？	여: 다음에 시험 볼 때는 문제가 요구하는 것을 정확히 보고 성실하게 쓰세요. 남: 알겠습니다. 주의할게요. 질문: 여자는 남자가 어떠하길 바라는가?
A 别紧张 B 小点儿声 **C 认真写**	A 긴장하지 마라 B 소리를 낮추라 **C 성실하게 쓰다**

해설 보기가 모두 명령하는 어투를 나타내므로 녹음에 무엇을 시키는지 주의해서 듣는다. 여자는 남자에게 다음 시험에서는 要认真写，看清楚试题要求(문제가 요구하는 것을 정확히 보고 성실하게 쓰세요)라고 했으므로 녹음에 그대로 언급된 보기 C에 메모한다. 질문에서 여자가 남자에게 바라는 것을 물었으므로 정답은 C이다.

어휘 下次 xiàcì 명 다음 번　考试 kǎoshì 동 시험을 보다　的时候 de shíhou ~할 때　要 yào 조동 ~해야 한다　认真 rènzhēn 형 열심히 하다, 진지하다　清楚 qīngchu 형 분명하다, 뚜렷하다　要求 yāoqiú 명 요구　注意 zhùyì 동 주의하다　别 bié 부 ~하지 마라　紧张 jǐnzhāng 형 긴장하다

24 ★☆☆ 하

男：我把参加足球比赛的学生名单发给你邮箱了。 女：好的，我现在就看看。 问：男的给女的发了什么？	남: 내가 축구 시합에 참가하는 학생 명단을 네 이메일로 보냈어. 여: 알겠어. 내가 지금 바로 볼게. 질문: 남자는 여자에게 무엇을 보냈는가?

A **名单**　　B 菜单　　C 信

A **명단**　　B 메뉴판　　C 편지

해설 보기가 모두 사물이므로 녹음에서 어떤 것에 대해 이야기를 하는지 듣는다. 남자가 여자에게 我把参加足球比赛的学生名单发给你邮箱了(축구 시합에 참가하는 학생 명단을 네 이메일로 보냈어)라고 했으므로 녹음에 언급된 보기 A에 메모한다. 질문에서 남자가 여자에게 무엇을 보냈는지 물었으므로 정답은 A이다.

어휘 参加 cānjiā 동 참가하다　足球 zúqiú 명 축구　比赛 bǐsài 명 시합　学生 xuésheng 명 학생　名单 míngdān 명 명단　发 fā 동 보내다　给 gěi 개 ~에게　邮箱 yóuxiāng 명 우편함　就 jiù 부 바로　菜单 càidān 명 메뉴판　信 xìn 명 편지

25 ★★☆ 하

女：哥，刚才遇到的人是你的同学吗？
男：不是，她是以前的邻居李阿姨。

问：男的刚才遇到谁了？

여: 오빠, 방금 마주친 사람 학교 친구야?
남: 아니. 그녀는 이전의 이웃이었던 리 아주머니야.

질문: 남자는 방금 누구를 마주쳤는가?

A 老师　　B 同学　　C **李阿姨**

A 선생님　　B 학교 친구　　C **리 아주머니**

해설 보기가 모두 사람 명사로 남녀가 누구에 대해 말하고 있는지 또는 관계에 주목해서 듣는다. 여자가 방금 마주친 사람이 학우인지 묻는 말에 남자가 她是以前的邻居李阿姨(그녀는 이전의 이웃이었던 리 아주머니야)라고 했으므로 남자가 마주친 사람은 리 아주머니라는 것을 알 수 있다. 질문에서 남자가 누구를 마주쳤는지 물었으므로 정답은 C이다.

어휘 刚才 gāngcái 명 방금　遇到 yùdào 동 마주치다　以前 yǐqián 명 이전　邻居 línjū 명 이웃　阿姨 āyí 명 아주머니　同学 tóngxué 명 동창, 학우

26 ★★☆ 중

男：今天有个同事过生日，晚上大家一起吃饭，我晚点儿回来。
女：知道了，你别喝太多酒。

问：女的让男的做什么？

남: 오늘 직장 동료가 생일이라 저녁에 다 같이 밥을 먹고 좀 늦게 올 거야.
여: 알겠어. 술 너무 많이 마시지 마.

질문: 여자는 남자가 무엇을 하도록 하는가?

A **少喝酒**
B 买礼物
C 早点儿回家

A **술을 적게 마시다**
B 선물을 사다
C 집에 일찍 돌아가다

해설 보기가 모두 행동을 나타내므로 녹음에 어떤 행동이 들리는지 확인한다. 남자가 오늘 늦게 돌아온다는 말에 여자가 你别喝太多酒(술 너무 많이 마시지 마)라고 했다. 질문에서 여자가 남자에게 무엇을 하도록 시키는지 물었으므로 정답은 A이다.

어휘 过 guò 동 보내다　生日 shēngrì 명 생일　别 bié 부 ~하지 마라　少 shǎo 형 적다　喝 hē 동 마시다　酒 jiǔ 명 술　买 mǎi 동 사다　礼物 lǐwù 명 선물　早 zǎo 형 이르다

27 ★☆☆ 하

女：你终于来了，我在楼下等你半天了。
男：电梯太慢，几乎每一层都有人进出。

问：男的为什么才下来？

여: 너 드디어 왔구나. 내가 아래층에서 너 한참 기다렸어.
남: 엘리베이터가 너무 느리고, 거의 모든 층에서 사람들이 내리고 탔어.

질문: 남자는 왜 그제서야 내려왔는가?

실전모의고사 4

A 家里来客人了 B 在接电话 **C 电梯很慢**	A 집에 손님이 왔다 B 전화를 받고 있다 **C 엘리베이터가 느리다**

해설 보기가 모두 상태를 나타내므로 녹음에서 어떤 상태에 관한 내용이 언급되는지 확인한다. 여자가 남자를 오래 기다렸다는 말에 남자가 电梯太慢(엘리베이터가 너무 느리다)이라고 했으므로 녹음에 언급된 보기 C에 메모한다. 질문에서 남자가 왜 늦게 내려왔는지 물었으므로 정답은 C이다.

어휘 终于 zhōngyú 부 마침내, 드디어　来 lái 동 오다　楼下 lóuxià 명 일층, 아래층　等 děng 동 기다리다　电梯 diàntī 명 엘리베이터　半天 bàntiān 명 한나절, 한참 동안　几乎 jīhū 부 거의　层 céng 양 층　客人 kèrén 명 손님　在 zài 부 ~하고 있다　接 jiē 동 받다　电话 diànhuà 명 전화　慢 màn 형 느리다

28 ★☆☆ 하

男：你这是要搬家吗？ 女：对，我的儿子上小学了。他的学校离这儿有点儿远，所以我们打算搬到学校附近去住。 问：关于女的，可以知道什么？	남: 이사 가는 거야? 여: 맞아. 내 아들이 초등학교에 입학했어. 아이의 학교가 여기서 좀 멀어서 우리는 학교 근처로 이사 가 살 계획이야. 질문: 여자에 관해서 알 수 있는 것은 무엇인가?
A 要搬家 B 不会开车 C 在准备考试	**A 이사를 가려 한다** B 운전을 할 줄 모른다 C 시험 준비를 하고 있다

해설 보기가 모두 행동을 나타내므로 녹음에 어떤 행동이 언급되는지 주의해서 듣는다. 남자가 여자에게 你这是要搬家吗？(이사 가는 거야?)라고 물었고 여자가 对(그렇다)라고 했다. 질문에서 여자에 관해 알 수 있는 것을 물었으므로 정답은 A이다.

어휘 儿子 érzi 명 아들　小学 xiǎoxué 명 초등학교　学校 xuéxiào 명 학교　离 lí 개 ~로부터　远 yuǎn 형 멀다　打算 dǎsuàn 동 ~할 계획이다　附近 fùjìn 명 근처, 부근　住 zhù 동 살다　搬家 bānjiā 동 이사하다　会 huì 조동 (배워서) ~할 줄 알다　开车 kāichē 동 운전하다　准备 zhǔnbèi 동 준비하다　考试 kǎoshì 동 시험을 보다

29 ★☆☆ 하

女：是个女孩儿，六斤多，很健康。 男：谢谢医生，我妻子怎么样啊？ 问：他们现在最可能在哪儿？	여: 여자아이이고 3kg 정도에 아주 건강해요. 남: 감사합니다. 의사 선생님. 제 아내는 어떤가요? 질문: 그들은 현재 아마도 어디에 있는가?
A 商店　**B 医院**　C 学校	A 상점　**B 병원**　C 학교

해설 보기가 모두 장소이므로 대화를 나누는 장소가 어디인지 또는 남녀가 가려는 곳이 어디인지 주의해서 듣는다. 여자가 남자에게 谢谢医生(감사합니다. 의사 선생님)이라고 했으므로 그들이 있는 장소는 병원임을 알 수 있다. 질문에서 그들이 있는 장소를 물었으므로 정답은 B이다.

어휘 女孩儿 xiàonǚháir 명 여자아이　斤 jīn 양 근(무게의 단위, 약 500g)　健康 jiànkāng 형 건강하다　医生 yīshēng 명 의사　妻子 qīzi 명 아내, 부인　商店 shāngdiàn 명 상점　医院 yīyuàn 명 병원

30 ★★☆ 중

男：你怎么不走啊？前面还有很远的路呢。 女：我现在又渴又饿，想先喝点儿水，休息一下。 问：女的怎么了？	남: 너 왜 안 가? 앞으로 아직 갈 길이 멀어. 여: 나 지금 목도 마르고 배가 고파. 먼저 물을 좀 마시고 쉬고 싶어. 질문: 여자는 왜 그런가?
A 生气了 B 走错路了 **C 太累了**	A 화가 났다 B 길을 잘못 갔다 **C 너무 힘들다**

해설 보기가 모두 상태를 나타내므로 녹음을 들으면서 남녀의 상태가 어떤지 확인한다. 남자가 왜 가지 않는지 묻는 말에 여자가 想……休息一下(좀 쉬고 싶어)라고 했으므로 여자의 현재 상태가 힘들다는 것을 알 수 있다. 질문에서 여자의 상태를 물었으므로 정답은 C이다.

어휘 前面 qiánmiàn 명 앞쪽 还 hái 부 또, 더 有 yǒu 동 있다 远 yuǎn 형 멀다 现在 xiànzài 명 현재, 지금 又A又B yòu A yòu B A하기도 하고 B하기도 하다 渴 kě 형 갈증나다 饿 è 형 배고프다 水 shuǐ 명 물 休息 xiūxi 쉬다, 휴식하다 生气 shēngqì 동 화나다 走 zǒu 동 걷다, 가다 错 cuò 형 틀리다 路 lù 명 길 累 lèi 형 힘들다

듣기 제4부분

[풀이전략] 녹음을 듣기 전, 먼저 보기를 보고 질문과 녹음의 내용을 미리 예상한다. 남녀의 정보를 구분해야 하며, 녹음에 언급되는 보기에 관련 정보를 메모한다.

31 ★☆☆ 중

男：今天晚上有时间吗？ 女：没有，晚上我有汉语课。 男：明天呢？明天我们去看电影吧。 女：好的，明天再说吧。 问：今天晚上女的要做什么？	남: 오늘 저녁에 시간 있어? 여: 없어. 저녁에 중국어 수업 있어. 남: 내일은? 내일 우리 영화 보러 가자. 여: 그래. 내일 다시 얘기하자. 질문: 오늘 저녁에 여자는 무엇을 하려고 하는가?
A 旅游 **B 上课** C 买电影票	A 여행하다 **B 수업하다** C 영화표를 사다

해설 보기가 모두 행동을 나타내므로 녹음에서 남자와 여자가 어떤 행동을 하는지 중점적으로 듣는다. 남자가 여자에게 영화를 보러 가자는 말에 여자가 晚上我有汉语课(저녁에 중국어 수업이 있어)라고 했으므로 보기 B에 '여자'라고 메모한다. 질문에서 여자가 오늘 저녁에 할 행동을 물었으므로 정답은 B이다.

어휘 晚上 wǎnshang 명 저녁 有 yǒu 동 있다 时间 shíjiān 명 시간 汉语课 Hànyǔ kè 명 중국어 수업 明天 míngtiān 명 내일 看 kàn 동 보다 电影 diànyǐng 명 영화 再 zài 부 다시 说 shuō 동 말하다 旅游 lǚyóu 동 여행하다 上课 shàngkè 동 수업하다 买 mǎi 동 사다 电影票 diànyǐngpiào 명 영화표

32 ★☆☆ 하

女：晚上想吃什么？ 男：妈，我想吃鱼，家里有鱼吗？ 女：没有，只有羊肉。	여: 저녁에 뭐 먹고 싶어? 남: 엄마, 나 생선 먹고 싶어. 집에 생선 있어? 여: 없어. 양고기만 있어.
男：那我去超市买回来吧。 问：男的要去哪儿？	남: 그럼 내가 마트에 가서 사 올게. 질문: 남자는 어디에 갈 것인가?
A 超市　　B 银行　　C 医院	**A 마트**　　B 은행　　C 병원

해설 보기가 모두 장소이므로 녹음에서 어떤 장소가 들리는지 주의한다. 집에 생선이 없다는 여자의 말에 남자가 那我去超市买回来吧(그럼 내가 마트에 가서 사 올게)라고 했으므로 보기 A에 '남자'라고 메모한다. 질문에서 남자가 어디에 갈 것인지 물었으므로 정답은 A이다.

어휘 想 xiǎng 조동 ~하고 싶다　吃 chī 동 먹다　什么 shénme 대 무슨, 무엇　鱼 yú 명 생선, 물고기　只 zhǐ 부 오직, 단지　羊肉 yángròu 명 양고기　买 mǎi 동 사다　超市 chāoshì 명 마트　银行 yínháng 명 은행　医院 yīyuàn 명 병원

33 ★☆☆ 하

男：这家饭馆的羊肉真好吃！ 女：对啊，而且很便宜。 男：下次我还想来吃。 女：我也是。	남: 이 식당의 양고기가 정말 맛있어! 여: 맞아. 게다가 저렴해. 남: 다음 번에 또 와서 먹고 싶어. 여: 나도야.
问：这家饭馆的什么好吃？	질문: 이 식당은 무엇이 맛있는가?
A 羊肉　　B 炒饭　　C 牛肉	**A 양고기**　　B 볶음밥　　C 소고기

해설 보기가 모두 음식을 나타내므로 녹음에서 어떤 음식이 들리는지 확인한다. 남자가 这家饭馆的羊肉真好吃(이 식당의 양고기가 정말 맛있어)이라고 했으므로 보기 A에 '맛있다'라고 메모한다. 질문에서 이 식당은 무엇이 맛있는지 물었으므로 정답은 A이다.

어휘 饭馆(儿) fànguǎn(r) 명 식당　羊肉 yángròu 명 양고기　好吃 hǎochī 형 맛있다　而且 érqiě 접 게다가　便宜 piányi 형 저렴하다　下次 xiàcì 명 다음번　还 hái 부 또　炒饭 chǎofàn 명 볶음밥　牛肉 niúròu 명 쇠고기

34 ★★☆ 중

女：你怎么了？ 男：我的耳朵有点儿不舒服，听不清楚。 女：是不是刚才游泳的时候进水了？ 男：好像是的。 问：男的怎么了？	여: 너 왜 그래? 남: 내 귀가 조금 불편해. 잘 안 들려. 여: 방금 수영할 때 물이 들어간 거 아니야? 남: 아마 그런 것 같아. 질문: 남자는 왜 그런가?
A 发烧了 B 鼻子不舒服 **C 耳朵进水了**	A 열이 난다 B 코가 불편하다 **C 귀에 물이 들어갔다**

해설 보기가 모두 몸 상태를 나타내므로 남자와 여자의 몸 상태가 어떤지 듣는다. 남자가 귀가 불편하다는 말에 여자가 是不是刚才游泳的时候进水了？(방금 수영할 때 물이 들어간 거 아니야?)라고 했고 남자는 그런 것 같다라고 대답했으므로 보기 C에 '남자'라고 메모한다. 질문에서 남자가 왜 그런지 물었으므로 정답은 C이다. 보기 B에서 不舒服(불편하다)가 녹음에 언급되었지만 鼻子(코)가 아니라 耳朵(귀)이므로 정답을 선택할 때 실수하지 않도록 주의하자.

어휘 耳朵 ěrduo 명 귀　舒服 shūfu 형 편안하다　清楚 qīngchu 형 분명하다, 뚜렷하다　刚才 gāngcái 명 방금　游泳 yóuyǒng 동 수영하다　的时候 de shíhou ~할 때　好像 hǎoxiàng 부 ~인 것 같다　发烧 fāshāo 동 열이 나다　鼻子 bízi 명 코　进 jìn 동 들다　水 shuǐ 명 물

35 ★☆☆ 하

男：妈妈在做什么呢？
女：她在看新闻。
男：饭做好了，去叫她吃饭吧。
女：好的。

问：妈妈在做什么？

A 用筷子
B 喝绿茶
C 看新闻

남: 엄마 뭐하고 계시니?
여: 뉴스를 보고 계세요.
남: 밥이 다 되었으니 가서 엄마에게 식사하시라고 부르렴.
여: 알겠어요.

질문: 엄마는 무엇을 하고 있는가?

A 젓가락을 사용한다
B 녹차를 마신다
C 뉴스를 본다

해설 보기가 모두 행동을 나타내므로 녹음에서 어떤 행동이 언급되는지 주의한다. 남자가 엄마가 무엇을 하고 있는지 묻는 말에 여자가 她在看新闻(뉴스를 보고 계세요)이라고 했으므로 보기 C에 '엄마'라고 메모한다. 질문에서 엄마가 무엇을 하고 계시는지 물었으므로 정답은 C이다.

어휘 在 zài 부 ~하고 있다　做 zuò 동 하다　什么 shénme 대 무슨, 무엇　饭 fàn 명 밥　叫 jiào 동 부르다　用 yòng 동 사용하다　筷子 kuàizi 명 젓가락　绿茶 lǜchá 명 녹차　新闻 xīnwén 명 뉴스

36 ★★☆ 중

女：你现在忙吗？
男：怎么了？有什么事儿吗？
女：你能帮我看一下这个吗？
男：对不起，我没有时间。

问：男的为什么不能帮女的？

A 总是忘记
B 不愿意办
C 没时间去办

여: 너 지금 바빠?
남: 왜? 무슨 일 있어?
여: 이것 좀 봐 줄 수 있어?
남: 미안해. 나 지금 시간이 없어.

질문: 남자는 왜 여자를 도와줄 수 없는가?

A 자꾸 잊어버린다
B 하고 싶지 않다
C 하러 갈 시간이 없다

해설 보기가 모두 상태를 나타내므로 남자와 여자가 어떤 상태인지 중점적으로 듣는다. 여자가 이것 좀 봐 줄 수 있느냐는 물음에 남자가 对不起，我没有时间(미안해. 나 지금 시간이 없어)이라고 했다. 남자가 왜 여자를 도와줄 수 없는지 물었으므로 정답은 C이다.

어휘 忙 máng 형 바쁘다　事儿 shìr 명 일　能 néng 조동 ~할 수 있다　帮 bāng 동 돕다　没有 méiyǒu 동 없다　时间 shíjiān 명 시간　为什么 wèishénme 대 왜　总是 zǒngshì 부 항상, 늘　忘记 wàngjì 동 잊다　愿意 yuànyì 조동 ~하길 원하다　办 bàn 동 처리하다

37 ★★☆ 중

男：星期六我和朋友出去，你想来吗？ 女：你们去做什么？ 男：我们打算去踢足球。 女：你们去吧，我对踢足球不感兴趣。 问：女的说的是什么意思？	남: 토요일에 나 친구와 외출할 건데, 너 올래? 여: 너희 뭐 하러 가는데? 남: 우리 축구 하러 갈 거야. 여: 너희끼리 가. 나는 축구에 관심이 없어. 질문: 여자가 말한 것은 무슨 의미인가?
A 马上看 **B 没有兴趣** C 电脑坏了	A 바로 본다 **B 흥미가 없다** C 컴퓨터가 고장 났다

해설 보기가 모두 상태를 나타내므로 녹음에 언급되는 상태 또는 상황을 주의해서 듣는다. 남자가 친구와 축구를 하러 간다는 말에 여자가 我对踢足球不感兴趣(나는 축구에 관심이 없어)라고 했으므로 녹음에 언급된 보기 B에 '여자'라고 메모한다. 질문에서 여자의 말의 뜻을 물었으므로 정답은 B이다. '对……(没)有兴趣'와 '对……(不)感兴趣'는 표현만 다를 뿐 모두 '~에 흥미가 있다(없다)'라는 뜻이다.

어휘 和 hé 개 ~와/과 打算 dǎsuàn 동 ~할 계획이다 踢足球 tī zúqiú 동 축구하다 对 duì 개 ~에게, ~에 대하여 感 gǎn 동 느끼다 兴趣 xìngqù 명 흥미 马上 mǎshàng 부 곧, 바로 电脑 diànnǎo 명 컴퓨터 坏 huài 동 고장나다

38 ★☆☆ 하

女：这条裙子怎么样？ 男：颜色很好看，但是不是有点儿大？ 女：那问服务员有没有小一点儿的。 男：好的，我去那边看一看吧。 问：男的觉得那条裙子怎么样？	여: 이 치마 어때? 남: 색이 보기 좋다. 하지만 좀 큰 거 아니야? 여: 그럼 종업원에게 좀 더 작은 것이 있는지 물어봐야겠네. 남: 그래. 나 저쪽에 가서 보고 있을게. 질문: 남자는 그 치마가 어떻다고 생각하는가?
A 太旧了 B 不太大 **C 颜色好看**	A 너무 낡았다 B 그다지 크지 않다 **C 색이 보기 좋다**

해설 보기가 모두 형용사이므로 녹음에서 상태를 묘사하는 표현을 주의해서 듣는다. 치마가 어떤지 묻는 여자의 질문에 남자가 颜色很好看，但是不是有点儿大？(색이 보기 좋다. 하지만 좀 큰 거 아니야?)라고 했으므로 보기 C에 '남자'라고 메모한다. 질문에서 남자가 치마를 어떻게 생각하는지 물었으므로 정답은 C이다. 남자는 치마가 좀 크다고 했으므로 B는 정답이 될 수 없다.

어휘 裙子 qúnzi 명 치마 怎么样 zěnmeyàng 대 어떻다, 어떠하다 但 dàn 접 하지만 问 wèn 동 묻다 服务员 fúwùyuán 명 종업원 那边 nàbian 명 저쪽 旧 jiù 형 낡다 颜色 yánsè 명 색깔

39 ★☆☆ 하

男：小李去哪儿了？
女：她去学唱歌了。
男：她几点回来？
女：我也不知道。

问：小李去做什么了？

A 去唱歌了
B 复习数学
C 和同学聊天儿

남: 샤오리 어디 갔어?
여: 노래 배우러 갔어.
남: 몇 시에 돌아와?
여: 나도 몰라.

질문: 샤오리는 무엇을 하러 갔는가?

A 노래를 배우러 갔다
B 수학을 복습하다
C 친구와 이야기하다

해설 보기가 모두 행동을 나타내므로 녹음에서 언급되는 행동과 관련된 표현에 주의한다. 샤오리가 어디 갔는지 묻는 남자의 말에 여자가 她去学唱歌了(노래를 배우러 갔어)라고 했으므로 보기 A에 '샤오리'라고 메모한다. 질문에서 샤오리가 무엇을 하러 갔는지 물었으므로 정답은 A이다.

어휘 去 qù 동 가다 哪儿 nǎr 대 어디 学 xué 동 배우다 唱歌 chànggē 동 노래를 부르다 几 jǐ 대 몇 点 diǎn 양 시 也 yě 부 ~도 知道 zhīdào 동 알다 复习 fùxí 동 복습하다 数学 shùxué 명 수학 同学 tóngxué 명 학우 聊天儿 liáotiānr 동 이야기하다

40 ★★★ 상

女：王老师怎么了？
男：她们班学生今天不舒服，她想带学生一起去医院。
女：那她怎么还没去呢？
男：校长说今天有重要的会议，老师不能离开学校。

问：老师为什么没去医院？

A 校长不同意
B 学生不满意
C 老师愿意帮忙

여: 왕 선생님 왜 그러세요?
남: 그녀의 반 학생이 오늘 몸이 안 좋아서 학생을 데리고 같이 병원에 가고 싶어 해요.
여: 근데 왜 아직 안 갔어요?
남: 교장 선생님께서 오늘 중요한 회의가 있다고 하셔서 선생님은 학교를 떠날 수가 없어요.

질문: 선생님은 왜 병원에 가지 않았는가?

A 교장이 동의하지 않는다
B 학생이 만족하지 못하다
C 선생님이 돕길 원한다

해설 보기를 통해 학교에서 벌어지고 있는 상황을 묻는 질문임을 예상할 수 있다. 여자와 남자는 왕 선생님을 걱정하는 이야기를 하고 있고 남자의 두 번째 대화에서 校长说今天有重要的会议，老师不能离开学校(교장 선생님께서 오늘 중요한 회의가 있다고 하셔서 선생님은 학교를 떠날 수가 없어요)라고 했다. 질문에서 선생님이 왜 병원에 가지 않았는지 물었으므로 정답은 A임을 알 수 있다.

어휘 班 bān 명 반 舒服 shūfu 형 편안하다 带 dài 동 데리다 医院 yīyuàn 명 병원 重要 zhòngyào 형 중요하다 会议 huìyì 명 회의 离开 líkāi 동 떠나다 校长 xiàozhǎng 명 교장 同意 tóngyì 동 동의하다 学生 xuésheng 명 학생 满意 mǎnyì 형 만족하다 愿意 yuànyì 조동 ~하길 원하다 帮忙 bāngmáng 동 돕다

독해 제1부분

[풀이전략] 먼저 문제 문장에서 핵심 키워드를 찾고, 보기 중에서 이와 동일한 키워드가 있거나 질문과 대답으로 연결되는 것을 정답으로 고른다.

41-45

A 脚疼，是吗？那我们在这儿休息吧。 B 现在可以上网了吗？ C 上个月，我们公司举行运动会那天。 D 有时候，我会看看新闻或者电视剧。 E 当然。我们先坐公共汽车，然后换地铁。 F 你什么时候把钱还给我？	A 발 아프지? 그럼 우리 여기서 쉬자. B 지금 인터넷할 수 있어? C 지난달 우리 회사가 운동회를 개최한 그날이야. D 때때로 나는 뉴스를 보거나 또는 드라마를 본다. E 당연하지요. 우리는 먼저 버스를 타고 그 다음에 지하철로 갈아타면 돼요. F 너 내 돈 언제 돌려줄 거야?

41 ★★☆ 하

你这张照片照得挺好的，什么时候照的？	너 이 사진 정말 잘 찍었다. 언제 찍은 거야?
(C 上个月，我们公司举行运动会那天。)	(C 지난달 우리 회사가 운동회를 개최한 그날이야.)

해설 문제에 의문대사 什么时候(언제)가 있으므로 이에 대한 대답에는 시간을 나타내는 문장이 적합하다. 보기 C에 上个月(지난달)라고 시간이 등장했으므로 알맞은 정답은 C이다.

어휘 张 zhāng 양 장 照片 zhàopiàn 명 사진 照 zhào 동 찍다 什么时候 shénme shíhou 대 언제 上个月 shàng ge yuè 명 지난달 公司 gōngsī 명 회사 举行 jǔxíng 동 개최하다 运动会 yùndònghuì 명 운동회

42 ★★☆ 중

不用了，没关系，马上就到家了。	필요 없어. 괜찮아. 곧 집에 도착해.
(A 脚疼，是吗？那我们在这儿休息吧。)	(A 발 아프지? 그럼 우리 여기서 쉬자.)

해설 문제의 不用了(필요 없어)는 제안했을 때의 대답이므로 보기에서 在这儿休息吧(여기서 쉬자)라고 제안하고 있는 문장인 A가 연결되어야 한다.

어휘 不用 búyòng 동 ~할 필요 없다 马上 mǎshàng 부 곧, 즉시 到 dào 동 도착하다 脚 jiǎo 명 발 疼 téng 형 아프다 在 zài 개 ~에서 这儿 zhèr 대 여기 休息 xiūxi 동 쉬다, 휴식하다 吧 ba 조 ~하자

43 ★★☆ 중

你喜欢看什么电视节目？	넌 무슨 텔레비전 프로그램을 즐겨 보니?
(D 有时候，我会看看新闻或者电视剧。)	(D 가끔 나는 뉴스를 보거나 드라마를 봐.)

해설 문제에서 看什么电视节目？(무슨 텔레비전 프로그램을 즐겨 보니?)라고 물었으므로 看新闻或者电视剧(뉴스를 보거나 드라마를 봐)라고 대답한 D가 연결되는 내용임을 알 수 있다.

어휘 喜欢 xǐhuan 동 좋아하다 什么 shénme 대 무슨, 무엇 电视 diànshì 명 텔레비전 节目 jiémù 명 프로그램 新闻 xīnwén 명 뉴스 或者 huòzhě 접 혹은, 또는 电视剧 diànshìjù 명 드라마

44 ★★★ 상

中国有一句话叫“有借有还，再借不难”。	중국에는 '빌린 것을 잘 돌려주면 다시 빌리는 것은 어렵지 않다'라는 말이 있어.
(F 你什么时候把钱还给我？)	(F 너 내 돈을 언제 돌려줄 거야?)

해설 문제에서 有借有还，再借不难(빌린 것을 잘 돌려주면 다시 빌리는 것은 어렵지 않다)이라고 했으므로 돈과 관련된 내용인 把钱还给我(돈을 내게 돌려주다)가 있는 F가 내용이 연결됨을 알 수 있다.

어휘 借 jiè 동 빌리다 还 huán 동 돌려주다 难 nán 형 어렵다 钱 qián 명 돈 给 gěi 개 ~에게

45 ★☆☆ 하

不能，电脑还是有什么问题。	안돼. 컴퓨터가 아직 문제 있어.
(B 现在可以上网了吗？)	(B 지금 인터넷할 수 있어?)

해설 문제의 不能(안돼)은 불가능하다는 뜻이므로 가능성을 묻는 질문에 대한 대답이다. 보기 B에 조동사 可以……吗？(~할 수 있어?)가 사용되었는데 可以가 '할 수 있다'라는 뜻으로 쓰였을 때는 能과 같은 의미이므로 두 문장이 연결됨을 알 수 있다. 또한 문제의 电脑(컴퓨터)와 보기 B의 上网(인터넷을 하다)도 의미가 연결되는 키워드이다.

어휘 能 néng 조동 ~할 수 있다 电脑 diànnǎo 명 컴퓨터 还是 háishi 부 여전히, 아직도 有 yǒu 동 있다 问题 wèntí 명 문제 可以 kěyǐ 조동 ~할 수 있다 上网 shàngwǎng 동 인터넷을 하다

46-50

A 还行，北方的冬天特别冷。 B 机场离这儿多远？ C 给一年级的学生上数学课。 D 我们城市的变化真大！ E 没有，我给他打了个电话，他同意我们的要求了。	A 그럭저럭 괜찮아. 북방의 겨울은 굉장히 추워. B 공항은 여기에서 얼마나 먼가요? C 1학년 학생들에게 수학 수업을 한다. D 우리 도시의 변화가 정말 크다! E 아니, 내가 그에게 전화를 했는데 그가 우리 요구에 동의했어.

46 ★☆☆ 하

你还不习惯我们这儿的天气吧？	너 아직 우리 여기 날씨가 익숙하지 않지?
(A 还行，北方的冬天特别冷。)	(A 그럭저럭 괜찮아. 북방의 겨울은 굉장히 추워.)

해설 문제의 키워드 还不习惯……吧？(~이 아직 익숙하지 않지?)와 这儿的天气(이곳의 날씨)는 보기 A의 还行(그럭저럭 괜찮아), 冬天冷(겨울은 춥다)과 서로 대응되므로 의미가 연결되는 문장임을 알 수 있다.

어휘 习惯 xíguàn 동 습관(적응)이 되다 天气 tiānqì 명 날씨 冬天 dōngtiān 명 겨울 特别 tèbié 부 특히, 매우 冷 lěng 형 춥다

실전모의고사 4

47 ★☆☆ 중

你上午见到张老师了吗?	너 오전에 장 선생님 만났어?
(E 没有，我给他打了个电话，他同意我们的要求了。)	(E 아니, 내가 그에게 전화를 했는데 그가 우리 요구에 동의했어.)

해설 문제에서 见到张老师了吗?(장 선생님 만났어?)라고 물었고, 보기 E에서 没有(아니)라고 과거에 대해 부정하는 대답을 했다. 선생님을 만났는지 묻는 질문에 대한 대답으로 어울리는 문장은 E이다.

어휘 上午 shàngwǔ 명 오전 见 jiàn 동 만나다 打 dǎ 동 (전화를) 걸다 电话 diànhuà 명 전화 同意 tóngyì 동 동의하다 要求 yāoqiú 명 요구

48 ★☆☆ 하

她是我们学校新来的老师。	그녀는 우리 학교에 새로 온 선생님이다.
(C 给一年级的学生上数学课。)	(C 1학년 학생들에게 수학 수업을 한다.)

해설 문제에 学校新来的老师(학교에 새로 온 선생님)가 있고 보기 C에 一年级的学生(1학년 학생), 上数学课(수학 수업을 한다)가 있으므로 두 문장의 의미가 서로 연결됨을 알 수 있다.

어휘 学校 xuéxiào 명 학교 新 xīn 형 새롭다 来 lái 동 오다 给 gěi 개 ~에게 年级 niánjí 명 학년 学生 xuésheng 명 학생 上课 shàngkè 동 수업하다 数学 shùxué 명 수학

49 ★★☆ 하

坐地铁要40多分钟吧。	지하철을 타고 40분 정도 걸려요.
(B 机场离这儿多远？)	(B 공항은 여기에서 얼마나 먼가요?)

해설 문제에 要40多分钟吧(40분 정도 걸려요)라는 소요 시간이 있으므로 보기 B의 多远?(얼마나 먼가요?)이라는 질문과 연결되는 문장임을 알 수 있다.

어휘 坐 zuò 동 타다 地铁 dìtiě 명 지하철 要 yào 동 걸리다, 필요하다 机场 jīchǎng 명 공항 离 lí 개 ~로부터 这儿 zhèr 대 여기, 이곳 多 duō 형 얼마나 远 yuǎn 형 멀다

50 ★★☆ 중

我记得以前这里都是些矮矮的房子，没有这么多高楼。	나는 예전에 여기가 모두 낮은 집이었던 것을 기억한다. 이렇게 많은 높은 건물이 없었다.
(D 我们城市的变化真大！)	(D 우리 도시의 변화가 정말 크다!)

해설 문제에 以前这里都是些矮矮的房子(예전에 여기가 모두 낮은 집이었던 것)라고 했으므로 변화와 관련된 내용 变化真大(변화가 정말 크다)가 있는 보기 E가 서로 연결된다. 전에는 이곳이 모두 낮은 건물들로 이렇게 높은 건물이 없었다는 내용을 통해 변화가 크다는 것을 알 수 있다. 따라서 정답은 D이다.

어휘 记得 jìde 동 기억하다 以前 yǐqián 명 이전 矮 ǎi 형 낮다 房子 fángzi 명 집 高 gāo 형 높다 楼 lóu 명 건물 城市 chéngshì 명 도시 变化 biànhuà 명 변화 大 dà 형 크다

독해 제2부분

[풀이전략] 문제 문장의 빈칸 앞뒤를 보고 어떤 문장 성분이 들어가야 하는지 확인한 뒤, 보기에서 알맞은 품사와 뜻을 가진 단어를 찾아 넣는다.

51-55

A 环境	B 和	C 简单
D 怎么样	E 声音	F 举行

A 환경	B ~와/과	C 간단하다
D 어떻다, 어떠하다	E 목소리	F 개최하다

51 ★★☆ 중

有些事情看上去很(C 简单)，但要做好，其实不容易。

어떤 일은 아주 (C 간단해) 보인다. 하지만 잘하려면 사실 쉽지 않다.

해설 빈칸의 구조가 [관형어(有些)+주어(事情)+부사어(看上去很)+____]이므로 빈칸은 정도부사의 수식을 받는 형용사 술어가 들어가야 한다. 주어인 事情(일)과 어울리는 형용사는 C 简单(간단하다)이다.

어휘 事情 shìqing 명 일 很 hěn 부 매우 简单 jiǎndān 형 간단하다 但 dàn 접 그러나 要 yào 조동 ~해야 한다 做 zuò 동 하다 其实 qíshí 부 사실 容易 róngyì 형 쉽다

52 ★☆☆ 하

听王经理说，机场附近那个宾馆的(A 环境)非常好。

왕 사장님이 공항 근처 그 호텔의 (A 환경)이 매우 좋다고 하셨다.

해설 빈칸의 구조가 [관형어(那个宾馆的)+____+부사어(非常)+술어(好)]인데 的는 명사를 수식하는 관형어를 만드는 조사이므로 빈칸은 명사 주어가 들어가야 한다. 빈칸 앞의 宾馆(호텔)과 의미가 어울리는 것은 A 环境(환경)이다.

어휘 听A说 tīng A shuō A의 말을 듣자하니 机场 jīchǎng 명 공항 附近 fùjìn 명 근처, 부근 宾馆 bīnguǎn 명 호텔 环境 huánjìng 명 환경

53 ★★☆ 중

那个会议要在我们公司(F 举行)，所以我最近特别忙。

그 회의는 우리 회사에서 (F 열린다). 그래서 우리는 요즘 매우 바쁘다.

해설 빈칸의 구조가 [관형어(那个)+주어(会议)+부사어(要在我们公司)+____]이므로 빈칸은 동사 술어가 들어가야 한다. 문장이 '그 회의는 우리 회사에서 ~하다'라는 뜻을 나타내므로 알맞은 정답은 F 举行(열리다)이다.

어휘 会议 huìyì 명 회의 在 zài 개 ~에서 公司 gōngsī 명 회사 举行 jǔxíng 동 개최하다 所以 suǒyǐ 접 그래서 最近 zuìjìn 명 요즘, 최근 忙 máng 형 바쁘다

54 ★☆☆ 하

他(B 和)他弟弟长得很像！

그(B 와) 그의 남동생은 생긴 게 정말 비슷하다!

해설 빈칸의 구조가 [주어(他)+부사어{____+명사(他弟弟)}+술어(长)+得+보어(很像)]이므로 빈칸은 他弟弟(그의 남동생)와 어울리는 개사가 들어가야 한다. 따라서 B 和(~와/과)가 들어가야 한다.

실전모의고사 4

어휘 和 hé 개 ~와/과　他 tā 대 그　弟弟 dìdi 명 남동생　长 zhǎng 동 생기다　像 xiàng 동 닮다

55 ★★☆ 하

明天下午考数学，你准备得（ D 怎么样 ）?	내일 오후에 수학 시험을 보는데 너는 (D 어떻게) 준비했어?

해설 빈칸의 구조가 [주어(你)+술어(准备)+得+____?]이므로 빈칸은 보어 자리임을 알 수 있다. 문장에 ?(물음표)가 사용되었으므로 의문을 나타내는 표현이 들어가야 한다. 보기 중 의문을 나타내는 D 怎么样(어떻다)이 들어가야 한다.

어휘 下午 xiàwǔ 명 오후　考 kǎo 동 (시험을) 보다　数学 shùxué 명 수학　准备 zhǔnbèi 동 준비하다　怎么样 zěnmeyàng 대 어떻다, 어떠하다

56-60

A 终于	B 说	C 房子	A 드디어, 마침내	B 말하다	C 집
D 爱好	E 骑	F 一会儿	D 취미	E 타다	F 잠시

56 ★☆☆ 하

A：怎么样？这个（ C 房子 ）你满意吧？ B：很不错，但我还想看看别的。	A: 어때? 이 (C 집) 만족해? B: 좋네. 하지만 나는 다른 것을 더 보고 싶어.

해설 빈칸의 구조가 [지시대사(这)+양사(个)+____]이므로 빈칸은 명사 자리임을 알 수 있다. 보기 중 명사는 C가 유일하므로 C 房子(방)가 들어가야 한다.

어휘 房子 fángzi 명 집　满意 mǎnyì 형 만족하다　还 hái 부 더　想 xiǎng 조동 ~하고 싶다　别的 biéde 명 다른 것

57 ★★☆ 하

A：照片上（ E 骑 ）马的这个人是你吗？ B：不是，他是我哥哥。	A: 사진에서 말을 (E 타고) 있는 이 사람이 너야? B: 아니. 그는 내 형이야.

해설 빈칸의 구조가 [부사어(照片上)+____+목적어(马)]이므로 빈칸은 马(말)를 목적어로 두는 술어 자리임을 알 수 있다. 따라서 정답은 E 骑(타다)이다. 骑는 '올라타다'라는 뜻으로 马(말), 自行车(자전거), 摩托车(오토바이) 등에 사용한다.

어휘 照片 zhàopiàn 명 사진　骑 qí 동 타다　马 mǎ 명 말　是 shì 동 ~이다　哥哥 gēge 명 형, 오빠

58 ★★☆ 중

A：姐，快起床，外面天气非常好，我们出去玩儿吧。 B：今天不是星期天吗？让我再睡（ F 一会儿 ）。	A: 언니, 얼른 일어나. 바깥 날씨가 너무 좋아. 우리 나가 놀자. B: 오늘 일요일 아니야? 나 (F 조금만) 더 자게 해 줘.

해설 빈칸의 구조가 [让+주어(我)+부사어(再)+술어(睡)+____]이므로 빈칸은 목적어나 보어가 들어가야 한다. 보기에 목적어로 쓰일 만한 단어가 없으므로 빈칸은 보어 자리이다. 보기 F 一会儿(잠시)이 동사 뒤에서 시량보어로 쓰이므로 정답은 F이다.

Tip▶ '一会儿+동사' 이따가 ~하다 예 **一会儿**见。 **이따가** 만나.
'동사+一会儿' 잠시 ~하다 예 等**一会儿**。 **잠시** 기다려.

어휘 起床 qǐchuáng 동 일어나다　外面 wàimiàn 명 밖　天气 tiānqì 명 날씨　玩儿 wánr 동 놀다　星期天 xīngqītiān 명 일요일　再 zài 부 다시　睡 shuì 동 자다　一会儿 yíhuìr 잠시

59 ★★☆ 하

A：他普通话（B 说）得真好。 B：你不知道吗？他是北京人。	A: 그는 표준어를 정말 (B 잘한다). B: 너 모르니? 그는 북경 사람이야.

해설 빈칸의 구조가 [주어(他)+목적어(普通话)+____+得+보어(真好)]이므로 빈칸은 동사 술어가 들어가야 한다. 普通话(표준어)와 의미가 어울리는 동사는 B 说(말하다)이다.

어휘 普通话 pǔtōnghuà 명 표준어 说 shuō 동 말하다 知道 zhīdào 동 알다 北京 Běijīng 지명 북경

60 ★★☆ 중

A：5年了，女朋友（A 终于）同意跟我结婚了。 B：真的吗？太好了！我真为你高兴！	A: 5년이 걸렸어. 여자친구가 (A 드디어) 나랑 결혼하기로 동의했어. B: 정말? 잘됐다. 축하해!

해설 빈칸의 구조가 [주어(女朋友)+____+술어(同意)+목적어(跟我结婚)]이므로 빈칸은 술어를 꾸며주는 부사어가 들어가야 한다. 보기 중 술어 同意(동의하다)와 의미가 어울리는 것은 부사 A 终于(마침내)이다.

어휘 女朋友 nǚpéngyou 명 여자친구 终于 zhōngyú 부 드디어, 마침내 同意 tóngyì 동 동의하다 跟 gēn 개 ~와/과 结婚 jiéhūn 동 결혼하다

독해 제3부분

[풀이전략] 먼저 질문과 보기를 보고 핵심 키워드를 파악한 뒤, 이 키워드를 중심으로 지문을 읽고 보기와 대조하여 알맞은 정답을 고른다.

61 ★★☆ 중

到了机场，我发现了手机不见了，在行李箱里找了很长时间，也没找到，很着急。	공항에 도착해서 핸드폰이 없어진 것을 발견했다. 캐리어 안을 오랫동안 찾았지만 찾지 못해서 초조했다.
★ 我为什么着急？ A 来晚了 **B 没找到手机** C 忘记带行李箱	★ 나는 왜 초조한가? A 늦게 왔다 **B 핸드폰을 찾지 못했다** C 캐리어 챙기는 것을 잊었다

해설 질문에서 초조한 이유를 묻고 있으며 키워드는 着急(초조하다)이다. 지문에서 手机不见了(핸드폰이 없어졌다)라고 하며 마지막 부분에 没找到，很着急(찾지 못해서 초조했다)라고 했으므로 핸드폰을 찾지 못해 초조한 것임을 알 수 있다. 따라서 알맞은 정답은 B이다.

어휘 到 dào 동 도착하다 机场 jīchǎng 명 공항 发现 fāxiàn 동 발견하다 手机 shǒujī 명 핸드폰 行李箱 xínglixiāng 명 캐리어 找 zhǎo 동 찾다 长 cháng 형 길다 时间 shíjiān 명 시간 着急 zháojí 형 급하다, 초조하다 为什么 wèishénme 대 왜 晚 wǎn 형 늦다 忘记 wàngjì 동 잊다 带 dài 동 지니다, 휴대하다

62 ★☆☆ 하

我家附近的环境很不错，很安静，街道也很干净，旁边有一个花园，是个休息的好地方。欢迎你来我家玩儿。	우리 집 근처 환경이 아주 좋다. 조용하고 거리도 깨끗하다. 옆에는 화원이 하나 있는데 쉬기에 좋은 곳이다. 당신이 우리 집에 놀러 오는 것을 환영한다.
★ 他们那儿： A 在北京 B 很冷 **C 环境还可以**	★ 그들이 있는 곳은? A 북경에 있다 B 춥다 **C 환경이 괜찮다**

해설 질문에서 그들이 있는 장소에 관한 내용을 묻고 있다. 지문에서 我家附近的环境很不错(우리 집 근처 환경이 아주 좋다)라고 했으므로 보기 C가 정답임을 알 수 있다. 보기 A와 B의 내용은 언급되지 않았다.

어휘 附近 fùjìn 명 근처　环境 huánjìng 명 환경　不错 búcuò 형 좋다, 괜찮다　安静 ānjìng 형 조용하다　街道 jiēdào 명 도로, 거리　干净 gānjìng 형 깨끗하다　旁边 pángbiān 명 옆　有 yǒu 동 있다　花园 huāyuán 명 화원　休息 xiūxi 동 쉬다, 휴식하다　地方 dìfāng 명 곳, 장소　欢迎 huānyíng 동 환영하다　玩儿 wánr 동 놀다

63 ★★☆ 하

上个星期六我和同学们去游泳了，到现在我的腿还在疼。看来我应该多锻炼锻炼身体。	지난주 토요일에 나는 반 친구들과 수영을 하러 갔는데 지금까지 다리가 아프다. 보니까 나는 몸을 많이 단련해야 할 것 같다.
★ 他打算： **A 多运动** B 去医院 C 不去游泳	★ 그는 무엇을 할 계획인가? **A 운동을 많이 한다** B 병원에 간다 C 수영하러 가지 않는다

해설 질문에서 그가 무엇을 할 계획인지 묻고 있다. 지문의 마지막 부분에 我应该多锻炼锻炼身体(나는 몸을 많이 단련해야 할 것 같다)라고 했으므로 정답은 A이다. 锻炼(단련하다)과 运动(운동하다)은 비슷한 의미이며, 자주 출제되는 동사이다.

어휘 星期 xīngqī 명 주, 요일　和 hé 개 ~와/과　同学 tóngxué 명 학우　游泳 yóuyǒng 동 수영하다　腿 tuǐ 명 다리　还 hái 부 여전히, 아직도　疼 téng 형 아프다　应该 yīnggāi 조동 마땅히 ~해야 한다　锻炼 duànliàn 동 단련하다　身体 shēntǐ 명 몸, 신체　打算 dǎsuàn 동 ~할 계획이다　医院 yīyuàn 명 병원

64 ★☆☆ 하

我刚才去公园走了走，那儿的草都绿了，花也开始开了。又一个春天来了，这是我最喜欢的季节。	나는 방금 공원에 가서 걸었는데, 그곳의 풀이 파래졌고 꽃도 피기 시작했다. 또 하나의 봄이 왔다. 이것은 내가 가장 좋아하는 계절이다.
★ 根据这段话，可以知道： **A 春天到了** B 热极了 C 变冷了	★ 이 글에 근거해서 알 수 있는 것은? **A 봄이 왔다** B 매우 덥다 C 추워졌다

해설 질문에서 이 글에서 알 수 있는 내용을 물었으므로 보기와 하나씩 대조해야 한다. 지문에서 又一个春天来了(또 하나의 봄이 왔다)라고 했으므로 A가 정답임을 알 수 있다. 보기 B와 C의 내용은 언급되지 않았다.

어휘 刚才 gāngcái 명 방금 公园 gōngyuán 명 공원 走 zǒu 동 걷다 草 cǎo 명 풀 绿 lǜ 형 푸르다 花 huā 명 꽃 开 kāi 동 열다, 피다 又 yòu 부 또 春天 chūntiān 명 봄 季节 jìjié 명 계절 热 rè 형 덥다 变 biàn 동 변하다 冷 lěng 형 춥다

65 ★★☆ 중

"6月的天，孩子的脸，说变就变。" 刚才还是晴天，现在外面在下雨。雨越下越大，天也越来越黑了，路上一辆出租车也不见了。

'6월의 하늘은 아이의 얼굴 같아서 매우 빠르게 바뀐다' 방금 전까지는 맑은 날씨였는데 지금은 밖에 비가 오고 있다. 비가 내리면 내릴수록 많이 오고, 날도 점점 어두워진다. 길에 택시 한 대도 보이지 않는다.

★ 6月的天气：

A 很好
B 变化快
C 下大雪

★ 6월 날씨는?

A 좋다
B 변화가 빠르다
C 눈이 많이 내린다

해설 질문에서 6월의 날씨에 대해 묻고 있다. 지문의 첫 문장에 6月的天(6월의 하늘)이 등장하며 说变就变(매우 빠르게 바뀐다)이라고 했으므로 보기 B가 정답임을 알 수 있다.

Tip▶ 说变就变은 '변한다고 말하자 마자 바뀐다'라는 뜻으로 빠르게 바뀌는 것에 주로 사용한다.

어휘 孩子 háizi 명 아이 脸 liǎn 명 얼굴 晴 qíng 형 맑다 在 zài 부 ~하고 있다 下雨 xiàyǔ 동 비가 내리다 越A越B yuè A yuè B A하면 할수록 B하다 越来越A了 yuèláiyuè A le 점점 더 A해지다 黑 hēi 형 어둡다 辆 liàng 양 대 出租车chūzūchē 명 택시 变化 biànhuà 명 변화 快 kuài 형 빠르다

66 ★★☆ 하

这个药几乎没什么作用，他的头还在疼。他昨天没睡好，我担心会影响他的工作，所以下午我想带他去医院再检查一下。

이 약은 거의 아무런 효과가 없어서 그의 머리는 아직도 아프다. 그는 어제 잠을 잘 못 자서 나는 그의 일에 지장을 줄까 걱정이 된다. 그래서 오후에 병원에 데려가서 다시 검사를 받게 하고 싶다.

★ 说话人主要是什么意思？

A 他好多了
B 让他在家休息
C 陪他去看医生

★ 화자의 말은 어떤 의미인가?

A 그는 많이 좋아졌다
B 그를 집에서 쉬게 하다
C 그를 데리고 의사에게 가다

해설 질문에서 화자가 한 말의 의미를 묻고 있다. 지문의 마지막 부분에 我想带他去医院再检查一下(병원에 데려가서 다시 검사를 받게 하고 싶다)라고 했으므로 화자는 그를 데리고 병원에 갈 것임을 알 수 있다. 따라서 정답은 C이다.

어휘 药 yào 명 약 几乎 jīhū 부 거의 作用 zuòyòng 명 효과, 작용 头 tóu 명 머리 疼 téng 형 아프다 睡 shuì 동 자다 担心 dānxīn 동 걱정하다 影响 yǐngxiǎng 동 영향을 주다 带 dài 동 데리다 医院 yīyuàn 명 병원 检查 jiǎnchá 동 검사하다 医生 yīshēng 명 의사 让 ràng 동 ~하게 하다 休息 xiūxi 동 쉬다 陪 péi 동 데리다, 모시다

67 ★☆☆ 하

过去人们喜欢看报纸，现在很多人喜欢在手机上看新闻。除了看新闻，人们还可以在手机上看电影、买卖东西。	과거에는 사람들이 신문을 즐겨 봤고 지금은 많은 사람들이 휴대폰으로 뉴스를 보는 것을 좋아한다. 뉴스를 보는 것 외에도 사람들은 휴대폰에서 영화를 보고 물건을 사고팔 수 있다.
★ 在手机上可以： **A 看新闻** B 不能买东西 C 做菜	★ 핸드폰으로 가능한 것은? **A 뉴스를 보다** B 물건을 살 수 없다 C 요리하다

해설 질문에서 핸드폰으로 할 수 있는 것을 묻고 있다. 지문에서 现在很多人喜欢在手机上看新闻(지금은 많은 사람들이 휴대폰으로 뉴스를 보는 것을 좋아한다)이라고 했으므로 지문에 그대로 등장한 A가 정답이다. 보기 B와 C의 내용은 언급되지 않았다.

어휘 过去 guòqu 명 과거 报纸 bàozhǐ 명 신문 手机 shǒujī 명 핸드폰 新闻 xīnwén 명 뉴스 除了 chú le 접 ~를 제외하고 还 hái 부 또 可以 kěyǐ 조동 ~할 수 있다 电影 diànyǐng 명 영화 买 mǎi 동 사다 卖 mài 동 팔다 东西 dōngxī 명 물건 做 zuò 동 하다, 만들다 菜 cài 명 요리

68 ★☆☆ 하

你点的菜太少。服务员，把菜单给我拿过来。我们点羊肉吧。这家饭馆的羊肉特别好吃。	네가 주문한 음식이 너무 적다. 저기요, 메뉴 좀 가져다 주세요. 우리 양고기 주문하자. 이 식당의 양고기가 굉장히 맛있어.
★ 那家饭馆儿： A 鱼很好吃 **B 羊肉很不错** C 菜不新鲜	★ 그 식당은? A 생선이 맛있다 **B 양고기가 괜찮다** C 요리가 신선하지 않다

해설 문제의 키워드는 那家饭馆儿(그 식당)이므로 식당에 관한 내용을 보기와 대조한다. 지문의 마지막 부분에 这家饭馆的羊肉特别好吃(이 식당의 양고기가 굉장히 맛있어)이라고 했으므로 식당에 관한 옳은 내용은 B임을 알 수 있다.

어휘 点 diǎn 동 주문하다 少 shǎo 형 적다 服务员 fúwùyuán 명 종업원 菜单 càidān 명 요리 羊肉 yángròu 명 양고기 特别 tèbié 부 특히, 매우 鱼 yú 명 생선 新鲜 xīnxiān 형 신선하다

69 ★★☆ 중

每天睡觉前，儿子总会要求妈妈给他讲一个故事，开始的时候他听得很认真，后来就慢慢地睡着了。	매일 자기 전에, 아들은 항상 엄마에게 이야기를 하나 해 달라고 한다. 시작할 때는 열심히 듣다가 나중에는 천천히 잠이 든다.
★ 根据这段话，儿子： A 不想睡觉 B 想一个人睡觉 **C 喜欢听故事**	★ 이 단락에 따르면 아들은? A 잠을 자고 싶어 하지 않는다 B 혼자서 자고 싶어 한다 **C 이야기 듣는 것을 좋아한다**

해설 질문에서 아들에 관한 옳은 내용을 묻고 있다. 지문에서 每天睡觉前，儿子总会要求妈妈给他讲一个故事(매일 자기 전에, 아들은 항상 엄마에게 이야기를 하나 해 달라고 한다)이라고 했으므로 아들이 이야기를 듣는 것을 좋아한다는 것을 알 수 있다. 따라서 정답은 C이다.

어휘 每天 měitiān 명 매일 睡觉 shuìjiào 동 잠자다 前 qián 명 전 儿子 érzi 명 아들 总 zǒng 부 항상, 늘 要求 yāoqiú 동 요구하다 讲 jiǎng 동 말하다, 이야기하다 故事 gùshi 명 이야기 开始 kāishǐ 동 시작하다 认真 rènzhēn 형 진지하다 慢 màn 형 느리다 睡着 shuìzháo 동 잠들다

70 ★★☆ 하

她是两个月前来公司的，虽然时间短，但她做事一直很努力，现在同事们都很喜欢她。	그녀는 두 달 전에 회사에 왔다. 비록 짧은 시간이지만 그녀는 항상 열심히 일했다. 현재 동료들은 모두 그녀를 좋아한다.
★ 根据这段话，可以知道她：	★ 이 단락에 근거하여 그녀에 대해 알 수 있는 것은?
A 很认真 B 没找到工作 C 爱笑	**A 열심히 한다** B 직장을 찾지 못했다 C 잘 웃는다

해설 질문에서 她(그녀)에 관해 알 수 있는 것을 묻고 있다. 지문에서 她做事一直很努力(그녀는 항상 열심히 일했다)라고 했으므로 보기 A가 옳은 내용임을 알 수 있다. 그녀는 두 달 전에 회사에 왔다고 했으므로 B는 틀린 내용이고, C는 언급되지 않았다.

어휘 公司 gōngsī 명 회사 虽然A, 但B suīrán A, dàn B 비록 A하지만 B하다 时间 shíjiān 명 시간 短 duǎn 형 짧다 事 shì 명 일 一直 yìzhí 부 계속, 줄곧 努力 nǔlì 형 노력하다, 열심히 하다 同事 tóngshì 명 직장 동료 认真 rènzhēn 형 진지하다, 열심히 하다 爱 ài 동 좋아하다 笑 xiào 동 웃다

쓰기 제1부분

[풀이전략] 어순 배열 문제는 가장 먼저 술어를 찾아야 한다. 그리고 술어와 어울리는 주어와 목적어를 배치한 뒤 관형어, 부사어와 같은 수식 성분을 배치하도록 한다.

71 ★☆☆ 하

水　　变黄了　　瓶子里的

관형어	주어	술어	보어
瓶子里的 명사+방위명사+的	水 명사	变 동사	黄了。 형용사+了

병 안의 물이 노랗게 변했다.

해설 **술어 배치** 동태조사 了가 결합되어 있는 变(노랗게 변했다)을 술어에 배치한다. 变黄은 '술어+정도보어' 구조이다.
주어 목적어 배치 술어 变의 주체로 水(물)를 주어에 배치한다.
남은 어휘 배치 구조조사 的가 결합된 瓶子里的(병 안의)는 관형어이므로 의미상 알맞은 水 앞에 배치하여 문장을 완성한다.

어휘 瓶子 píngzi 명 병 里 lǐ 명 안 水 shuǐ 명 물 变 biàn 동 변하다 黄 huáng 형 노랗다

72 ★☆☆ 중

第一个　　到教室　　他总是

주어	부사어	술어	목적어
他 인칭대사	总是第一个 부사+명사	到 동사	教室。 명사

그는 항상 제일 먼저 교실에 도착한다.

해설 **술어 배치** 제시어 중 술어가 될 수 있는 동사 到(도착하다)를 술어에 배치한다.
주어 목적어 배치 술어 到의 목적어는 이미 결합되어 있고, 행위의 주체로 他(그)를 주어에 배치한다.
남은 어휘 배치 남은 어휘 第一个는 '제일 먼저'라는 뜻으로 쓰이므로 술어 到 앞에 배치하여 문장을 완성한다. 부사 总是(항상)은 이미 주어 他 뒤에 부사어로 결합되어 있다.

어휘 总是 zǒngshì 부 늘, 항상　第一 dìyī 수 첫 번째　到 dào 동 도착하다　教室 jiàoshì 명 교실

73 ★★★ 상

已经　　解决　　事情　　了　　被老师

주어(행위의 대상)	부사어	被행위의 주체	술어
事情 명사	已经 부사	被老师 被+명사	解决了。 동사+了

일은 이미 선생님에 의해 해결되었다.

해설 **술어 배치** 제시어에 被가 있으므로 被자문을 완성한다. 동사 解决(해결하다)를 술어에 배치한다.
주어 목적어 배치 술어 解决의 대상으로 事情(일)을 주어에 배치한다. 被자문에서 주어는 행위의 대상을 사용한다. 행위의 주체인 老师(선생님)은 이미 개사 被와 결합되어 있다.
남은 어휘 배치 부사 已经(이미)은 부사어이므로 被老师 앞에 배치하여 문장을 완성한다.

Tip▶ 被자문의 어순 : 주어(행위의 대상) + 被행위의 주체 + 술어 + 기타성분
예 我的手机**被**他修好了。내 핸드폰이 **그에 의해** 찾아졌다.

어휘 事情 shìqing 명 일　已经 yǐjīng 부 이미, 벌써　被 bèi 개 ~에게 ~을 당하다　老师 lǎoshī 명 선생님　解决 jiějué 동 해결하다

74 ★★★ 중

把菜单　　服务员　　拿走了

주어	把목적어	술어	보어
服务员 명사	把菜单 把+명사	拿 동사	走了。 동사+了

종업원이 메뉴판을 가져갔다.

해설 **술어 배치** 제시어에 把가 있으므로 把자문을 완성한다. 동사 拿(가지다)를 술어에 배치한다. 拿走는 '술어+방향보어'의 구조이다.
주어 목적어 배치 술어 拿의 주체로 服务员(종업원)을 주어에 배치하고, 처리의 대상인 菜单(메뉴판)은 이미 把목적어 자리에 결합되어 있으므로 服务员把菜单拿走了로 문장을 완성한다.

Tip▶ 把자문의 어순 : 주어 + 把목적어(처리의 대상) + 술어 + 기타성분
예 我**把**钱花光了。 나는 돈을 남김없이 다 썼다.

어휘 服务员 fúwùyuán 명 종업원 菜单 càidān 명 메뉴 拿 ná 동 가지다 走 zǒu 동 가다, 걷다

75 ★★☆ 상

比健康 更重要 没有什么

没有비교의 대상A	比비교의 대상B	부사어	술어
没有什么 동사+의문대사	比健康 比+명사	更 부사	重要 형용사

건강보다 더 중요한 것은 없다.

해설 **술어 배치** 제시어에 比가 있으므로 比자 비교문을 완성한다. 형용사 重要(중요하다)를 술어에 배치한다.
주어 목적어 배치 比자 비교문은 '비교의 대상A+比비교의 대상B+술어'의 구조를 이루는데 健康(건강)이 비교의 대상B에 이미 결합되어 있으므로 没有什么(어떠한 ~이 없다)를 비교의 대상A에 배치한다.
남은 어휘 배치 부사 更(더욱)은 이미 술어 앞에 결합되어 있으므로 没有什么比健康更重要로 문장을 완성한다.

어휘 没有 méiyǒu 동 없다 什么 shénme 대 무슨, 무엇 比 bǐ 개 ~보다 健康 jiànkāng 명 건강 更 gèng 부 더, 더욱 重要 zhòngyào 형 중요하다

쓰기 제2부분

[풀이전략] 빈칸 앞뒤의 단어 또는 글자와 의미가 연결되면서 상단의 병음에 해당하는 글자 또는 단어를 써 넣는다.

76 ★☆☆ 하

wén
你知道中国的茶(文)化吗?

너 중국의 차 (문)화를 알아?

해설 빈칸 뒤에 化가 있으므로 병음에 해당하는 한자 文을 넣는다. 文化는 '문화'라는 뜻이다.

어휘 知道 zhīdào 동 알다 茶 chá 명 차 文化 wénhuà 명 문화

77 ★★☆ 중

xiào
丈夫一边说着，一边(笑)了起来。

남편은 말하면서 (웃기) 시작했다.

해설 문장이 '남편은 말하면서 ~하기 시작했다'를 나타내므로 병음에 해당하는 단어로 알맞은 笑를 넣는다.

어휘 丈夫 zhàngfu 명 남편 一边A, 一边B yìbiān A, yìbiān B A하면서 B하다 笑 xiào 동 웃다

78 ★☆☆ 하

树上的小鸟都（ fēi 飞 ）走了。	나무 위의 새가 모두 (날아)갔다.

해설 주어인 鸟(새)와 어울리면서 병음에 해당하는 한자인 飞를 넣는다.

어휘 树 shù 명 나무 鸟 niǎo 명 새 飞 fēi 동 날다

79 ★★★ 상

哥哥为了买它，（ jiè 借 ）了60万元。	형은 그것을 사기 위해 60만 위안을 (빌렸다).

해설 목적어 자리에 가격이 있으므로 빈칸에는 동사 술어가 들어가야 한다. 병음에 해당하는 한자로 '빌리다'라는 뜻을 나타내는 借를 넣는다.

어휘 为了 wèi le 개 ~를 위하여 买 mǎi 동 사다 它 tā 대 그것 借 jiè 동 빌리다, 빌려주다 万 wàn 수 만 元 yuán 양 위안(중국 화폐 단위)

80 ★★☆ 중

你只能过去坐船过河，没有其他办（ fǎ 法 ）。	너는 건너가서 배를 타고 강을 건너는 수밖에 없다. 다른 방(법)은 없다.

해설 빈칸 앞에 办이 있으므로 병음에 해당하는 한자 法를 넣는다. 办法는 '방법'이라는 뜻이다.

어휘 只能 zhǐnéng ~할 수밖에 없다 坐 zuò 동 타다 船 chuán 명 배 过 guò 동 지나다, 건너다 河 hé 명 강 其他 qítā 명 기타, 다른 办法 bànfǎ 명 방법

MEMO

I wish you the best of luck!

시면접은 win 시대로 www.sdedu.co.kr/winsidaero

실전모의고사

5회 한눈에 정답 확인하기

듣기

제1부분	1. E	2. B	3. F	4. A	5. C	6. C	7. A	8. B	9. D	10. E
제2부분	11. ✗	12. ✓	13. ✗	14. ✓	15. ✓	16. ✗	17. ✓	18. ✗	19. ✓	20. ✗
제3부분	21. C	22. B	23. B	24. A	25. C	26. A	27. B	28. A	29. B	30. C
제4부분	31. A	32. C	33. B	34. A	35. C	36. C	37. A	38. B	39. B	40. C

독해

제1부분	41. C	42. A	43. D	44. F	45. B	46. C	47. B	48. D	49. A	50. E
제2부분	51. A	52. D	53. E	54. C	55. B	56. B	57. E	58. C	59. A	60. D
제3부분	61. B	62. C	63. A	64. C	65. B	66. C	67. C	68. B	69. A	70. B

쓰기

제1부분

71. 这次旅游花了两万块。

72. 他妻子在大学教历史。

73. 你的脸还没洗干净。

74. 飞机马上就要起飞了。

75. 这位老人已经105岁了。

제2부분

76. 在　77. 两　78. 喝　79. 冷　80. 门

자가진단표를 뜯어서 사용할 수 있습니다.

나의 학습 취약점 & 보완점 체크하기

문제별 중요도와 난이도를 보고 자신의 학습 취약점을 파악할 수 있게 하였습니다. 정답을 확인하여 반복적으로 틀린 문제를 표시하고 어떤 부분(어휘력, 독해력, 청취력)을 보완해야 할지 진단해 봅시다.

틀린문제에 √표시 / 난이도 / 문제 번호 ← 1 □ ★★ 상 | 형용사, 명사 키워드 듣기 → 문제 공략 포인트 / 중요도

듣기 제1부분		
1 □ ★★	중	명사 키워드 듣기
2 □ ★★	하	동사 키워드 듣기
3 □ ★	중	명사 키워드 듣기
4 □ ★★	하	명사 키워드 듣기
5 □ ★	하	명사 키워드 듣기
6 □ ★	중	양사, 형용사 키워드 듣기
7 □ ★★	중	동사, 명사 키워드 듣기
8 □ ★	하	명사 키워드 듣기
9 □ ★	중	동사 키워드 듣기
10 □ ★	중	동사 키워드 듣기
듣기 제2부분		
11 □ ★	하	다른 부분 찾아내기
12 □ ★★	중	유사 표현 듣기
13 □ ★	하	반의어 주의하기
14 □ ★★	하	같은 부분 찾아내기
15 □ ★	하	유사 표현 듣기
16 □ ★★	중	다른 부분 찾아내기
17 □ ★	중	같은 부분 찾아내기
18 □ ★★	중	반의어 주의하기
19 □ ★	중	같은 부분 찾아내기
20 □ ★★	중	전체적인 내용 파악하기
듣기 제3부분		
21 □ ★	하	남/여의 행동 듣기
22 □ ★★	중	남/여의 행동 듣기
23 □ ★	하	상태/상황 듣기
24 □ ★★	하	명사 듣기
25 □ ★★	중	상태/상황 듣기
26 □ ★★	중	남/여의 행동 듣기
27 □ ★	하	상태/상황 듣기
28 □ ★★	하	사물 듣기
29 □ ★★	중	상태/상황 듣기
30 □ ★	하	장소 듣기
듣기 제4부분		
31 □ ★★	상	상태/상황 듣기
32 □ ★	하	장소 듣기
33 □ ★★★	상	상태/상황 듣기
34 □ ★	하	상태/상황 듣기
35 □ ★★★	상	시간 듣기
36 □ ★★	중	상태/상황 듣기
37 □ ★	하	남/여의 행동 듣기
38 □ ★★	중	색깔 듣기

절취선

번호	난이도	유형	번호	난이도	유형
39 □ ★	하	사물 듣기	**독해 제3부분**		
40 □ ★★	하	남/여의 행동 듣기	61 □ ★	중	중심 내용 파악하기
독해 제1부분			62 □ ★	하	내용 통해 유추하기
41 □ ★	하	핵심 어휘로 연결	63 □ ★★	상	전체적인 내용 파악하기
42 □ ★★	하	질문과 대답, 핵심 어휘로 연결	64 □ ★	중	세부 내용 파악하기
43 □ ★	중	질문과 대답, 핵심 어휘로 연결	65 □ ★	하	중심 내용 파악하기
44 □ ★	하	핵심 어휘로 연결	66 □ ★	하	전체적인 내용 파악하기
45 □ ★★	중	질문과 대답, 핵심 어휘로 연결	67 □ ★★	중	전체적인 내용 파악하기
46 □ ★★	중	핵심 어휘로 연결	68 □ ★	하	전체적인 내용 파악하기
47 □ ★★	하	핵심 어휘로 연결	69 □ ★★	하	핵심 어휘로 정답 찾기
48 □ ★★	중	핵심 어휘로 연결	70 □ ★★	중	중심 내용 파악하기
49 □ ★	중	핵심 어휘로 연결	**쓰기 제1부분**		
50 □ ★	하	핵심 어휘로 연결	71 □ ★★	중	관형어, 동사술어 배치하기
독해 제2부분			72 □ ★	하	부사어, 목적어 배치하기
51 □ ★★	중	술어로 쓰인 동사 넣기	73 □ ★	중	관형어, 부사어, 보어 배치하기
52 □ ★	하	술어로 쓰인 형용사 넣기	74 □ ★★★	중	부사어 배치하기
53 □ ★★	중	술어로 쓰인 동사 넣기	75 □ ★★	하	명사술어문 완성하기
54 □ ★★	상	부사어로 쓰인 부사 넣기	**쓰기 제2부분**		
55 □ ★	하	술어로 쓰인 형용사 넣기	76 □ ★★	하	개사 쓰기
56 □ ★★	하	관형어로 쓰인 양사 넣기	77 □ ★★	중	수사 쓰기
57 □ ★	중	술어로 쓰인 동사 넣기	78 □ ★	하	동사 쓰기
58 □ ★★	중	부사어로 쓰인 조동사 넣기	79 □ ★	하	형용사 쓰기
59 □ ★★	중	술어로 쓰인 동사 넣기	80 □ ★	하	명사 쓰기
60 □ ★	하	목적어로 쓰인 명사 넣기	- 수고하셨습니다! -		

점수 확인			
듣기	정답수(　　/40개) X 2.5점 = ________	점/100점	**총점**(만점 300점)
독해	정답수(　　/30개) X 3.3점 = ________	점/100점	
쓰기 제1부분	정답수(　　/ 5개) X 12점 = ________	점/60점	________ 점
쓰기 제2부분	정답수(　　/ 5개) X 8점 = ________	점/40점	

※ 주의 : 위의 영역별 문항 점수는 만점을 기준으로 하여 산출한 가상 점수로 실제 HSK 성적과 계산 방식이 상이할 수 있습니다.

절취선

듣기 제1부분

[풀이전략] 녹음을 듣기 전에 먼저 5개의 제시된 그림을 보고 어떤 단어 또는 내용이 들릴지 미리 예상한 뒤 녹음을 듣는다.

1 ★★☆ 중

사진은 물건이 든 상자를 한 사람이 들고 있는 모습이다. 녹음을 듣기 전, 관련 어휘 箱子(상자), 东西(물건) 등을 미리 연상하고 듣는다.

女：你的东西不在这儿，这一**箱**都是女儿的东西。
男：那我再找找别的**箱子**吧。

여: 네 물건은 여기 없어. 이 **상자**는 모두 딸의 물건이야.
남: 그럼 다시 다른 **상자**를 찾아볼게.

해설 여자가 这一箱都是女儿的东西(이 상자는 모두 딸의 물건이야)라고 했고 남자가 我再找找别的箱子(다시 다른 상자를 찾아볼게)라고 하여 남녀의 말에 공통적으로 箱子(상자)가 들렸으므로 정답은 E이다.

어휘 东西 dōngxi 명 물건 在 zài 동 ~에 있다 这儿 zhèr 대 여기 都 dōu 부 모두 是 shì 동 ~이다 女儿 nǚ'ér 명 딸 再 zài 부 다시 找 zhǎo 동 찾다 别的 biéde 명 다른 것 箱子 xiāngzi 명 상자

2 ★★☆ 하

사진 속 여자가 청소를 하고 있다. 녹음을 듣기 전, 청소와 관련된 어휘 打扫(청소하다), 洗(씻다, 닦다) 등을 미리 연상하고 듣는다.

男：**打扫**完了吗？快过来吃苹果吧。
女：马上就**打扫**完了，你先吃，不用等我。

남: **청소** 다 했어? 얼른 와서 사과 먹어.
여: 곧 다 해. 너 먼저 먹어. 나 기다릴 필요 없어.

해설 남자가 여자에게 打扫完了吗？(청소 다 했어?)라고 물었고 여자가 马上就打扫完了(곧 청소를 다 해)라고 하여 공통적으로 打扫(청소하다)가 들렸으므로 관련 그림으로 알맞은 것은 B이다.

어휘 打扫 dǎsǎo 동 청소하다 完 wán 동 다하다 苹果 píngguǒ 명 사과 马上 mǎshàng 부 곧, 즉시 先 xiān 부 먼저 不用 búyòng 동 ~할 필요없다 等 děng 동 기다리다

3 ★☆☆ 중

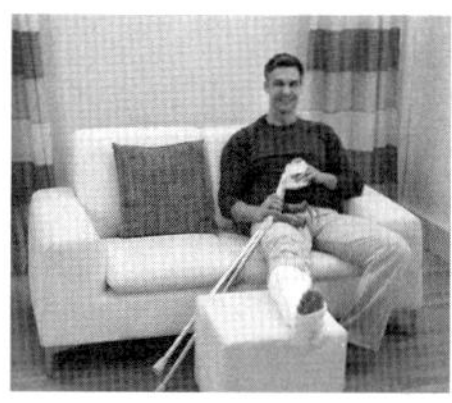

사진에 다리를 다친 남자가 있다. 녹음을 듣기 전, 관련 어휘 腿(다리), 疼(아프다), 好(좋다) 등을 미리 연상해 둔다.

女：你的**脚**好些了吗？ 男：好多了，今天是个大晴天，我们出去走走吧。	여: 네 **발** 좀 괜찮아졌어? 남: 많이 좋아졌어. 오늘 아주 맑은 날이다. 우리 나가서 좀 걷자.

해설 여자가 남자에게 你的脚好些了吗？(네 발 좀 괜찮아졌어?)라고 묻는 말을 통해 남자의 발 상태가 좋지 않다는 것을 알 수 있다. 따라서 F를 정답으로 고른다.

어휘 脚 jiǎo 명 발　晴天 qíngtiān 명 맑은 하늘　出去 chūqù 동 나가다　走 zǒu 동 걷다

4 ★★☆ 하

사진에 판다가 있으므로 녹음을 듣기 전, 이와 관련된 어휘 熊猫(판다), 可爱(귀엽다) 등을 미리 연상하고 듣는다.

男：我是第一次这么近地看**熊猫**。 女：我也是。你看它们多可爱啊。	남: 나 처음으로 이렇게 가까이에서 **판다** 보는 거야. 여: 나도야. 저것들이 얼마나 귀여운지 봐 봐.

해설 남자의 말 我是第一次这么近地看熊猫(나 처음으로 이렇게 가까이에서 판다 보는 거야)에 熊猫(판다)가 들렸으므로 판다 그림인 A를 정답으로 고른다.

어휘 次 cì 양 번　这么 zhème 대 이렇게　近 jìn 형 가깝다　熊猫 xióngmāo 명 판다　它们 tāmen 대 저것들, 그것들　多 duō 형 얼마나　可爱 kě'ài 형 귀엽다

5 ★☆☆ 하

사진 속 사람은 호텔 종업원으로 호텔에서 나눌 수 있는 대화를 예상할 수 있다. 녹음을 듣기 전, 이와 관련된 어휘 宾馆(호텔), 服务员(종업원), 房间(방) 등을 연상해 둔다.

女：**服务员**，请问503房间在哪儿？ 男：在那边，你们请跟我来。	여: 저기요, 실례지만 503호가 어디에 있나요? 남: 저쪽에 있어요. 저를 따라오세요.

해설 여자가 남자를 服务员(종업원)이라고 불렀으므로 대화는 서비스 직종과 관련된 C와 가장 일치한다.

어휘 服务员 fúwùyuán 명 종업원　问 wèn 동 묻다　房间 fángjiān 명 방　在 zài 동 ~에 있다　哪儿 nǎr 대 어디　那边 nàbian 대 저기, 저쪽

6 ★☆☆ 중

사진은 체중을 재고 있는 남자의 모습이다. 녹음을 듣기 전, 관련 어휘 公斤(kg), 胖(살찌다), 瘦(마르다) 등을 미리 연상하고 듣는다.

男：我现在只有75**公斤**了，比一个月前瘦了5公斤。 女：真不错，看来我也应该多锻炼锻炼。	남: 나 지금 75kg 밖에 안 돼. 한 달 전보다 5kg이 빠졌어. 여: 정말 좋네. 보니까 나도 운동을 좀 많이 해야겠다.

해설 남자가 我现在只有75公斤了(나 지금 75kg 밖에 안 돼)라고 하며 한 달 전보다 살이 빠졌다고 말하고 있는 상황이므로 알맞은 그림은 체중을 재고 있는 C이다.

어휘 现在 xiànzài 명 지금, 현재　只 zhǐ 부 오직, 단지　公斤 gōngjīn 양 킬로그램(kg)　比 bǐ 개 ~보다　瘦 shòu 형 마르다　应该 yīnggāi 조동 마땅히 ~해야 한다　锻炼 duànliàn 동 단련하다

7 ★★☆ 중

사진은 남자가 국수를 먹고 있는 모습이다. 녹음을 듣기 전, 국수와 관련된 어휘 面条(국수), 吃(먹다) 등을 미리 떠올려 둔다.

女：北方人是不是都像你一样这么喜欢**吃面条**？ 男：不一定，哈尔滨人就更爱吃米饭。	여: 북방 사람들은 모두 너처럼 **국수를** 즐겨 **먹어**? 남: 꼭 그렇지는 않아. 하얼빈 사람은 쌀밥을 더 즐겨 먹어.

해설 여자가 남자에게 北方人是不是都像你一样这么喜欢吃面条？(북방 사람들은 모두 너처럼 국수를 즐겨 먹어?)라고 했으므로 남자가 국수를 먹고 있다는 것을 알 수 있다. 따라서 정답은 A이다.

어휘 像……一样 xiàng……yíyàng ~와 같다　喜欢 xǐhuan 동 좋아하다　吃 chī 동 먹다　面条 miàntiáo 명 국수　不一定 bùyídìng 꼭 그렇지 않다　哈尔滨 Hā'ěrbīn 지명 하얼빈　爱 ài 동 좋아하다　米饭 mǐfàn 명 쌀밥

8 ★☆☆ 하

사진에 치마를 입고 있는 여자가 있다. 관련된 어휘 裙子(치마), 穿(입다) 등을 연상해 둔다.

男：没见你穿过这条**裙子**，新买的吗？ 女：不是买的，这是妈妈送我的生日礼物，怎么样？	남: 너가 이 **치마**를 입은 것을 본 적이 없는데 새로 산 거야? 여: 산 거 아니야. 이건 우리 엄마가 내 생일 선물로 주신 거야. 어때?

해설 남자가 여자에게 没见你穿过这条裙子(너가 이 치마를 입은 것을 본 적이 없어)라고 했으므로 여자가 치마를 입고 있는 B가 정답이 된다.

어휘 穿 chuān 동 입다　裙子 qúnzi 명 치마　新 xīn 형 새롭다　买 mǎi 동 사다　送 sòng 동 보내다　生日 shēngrì 명 생일　礼物 lǐwù 명 선물

9 ★☆☆ 중

사진은 남자가 택시에서 내리고 있는 모습이다. 녹음을 듣기 전, 택시와 관련된 어휘 出租车(택시), 车(차) 등을 미리 연상하고 듣는다.

女：先生，等一等，您把手机忘在**车上**了。 男：刚才太着急了，谢谢你。	여: 저기요, 잠깐만요. 핸드폰을 **차에** 두고 가셨어요. 남: 방금 너무 급했어요. 감사합니다.

해설 여자가 남자에게 您把手机忘在车上了(핸드폰을 차에 두고 가셨어요)라고 했으므로 남자가 방금 차에서 내렸다는 것을 알 수 있다. 따라서 정답은 남자가 택시에서 내리고 있는 D이다.

어휘 等 děng 동 기다리다 手机 shǒujī 명 핸드폰 忘 wàng 동 잊다 车 chē 명 차 刚才 gāngcái 명 방금 着急 zháojí 형 급하다, 초조하다

10 ★☆☆ 중

사진은 남녀가 걷고 있는 모습이다. 녹음을 듣기 전, 걷다와 관련된 어휘 走(걷다) 등을 미리 연상하고 듣는다.

男：累不累？我们在这儿坐一会儿吧。 女：还是快点儿**走**吧，刮风了，我怕会下雨。	남: 힘들지 않아? 우리 여기에 잠시만 앉자. 여: 그래도 빨리 **가자**. 바람이 부니까 비가 올까 봐 걱정돼서.

해설 남자가 여기에 잠시 앉았다 가자는 말에 여자가 还是快点儿走吧(그래도 빨리 가자)라고 했으므로 그들은 지금 걷고 있다는 것을 알 수 있다. 따라서 정답은 E이다.

어휘 在 zài 개 ~에서 这儿 zhèr 대 여기 坐 zuò 동 앉다 还是 háishi 부 ~가 낫다 快 kuài 형 빠르다 走 zǒu 동 걷다 刮风 guāfēng 동 바람이 불다 会 huì 조동 ~할 것이다 下雨 xiàyǔ 동 비가 내리다

듣기 제2부분

[풀이전략] 일치/불일치를 판단하는 문제는 먼저 보기 문장의 핵심 내용을 파악한 뒤, 녹음을 들으면서 일치하는 내용을 확인한다.

11 ★☆☆ 하

★ 他们打算回家学习。 (✘)	★ 그들은 집에 가서 공부를 할 것이다.
这里人太多，我们去图书馆学习吧，**那儿比较安静**。	여기 사람이 너무 많아. 우리 도서관 가서 공부하자. 거기는 비교적 조용해.

해설 보기 문장이 他们打算回家学习(그들은 집에 가서 공부할 것이다)이므로 그들이 어느 장소에 가서 공부를 하는지 또는 집에 가서 무엇을 하는지 들어야 한다. 녹음에서 我们去图书馆学习吧(우리 도서관에 가서 공부하자)라는 내용이 그대로 들렸으므로 정답은 불일치(✘)이다.

어휘 打算 dǎsuàn 동 ~할 계획이다 学习 xuéxí 동 공부하다 去 qù 동 가다 图书馆 túshūguǎn 명 도서관 那儿 nàr 대 그곳, 거기 比较 bǐjiào 부 비교적 安静 ānjìng 형 조용하다

12 ★★☆ 중

★ 他要准备考试。 (✔)	★ 그는 시험 준비를 하려고 한다.
老师说这次考试，题比较难，我想在家好好儿学习，就不去打篮球了。	선생님께서 이번 시험 문제가 비교적 어렵다고 말씀하셔서 나는 집에서 공부를 하고 싶어. 농구하러 안 갈래.

해설 보기 문장이 他要准备考试(그는 시험 준비를 하려 한다)이므로 그가 무엇을 준비하려 하는지 확인한다. 녹음에서 선생님이 시험 문제가 어렵다고 하셔서 我想在家好好儿学习(나는 집에서 공부를 하고 싶어)라고 했으므로 그는 시험 준비를 할 것임을 알 수 있다. 따라서 정답은 일치(✔)이다.

어휘 要 yào 조동 ~해야 한다, ~하려고 하다 准备 zhǔnbèi 동 준비하다 考试 kǎoshì 명 시험 题 tí 명 문제 难 nán 형 어렵다 打篮球 dǎ lánqiú 동 농구하다

13 ★☆☆ 하

★ 那件衣服太大了。 (✘)	★ 그 옷은 너무 크다.
最近孩子长高了不少，你看，这件衣服是几个月前买的，现在已经小了。	요즘 아이가 많이 자랐어. 봐 봐. 이 옷은 몇 개월 전에 산 것인데 지금은 벌써 작아졌어.

해설 보기 문장이 那件衣服太大了(그 옷은 너무 크다)이므로 옷의 상태가 어떤지 들어야 한다. 녹음에서 아이가 많이 자라서 现在已经小了(이 옷이 벌써 작아졌다)라는 내용이 들렸으므로 그 옷은 큰 것이 아니라 작다는 것을 알 수 있다. 정답은 불일치(✘)이다.

어휘 衣服 yīfu 명 옷 太……了 tài……le 부 너무 ~하다 大 dà 형 크다 最近 zuìjìn 명 요즘, 최근 孩子 háizi 명 아이 长 zhǎng 동 자라다 高 gāo 형 키가 크다 现在 xiànzài 명 지금, 현재 已经 yǐjīng 부 이미, 벌써 小 xiǎo 형 작다

14 ★★☆ 하

★ 他希望李雪声音大一点儿。 (✔)	★ 그는 리쉬에가 목소리를 좀 더 크게 말하길 바란다.
李雪你刚才声音有点儿小，我没听清楚。你能大点儿声再说一遍吗？	리쉬에 너 방금 목소리가 좀 작아서 잘 듣지 못했어. 좀 더 크게 다시 한번 말해 줄 수 있어?

해설 보기 문장이 他希望李雪声音大一点儿(그는 리쉬에가 목소리를 좀 더 크게 말하길 바란다)이므로 화자가 李雪에게 바라는 것이 무엇인지 확인한다. 녹음에서 목소리가 작아서 잘 듣지 못했으니 你能大点儿声再说一遍吗?(좀 더 크게 다시 한번 말해 줄 수 있어?)라고 요청하는 부분을 통해 그는 목소리를 좀 더 크게 하길 바란다는 것을 알 수 있다. 따라서 정답은 일치(✔)이다.

어휘 希望 xīwàng 동 바라다, 희망하다 声音 shēngyīn 명 목소리 刚才 gāngcái 명 방금 有点儿 yǒudiǎnr 부 조금, 약간 清楚 qīngchu 형 분명하다, 뚜렷하다 能 néng 조동 ~할 수 있다 再 zài 부 다시 说 shuō 동 말하다 遍 biàn 양 번

15 ★☆☆ 하

★ 他请小王去他家玩儿。 (✓)	★ 그는 샤오왕을 자신에 집에 오도록 청한다.
小王，明天下午来我家吧，我给你看看我新买的东西，你一定会感兴趣的。	샤오왕, 내일 오후에 우리 집에 와. 내가 너에게 새로 산 물건을 보여줄게. 네가 분명히 흥미를 느낄 거야.

해설 보기 문장이 他请小王去他家玩儿(그는 샤오왕을 자신에 집에 오도록 청한다)이므로 그가 샤오왕에게 무엇을 청하는지 확인한다. 첫 문장에서 小王，明天下午来我家吧(샤오왕, 내일 오후에 우리 집에 와)라는 내용이 들렸으므로 그가 샤오왕을 자신에 집에 초대한다는 것을 알 수 있다. 따라서 정답은 일치(✓)이다.

어휘 请 qǐng 동 청하다, 대접하다 玩儿 wánr 동 놀다 下午 xiàwǔ 명 오후 来 lái 동 오다 家 jiā 명 집 给 gěi 개 ~에게 一定 yídìng 부 반드시 会……的 huì……de 조 ~할 것이다 感 gǎn 동 느끼다 兴趣 xìngqù 명 흥미

16 ★★☆ 중

★ 他觉得歌很一般。 (✗)	★ 그는 노래가 보통이라고 생각한다.
你看新闻了吗？北京大学生音乐节，下个星期就开始了，我看了网上的介绍，觉得有好几首歌都不错，我们去看看吧。	너 뉴스 봤어? 북경 대학생 음악 축제가 다음 주에 시작한대. 내가 인터넷에서 소개를 봤는데 몇 곡이 괜찮은 것 같아. 우리 가서 보자.

해설 보기 문장이 他觉得歌很一般(그는 노래가 보통이라고 생각한다)이므로 화자가 노래를 어떻게 생각하는지 확인한다. 녹음에서 인터넷 소개를 보고 觉得有好几首歌都不错(여러 곡이 괜찮은 것 같아)라고 했으므로 정답은 불일치(✗)이다.

어휘 觉得 juéde 동 ~라고 생각하다 歌 gē 명 노래 一般 yìbān 형 보통이다, 일반적이다 音乐节 yīnyuèjié 명 음악제 开始 kāishǐ 동 시작하다 网上 wǎngshàng 명 인터넷 首 shǒu 양 곡 不错 búcuò 형 좋다, 괜찮다

17 ★☆☆ 중

★ 他不想离开那儿。 (✓)	★ 그는 그곳을 떠나고 싶지 않았다.
去年秋天我回了趟老家，那里有绿绿的树，有漂亮的鸟，还有很多我不认识的花花草草。我都不愿意离开那儿了。	작년 가을에 나는 고향에 다녀왔다. 그곳에는 푸른 나무와 아름다운 새가 있고, 또 모르는 꽃과 풀도 많이 있었다. 나는 그곳을 떠나고 싶지 않았다.

해설 보기 문장이 他不想离开那儿(그는 그곳을 떠나고 싶지 않았다)이므로 화자가 그곳을 떠나고 싶지 않았는지 확인한다. 녹음에서 고향에 갔던 이야기를 하면서 마지막 문장에서 我都不愿意离开那儿了(나는 그곳을 떠나고 싶지 않았다)라고 했으므로 정답은 일치(✓)이다.

어휘 离开 líkāi 동 떠나다 去年 qùnián 명 작년 秋天 qiūtiān 명 가을 老家 lǎojiā 명 고향 那里 nàlǐ 대 그곳, 거기 有 yǒu 동 있다 绿 lǜ 형 푸르다 树 shù 명 나무 鸟 niǎo 명 새 认识 rènshi 동 알다 花 huā 명 꽃 草 cǎo 명 풀 愿意 yuànyì 조동 ~하길 원하다

18 ★★☆ 중

★ 那双鞋很便宜。 (✗)

昨天我在商店看到了一双运动鞋，我很喜欢，穿着也很舒服，就是太贵了，要一千多块钱。我想了想最后还是没买。

★ 그 신발은 저렴하다.

어제 나는 상점에서 운동화 한 켤레를 봤는데 마음에 들었다. 신고 있어도 편안했지만 너무 비쌌다. 1,000위안 정도가 필요했다. 나는 생각을 해 봤지만 결국 사지 않았다.

해설 보기 문장이 那双鞋很便宜(그 신발은 저렴하다)이므로 신발이 저렴한지를 확인해야 한다. 녹음에서 어제 그가 본 신발이 마음에 들었지만 就是太贵了(너무 비쌌다)라고 했으므로 신발이 저렴하지 않음을 알 수 있다. 따라서 정답은 불일치(✗)이다.

어휘 双 shuāng 양 쌍, 켤레 鞋 xié 명 신발 便宜 piányi 형 저렴하다 商店 shāngdiàn 명 상점 运动鞋 yùndòngxié 명 운동화 穿 chuān 동 입다, 신다 舒服 shūfu 형 편안하다 贵 guì 형 비싸다 要 yào 동 필요하다 想 xiǎng 동 생각하다

19 ★☆☆ 중

★ 她接到了经理。 (✓)

她去机场接经理了，现在正送经理去宾馆，你先在会议室等一会儿，她马上就回来了，别着急。

★ 그녀는 사장님을 마중했다.

그녀는 사장님을 마중하러 공항에 갔어요. 지금 사장님을 호텔에 보내 드리고 있으니 먼저 회의실에서 잠시 기다려 주세요. 그녀는 곧 돌아오니 서두르지 마세요.

해설 보기 문장이 她接到了经理(그녀는 사장님을 마중했다)이므로 그녀가 사장님을 마중했는지 여부를 확인한다. 녹음 시작 부분에 她去机场接经理了(그녀가 사장님을 마중하러 공항에 갔어요)라고 했으므로 그녀가 사장님을 마중했다는 것을 알 수 있다. 정답은 일치(✓)이다.

어휘 接 jiē 동 맞이하다, 마중하다 经理 jīnglǐ 명 사장님 机场 jīchǎng 명 공항 正 zhèng 부 ~하고 있다 送 sòng 동 보내다 宾馆 bīnguǎn 명 호텔 会议室 huìyìshì 명 회의실 等 děng 동 기다리다 别 bié 부 ~하지 마라 着急 zháojí 형 조급해하다, 초조하다

20 ★★☆ 중

★ 他不想去出国旅游了。 (✗)

因为我的护照还没办好，所以这次不能和家人去国外旅游了，只能等个暑假了。

★ 그는 해외 여행에 가고 싶지 않다.

내 여권이 아직 발급이 안 되었기 때문에 나는 이번에 가족과 해외 여행을 갈 수 없게 되었다. 여름 방학을 기다릴 수밖에 없다.

해설 보기 문장이 他不想去出国旅游了(그는 해외 여행에 가고 싶지 않다)이므로 그가 해외 여행을 가고 싶어 하는지 확인한다. 녹음에서 여권이 발급되지 않아 这次不能和家人去国外旅游了，只能等个暑假了(이번에 가족과 해외 여행을 갈 수 없게 되었다. 여름 방학을 기다릴 수밖에 없다)라고 했으므로 그는 해외 여행을 가고 싶어 한다는 것을 알 수 있다. 따라서 정답은 불일치(✗)이다.

어휘 出国 chūguó 동 출국하다, 해외에 가다 旅游 lǚyóu 동 여행하다 护照 hùzhào 명 여권 还 hái 부 여전히, 아직도 办 bàn 동 발급하다 家人 jiārén 명 가족 国外 guówài 명 해외 暑假 shǔjià 명 여름 방학

듣기 제3부분

[풀이전략] 녹음을 듣기 전, 먼저 보기를 보고 질문과 녹음의 내용을 미리 예상한다. 남녀의 정보를 구분해야 하며, 녹음에 언급되는 보기에 관련 정보를 메모한다.

21 ★☆☆ 하

女：电梯怎么还不来呢？ 男：现在是上班时间，人比较多，我们还是走楼梯吧。 问：关于女的可以知道什么？	여: 엘리베이터가 왜 아직도 안 와? 남: 지금 출근 시간이라 사람이 좀 많아. 우리 계단으로 가는 게 낫겠어. 질문: 여자에 관해서 알 수 있는 것은 무엇인가?
A 爱哭 B 迟到了 **C 在等电梯**	A 잘 운다 B 지각했다 **C 엘리베이터를 기다리고 있다**

해설 보기가 행동을 나타내므로 녹음에서 남녀가 어떤 행동을 하고 있는지 파악한다. 여자가 电梯怎么还不来呢？(엘리베이터가 왜 아직도 안 와?)라고 물었으므로 여자가 엘리베이터를 기다리고 있다는 것을 알 수 있다. 질문에서 여자에 관해 알 수 있는 것을 물었으므로 정답은 C이다.

어휘 电梯 diàntī 명 엘리베이터 怎么 zěnme 대 어째서 还 hái 부 아직, 여전히 上班 shàngbān 동 출근하다 时间 shíjiān 명 시간 还是 háishi 부 ~하는 것이 낫다 楼梯 lóutī 명 계단 哭 kū 동 울다 迟到 chídào 동 지각하다 在 zài 부 ~하고 있다 等 děng 동 기다리다

22 ★★☆ 중

男：小心点儿，别骑太快了，慢一点儿。 女：放心，我又不是第一次骑马。 问：男的让女的怎么做？	남: 조심해. 너무 빨리 타지 마. 천천히 타. 여: 안심해. 나 말을 처음 타는 것도 아니잖아. 질문: 남자는 여자가 어떻게 하도록 하는가?
A 换车 **B 骑慢点儿** C 放心	A 환승하다 **B 천천히 타다** C 안심하다

해설 보기가 모두 행동을 나타내므로 녹음에서 어떤 행동이 언급되는지 주의해서 듣는다. 남자가 여자에게 别骑太快了，慢一点儿(너무 빨리 타지 마. 천천히 타)이라고 했으므로 유사한 내용인 보기 B에 메모한다. 질문에서 남자가 여자에게 어떻게 하도록 시키는지 물었으므로 정답은 B이다. 보기 C는 여자가 남자에게 하도록 한 행동이므로 정답이 될 수 없다.

어휘 小心 xiǎoxīn 동 조심하다 别 bié 부 ~하지 마라 骑 qí 동 타다 快 kuài 형 빠르다 第一次 dìyīcì 명 최초, 맨 처음 马 mǎ 명 말 换车 huànchē 동 환승하다 慢 màn 형 느리다 放心 fàngxīn 동 안심하다

23 ★☆☆ 하

女：一共几个人去跳舞？ 男：就我们三个，小李感冒了，不能来了。	여: 모두 몇 명이 춤 추러 가? 남: 우리 셋. 샤오리는 감기에 걸려서 갈 수 없어.

问：小李为什么不去跳舞？	질문: 샤오리는 왜 춤 추러 가지 않는가?
A 比较忙 **B 感冒了** C 肚子疼	A 좀 바쁘다 **B 감기에 걸렸다** C 배가 아프다

해설 보기가 모두 몸 상태를 나타내므로 녹음에서 누구의 몸 상태가 어떠한지 들어야 한다. 남자가 小李感冒了，不能来了(샤오리는 감기에 걸려서 갈 수 없어)라고 했다. 질문에서 샤오리가 왜 춤추러 가지 않는지 물었으므로 정답은 B이다.

어휘 一共 yígòng 부 총, 모두　几 jǐ 대 몇　跳舞 tiàowǔ 동 춤 추다　感冒 gǎnmào 동 감기에 걸리다　为什么 wèishénme 대 왜　比较 bǐjiào 부 비교적　肚子 dùzi 명 배　疼 téng 동 아프다

24 ★★☆ 하

男：听说中国人喝茶也看季节。 女：是有这么说的，我一般春天喝花茶，冬天喝绿茶。 问：女的认为中国人喝茶和什么有关系？	남: 중국인들은 차를 마시는 데도 계절을 생각한다고 들었어. 여: 맞아. 그런 말이 있어. 난 보통 봄에 꽃차를 마시고,겨울에는 녹차를 마셔. 질문: 여자는 중국인이 차를 마시는 것은 무엇과 관계가 있다고 생각하는가?
A 季节　B 颜色　C 茶杯	**A 계절**　B 색깔　C 찻잔

해설 보기가 모두 명사이므로 녹음에서 그대로 언급되는 것을 주의해서 듣는다. 남자가 听说中国人喝茶也看季节(중국인들은 차를 마시는 데도 계절을 생각한다고 들었어)라고 했으므로 녹음에 언급된 보기 A에 메모한다. 질문에서 중국인이 차를 마시는 것이 무엇과 관계가 있는지 물었으므로 정답은 A이다.

어휘 听说 tīngshuō 동 듣자하니　喝 hē 동 마시다　茶 chá 명 차　季节 jìjié 명 계절　一般 yìbān 형 보통이다, 일반적이다　春天 chūntiān 명 봄　花茶 huāchá 명 꽃차　冬天 dōngtiān 명 겨울　绿茶 lǜchá 명 녹차　认为 rènwéi 동 ~라고 생각하다　关系 guanxi 명 관계　颜色 yánsè 명 색깔　茶杯 chábēi 명 찻잔

25 ★★☆ 중

女：我觉得动物虽然不会说话，但其实很聪明。 男：是，就像我家小狗，它总能知道我是高兴还是难过。 问：男的觉得他家小狗怎么样？	여: 나는 동물이 말은 못하지만 사실 똑똑하다고 생각해. 남: 맞아. 우리 집 강아지처럼 말이야. 그는 항상 내가 기쁜지 아니면 슬픈지 알아. 질문: 남자는 자기 집 강아지가 어떻다고 생각하는가?.
A 很可爱　B 眼睛很大　**C 很聪明**	A 귀엽다　B 눈이 크다　**C 똑똑하다**

해설 보기는 모두 형용사이므로 녹음에서 묘사하는 표현인 형용사를 중점적으로 들어야 한다. 여자의 我觉得动物虽然不会说话，但其实很聪明(나는 동물이 말은 못하지만 사실 똑똑하다고 생각해)이라는 말에 남자가 우리 집 강아지도 그렇다고 했으므로 녹음에 언급된 형용사인 보기 C에 메모한다. 질문에서 남자가 자기 집 강아지를 어떻게 생각하는지 물었으므로 정답은 C이다.

어휘 觉得 juéde 동 ~라고 생각하다　动物 dòngwù 명 동물　会 huì 조동 (배워서) ~할 줄 알다　说话 shuōhuà 동 말하다　其实 qíshí 부 사실　像 xiàng 동 닮다　狗 gǒu 명 강아지　总 zǒng 부 항상, 늘　能 néng 조동 ~할 수 있다　知道 zhīdào 동 알다　A还是B A háishi B 접 A 아니면 B(선택의문문에 사용함)　难过 nánguò 형 슬프다　可爱 kě'ài 형 귀엽다　眼睛 yǎnjing 명 눈　聪明 cōngming 형 똑똑하다

26 ★★☆ 중

男：你终于来了，飞机马上就起飞了。 女：我没想到坐出租车要花这么长时间。 问：女的是怎么来这儿的？	남: 너 드디어 왔구나. 비행기가 곧 이륙할 거야. 여: 나는 택시가 이렇게 오래 걸릴 줄 생각하지 못했어. 질문: 여자는 어떻게 이곳에 왔는가?
A 坐出租车 B 坐地铁 C 坐公共汽车	**A 택시를 타다** B 지하철을 타다 C 버스를 타다

해설 보기가 모두 교통수단을 나타내므로 녹음에 어떤 교통수단이 들리는지 확인한다. 남자의 말에 飞机(비행기)가 언급되었지만 이어 여자가 我没想到坐出租车要花这么长时间(나는 택시가 이렇게 오래 걸릴 줄 생각하지 못했어)이라고 했으므로 녹음에 언급된 보기 A에 메모한다. 질문에서 여자가 어떻게 왔는지 물었으므로 정답은 A이다.

어휘 终于 zhōngyú 부 드디어, 마침내　飞机 fēijī 명 비행기　起飞 qǐfēi 동 이륙하다　花 huā 동 (시간, 돈을) 쓰다, 소비하다　长 cháng 형 길다　时间 shíjiān 명 시간　坐 zuò 동 타다　出租车 chūzūchē 명 택시　地铁 dìtiě 명 지하철　公共汽车 gōnggòngqìchē 명 버스

27 ★☆☆ 하

女：我能看一下你的历史笔记吗？我昨天生病了，没来学校。 男：没问题，但我写得不太清楚，如果你有不懂的就来问我。 问：女的为什么借笔记？	여: 나 네 역사 필기를 좀 볼 수 있을까? 어제 병이 나서 학교에 못 왔어. 남: 문제없어. 하지만 내가 뚜렷하게 쓰지 않아서 만약 모르는 것이 있으면 나에게 물어봐. 질문: 여자는 왜 필기를 빌리는가?
A 不想学习 **B 没来上课** C 没听懂	A 공부하고 싶지 않다 **B 수업에 오지 않았다** C 알아듣지 못했다

해설 보기가 행동을 나타내므로 녹음에서 행동 표현을 주의 깊게 듣는다. 여자가 남자에게 역사 필기를 빌리면서 我昨天生病了，没来学校(어제 병이 나서 학교에 못 왔어)라고 했다. 질문에서 여자가 필기를 빌리는 이유를 물었으므로 정답은 B이다.

어휘 历史 lìshǐ 명 역사　笔记 bǐjì 명 필기　生病 shēngbìng 동 병나다　学校 xuéxiào 명 학교　但 dàn 접 그러나, 하지만　写 xiě 동 쓰다　清楚 qīngchu 형 분명하다, 뚜렷하다　如果 rúguǒ 접 만약　懂 dǒng 동 알다, 이해하다　学习 xuéxí 동 공부하다　上课 shàngkè 동 수업하다

28 ★★☆ 하

男：下个月学校音乐会的节目单做好了吗？ 女：做好了，已经发到你电子邮箱里了。 问：他们在说什么？	남: 다음 달 학교 음악회의 프로그램 리스트는 다 되었어? 여: 다 했어. 이미 네 이메일로 보냈어. 질문: 그들은 무엇을 말하고 있는가?
A 节目单　B 菜单　C 笔记本	**A 프로그램 리스트**　B 메뉴　C 공책

해설 보기가 모두 사물이므로 녹음에 어떤 사물이 들리는지 확인한다. 남자가 여자에게 下个月学校音乐会的节目单做好了吗？(다음 달 학교 음악회의 프로그램 리스트는 다 되었어?)라고 물었으므로 이들이 프로그램 리스트에 대해 이야기를 하고 있는 것을 알 수 있다. 따라서 정답은 A이다.

어휘 下个月 xià ge yuè 명 다음 달　音乐会 yīnyuèhuì 명 음악회　节目单 jiémùdān 명 프로그램 리스트　发 fā 동 보내다　电子邮箱 diànzǐ yóuxiāng 명 이메일　菜单 càidān 명 메뉴　笔记本 bǐjìběn 명 공책

29 ★★☆ 중

女：爸，今天外面冷不冷？ 男：不是特别冷，但风挺大的。你出门的时候多穿点儿衣服再出去吧。 问：外面天气怎么样？	여: 아빠, 오늘 밖에 추워요? 남: 엄청 춥진 않지만 바람이 매우 세. 외출할 때 옷을 많이 입고 나가. 질문: 바깥 날씨가 어떠한가?
A 非常冷 **B 风刮得很大** C 很热	A 매우 춥다 **B 바람이 세게 분다** C 덥다

해설 보기가 모두 날씨에 관한 내용이므로 대화에 어떤 날씨에 관한 내용이 언급되는지 중점적으로 듣는다. 여자가 밖이 추운지 물었고 남자가 不是特别冷，但风挺大的(엄청 춥진 않지만 바람이 매우 세)라고 했으므로 녹음에 언급된 보기 B에 메모한다. 질문에서 바깥 날씨를 물었으므로 정답은 B이다.

어휘 冷 lěng 형 춥다　挺……的 tǐng……de 부 매우 ~하다　出门 chūmén 동 외출하다　的时候 de shíhou ~할 때　非常 fēicháng 부 매우　风 fēng 명 바람　刮 guā 동 불다　热 rè 형 덥다

30 ★☆☆ 하

男：这个星期天我们带儿子去动物园玩儿，怎么样？ 女：他那天上午要去学汉语，下午吧。 问：他们星期日下午最可能去哪儿？	남: 이번 주 일요일에 우리 아들 데리고 동물원에 가는 게 어때요? 여: 그는 그날 오전에 중국어를 배우러 가야 해요. 오후에 가요. 질문: 그들은 일요일 오후에 어디를 갈 것인가?
A 体育馆　B 公园　**C 动物园**	A 체육관　B 공원　**C 동물원**

해설 보기가 모두 장소이므로 녹음에 어떤 장소가 들리는지 확인한다. 남자의 这个星期天我们带儿子去动物园玩儿，怎么样？(이번 주 일요일에 우리 아들 데리고 동물원에 가는 게 어때요?)이라는 말에 动物园(동물원)이 들렸으므로 보기 C에 메모한다. 질문에서 그들이 일요일 오후에 어디갈지 물었으므로 정답은 C이다.

어휘 星期天 xīngqītiān 명 일요일　带 dài 동 데리다　儿子 érzi 명 아들　那天 nàtiān 대 그날　上午 shàngwǔ 명 오전　要 yào 조동 ~해야 한다　学 xué 동 배우다　汉语 Hànyǔ 명 중국어　下午 xiàwǔ 명 오후　星期日 xīngqīrì 명 일요일　体育馆 tǐyùguǎn 명 체육관　公园 gōngyuán 명 공원　动物园 dòngwùyuán 명 동물원

듣기 제4부분

[풀이전략] 녹음을 듣기 전, 먼저 보기를 보고 질문과 녹음의 내용을 미리 예상한다. 남녀의 정보를 구분해야 하며, 녹음에 언급되는 보기에 관련 정보를 메모한다.

31 ★★☆ 상

男：请问，您在找什么呢？	남: 실례지만 무엇을 찾고 계신가요?
女：我在找儿子的书包，是红色的，您看见了吗？	여: 아들의 책가방을 찾고 있어요. 빨간색인데 보셨나요?
男：是这个吗？	남: 이것인가요?
女：是的！这是我儿子的，太谢谢你了！	여: 맞아요! 이것이 제 아들 거예요. 정말 감사합니다!
问：她的儿子怎么了？	질문: 그녀의 아들은 왜 그런가?
A 把书包丢了	**A 책가방을 잃어버렸다**
B 把书丢了	B 책을 잃어버렸다
C 把钱丢了	C 돈을 잃어버렸다

해설 보기가 모두 '무엇을 잃어버렸다'를 나타내므로 녹음에서 남녀가 무엇을 잃어버렸는지 확인한다. 남자가 여자에게 무엇을 찾고 있는지 묻는 말에 여자가 我在找儿子的书包(아들의 책가방을 찾고 있어요)라고 했으므로 여자의 아들은 책가방을 잃어버렸다는 것을 알 수 있다. 질문에서 그녀의 아들이 왜 그런지 물었으므로 정답은 A이다.

어휘 请问 qǐngwèn 실례합니다 您 nín 대 당신 在 zài 부 ~하고 있다 找 zhǎo 동 찾다 什么 shénme 대 무슨, 무엇 儿子 érzi 명 아들 书包 shūbāo 명 책가방 红色 hóngsè 명 빨간색 看见 kànjiàn 동 보이다

32 ★☆☆ 하

女：还需要别的水果吗？	여: 또 다른 과일이 필요하신가요?
男：不用了，就这些西瓜多少钱？	남: 괜찮아요. 이 수박들만 해서 얼마예요?
女：十五元三角。	여: 15위안 3자오예요.
男：给你钱。	남: 돈 드릴게요.
女：好的，欢迎你下次再来。	여: 네, 다음에 또 오세요.
问：他们最可能在哪儿？	질문: 그들은 어디에 있는가?
A 银行　B 学校　**C 商店**	A 은행　B 학교　**C 상점**

해설 보기가 모두 장소이므로 녹음에서 어떤 장소가 들리는지 대화를 나누고 있는 곳은 어디인지 주의해서 듣는다. 남자가 여자에게 这些西瓜多少钱？(이 수박들만 해서 얼마예요?)이라고 물었고 여자의 마지막 인사말이 欢迎你下次再来(다음에 또 오세요)이므로 이들이 있는 곳은 물건을 파는 곳임을 알 수 있다. 질문에서 그들이 어디에 있는지 물었으므로 정답은 C이다.

어휘 还 hái 부 또, 더 需要 xūyào 동 필요하다 别的 biéde 명 다른 것 水果 shuǐguǒ 명 과일 西瓜 xīguā 명 수박 多少 duōshao 대 얼마나 钱 qián 명 돈 给 gěi 동 주다 欢迎 huānyíng 동 환영하다 下次 xiàcì 명 다음 번 再 zài 부 다시 来 lái 동 오다 银行 yínháng 명 은행 学校 xuéxiào 명 학교 商店 shāngdiàn 명 상점

33 ★★★ 상

男：喂，我到你说的那个红绿灯了，然后怎么走？
女：你一直向北开，会看到一个三层高的楼房，那就是我家。
男：在路右边还是左边？
女：右边，往前再开几百米，就到了。我在门口接你。

问：关于男的可以知道什么？

A 要回家
B 不认识路
C 没有时间

남: 여보세요. 나 네가 말한 그 신호등에 도착했어. 그 다음에 어떻게 가?
여: 계속 북쪽으로 운전을 하다 보면 3층짜리 건물이 하나 보일 거야. 그곳이 바로 우리 집이야.
남: 길 오른쪽이야 아니면 왼쪽이야?
여: 오른쪽. 앞쪽으로 몇 백 미터 운전하면 도착할 거야. 내가 입구로 널 마중하러 갈게.

질문: 남자에 관해서 알 수 있는 것은 무엇인가?

A 집으로 돌아가려 한다
B 길을 모른다
C 시간이 없다

해설 보기가 상태와 관련 있으므로 대화를 들으며 남녀가 어떤 상태인지 확인한다. 남자는 여자와 전화 통화를 하며 怎么走？(어떻게 가?)라고 했고 여자는 길을 가르쳐 주고 있다. 여자의 마지막 대화에서 我在门口接你(내가 입구로 널 마중하러 갈게)라고 했으므로 남자가 길을 모른다는 것을 알 수 있다. 따라서 남자에 관해 알 수 있는 것은 B이다.

어휘 红绿灯 hónglǜdēng 명 신호등 怎么 zěnme 대 어떻게 走 zǒu 동 가다 一直 yìzhí 부 줄곧, 계속 向 xiàng 개 ~를 향해서 北 běi 명 북쪽 开 kāi 동 운전하다 左边 zuǒbian 명 왼쪽 往 wǎng 개 ~을 향해서 前 qián 명 앞 门口 ménkǒu 명 입구 接 jiē 동 맞이하다, 마중하다 回家 huíjiā 동 집으로 돌아가다 认识 rènshi 동 알다 路 lù 명 길

34 ★☆☆ 하

女：怎么吃这么少？你不是最爱吃这个菜吗？
男：妈，我牙疼。
女：是不是最近甜的吃多了？中午我带你去医院看看。
男：好。

问：男的怎么了？

A 牙疼
B 眼睛红了
C 忘刷牙了

여: 왜 이렇게 조금 먹어? 너 이 요리 좋아하지 않아?
남: 엄마, 저 이가 아파요.
여: 요즘 단 것을 너무 많이 먹어서 그런 거 아니야? 점심에 너를 데리고 병원에 가 봐야겠다.
남: 네.

질문: 남자는 왜 그런가?

A 이가 아프다
B 눈이 빨개졌다
C 이 닦는 것을 잊었다

해설 보기가 모두 몸 상태를 나타내므로 녹음에서 이와 관련된 표현을 중점적으로 듣는다. 여자는 남자에게 왜 이렇게 조금 먹느냐고 물었고 이에 남자가 我牙疼(저 이가 아파요)이라고 했으므로 녹음에 언급된 보기 A에 메모한다. 질문에서 남자의 상태를 물었으므로 정답은 A이다.

어휘 少 shǎo 형 적다 菜 cài 명 요리 最近 zuìjìn 명 요즘, 최근 甜 tián 형 달다 带 dài 동 데리다 医院 yīyuàn 명 병원 牙 yá 명 이, 치아 疼 téng 형 아프다 眼睛 yǎnjing 명 눈 红 hóng 형 붉다 忘 wàng 동 잊다 刷牙 shuāyá 동 양치하다

35 ★★★ 상

男：现在几点了？ 女：差五分钟就十点了。 男：那快点儿，老师要求大家十一点一刻必须到。 女：还有一个小时呢，不用担心。 问：老师要求大家几点到？	남: 지금 몇 시야? 여: 9시 55분. 남: 그럼 서둘러. 선생님은 모두가 11시 15분에 꼭 도착하라고 하셨어. 여: 아직 한 시간이나 더 남았어. 걱정 마. 질문: 선생님은 모두가 몇 시에 도착하길 원하는가?
A 9 : 55　　B 10 : 05　　**C 11 : 15**	A 9:55　　B 10:05　　**C 11:15**

해설 보기가 모두 시간이므로 녹음에서 들리는 시간을 꼼꼼히 메모하며 듣는다. 녹음에서는 두 가지 시간이 언급됐는데, 현재 시간을 물었을 때 差五分钟就十点了(10시 5분 전 = 9시 55분)라고 했고, 선생님이 도착하라고 한 시간으로 十一点一刻(11시 15분)가 언급되었다. 질문에서는 선생님이 모두가 몇 시에 도착하길 원하는지 물었으므로 정답은 C이다.

어휘 现在 xiànzài 명 지금, 현재　几 jǐ 대 몇　点 diǎn 양 시　差 chà 형 모자라다, 부족하다　分钟 fēnzhōng 양 분　要求 yāoqiú 동 요구하다　刻 kè 수 15분　必须 bìxū 부 반드시　到 dào 동 도착하다

36 ★★☆ 중

女：买两杯咖啡，怎么去了这么久？ 男：在楼下遇到邻居老王了，跟他聊了一会儿。 女：听说他的女儿要出国留学了。 男：是，今年秋天就走。 问：男的为什么这么久才回来？	여: 커피 두 잔 사러 갔는데 왜 이렇게 오래 걸렸어? 남: 아래층에서 이웃집 왕 씨를 만나서 그와 잠깐 이야기를 나눴어. 여: 그의 딸이 해외로 유학을 갈 거라고 들었어. 남: 맞아. 올해 가을에 간대. 질문: 남자는 왜 이렇게 늦게 돌아왔는가?
A 没找到地方 B 没带钱 **C 和邻居聊天儿了**	A 장소를 찾지 못했다 B 돈을 챙기지 않았다 **C 이웃과 이야기를 했다**

해설 보기가 행동을 나타내므로 녹음에 어떤 행동이 언급되는지 주의해서 듣는다. 여자가 남자에게 왜 오래 걸렸는지 물었고 이에 남자가 在楼下遇到邻居老王了，跟他聊了一会儿(아래층에서 이웃집 왕씨를 만나서 그와 잠깐 이야기를 나눴어)이라고 했으므로 녹음에 언급된 보기 C에 '남자'라고 메모한다. 질문에서 남자가 왜 늦게 돌아왔는지 물었으므로 정답은 C이다.

어휘 杯 bēi 양 잔　久 jiǔ 형 오래다　遇到 yùdào 동 마주치다　跟 gēn 개 ~와/과　留学 liúxué 동 유학하다　秋天 qiūtiān 명 가을　找 zhǎo 명 찾다, 구하다　地方 dìfang 명 곳, 장소　钱 qián 명 돈　和 hé 개 ~와/과　邻居 línjū 명 이웃　聊天儿 liáotiānr 동 이야기하다

37 ★☆☆ 하

男：喂，你还没起床？ 女：对，今天不用上班，所以就想多睡一会儿。 男：你不是说今天一起去看电影吗？ 女：啊，对不起，我忘了。我现在就起床洗脸。	남: 여보세요. 너 아직 안 일어났어? 여: 응. 오늘 출근할 필요가 없어서 더 자고 싶어. 남: 너 오늘 같이 영화 보러 가자고 말하지 않았어? 여: 아, 미안해. 잊었어. 나 지금 바로 일어나서 세수할게.

问：关于女的可以知道什么？	질문: 여자에 관해서 알 수 있는 것은 무엇인가?
A 还在睡觉 B 关心别人 C 不想锻炼了	**A 아직 잠을 자고 있다** B 다른 사람에게 관심을 가지다 C 운동을 하고 싶지 않다

해설 보기가 상태를 나타내므로 녹음에서 남자와 여자의 상태를 파악한다. 남자가 여자에게 전화로 你还没起床？(아직 안 일어났어?)이라고 물었고 여자가 对(그렇다)라고 대답했으므로 보기 A에 '여자'라고 메모한다. 질문에서 여자에 관해 알 수 있는 내용을 물었으므로 정답은 A이다.

어휘 起床 qǐchuáng 동 기상하다 所以 suǒyǐ 접 그래서 电影 diànyǐng 명 영화 忘 wàng 동 잊다 洗脸 xǐliǎn 동 세수하다 还 hái 부 여전히, 아직도 在 zài 부 ~하고 있다 睡觉 shuìjiào 동 잠자다 关心 guānxīn 동 관심을 가지다 别人 biérén 명 다른 사람 锻炼 duànliàn 동 단련하다

38 ★★☆ 중

女：先生，你看这条裤子怎么样？ 男：还不错，除了黑色，还有别的颜色的吗？ 女：还有蓝色和白色的，拿一条你试试。 男：好，你帮我拿条白色的。 问：男的想试哪种颜色的裤子？	여: 당신이 보기에 이 바지는 어떤가요? 남: 괜찮네요. 검은색 말고 또 다른 색이 있나요? 여: 남색과 흰색이 있어요. 한 벌 가져다 드릴 테니 입어 보세요. 남: 좋아요. 흰색을 가져다 주세요. 질문: 남자는 어느 색의 바지를 입어 보고 싶어 하는가?
A 绿色　**B 白色**　C 蓝色	A 초록색　**B 흰색**　C 남색

해설 보기가 모두 색깔이므로 녹음에서 어떤 색이 들리는지 집중한다. 남자가 검은색 외에 어떤 색이 있는지 묻는 말에 여자가 남색과 흰색을 언급했고 마지막으로 남자가 你帮我拿条白色的(흰색을 가져다 주세요)라고 했으므로 보기 B에 '남자'라고 메모한다. 질문에서 남자가 어느 색의 바지를 입어보고 싶어 하는지 물었으므로 정답은 B이다.

어휘 裤子 kùzi 명 바지 不错 búcuò 형 괜찮다, 좋다 除了 chú le 접 ~을 제외하고 黑色 hēisè 명 검은색 颜色 yánsè 명 색깔 拿 ná 동 가지다 试 shì 동 시도해보다 哪 nǎ 대 어느 绿色 lǜsè 명 초록색 白色 báisè 명 흰색 蓝色 lánsè 명 남색

39 ★☆☆ 하

男：菜单给你，看看想吃什么。 女：我都可以，你点吧。 男：听说这家饭馆的羊肉非常有名，点这个吧。 女：好。 问：那家饭馆什么很有名？	남: 메뉴판을 너에게 줄게. 무엇을 먹고 싶은지 봐 봐. 여: 나는 다 괜찮아. 너가 주문해. 남: 이 식당의 양고기가 유명하다고 들었어. 이거 시키자. 여: 좋아. 질문: 그 식당은 무엇이 유명한가?
A 鱼　**B 羊肉**　C 鸡肉	A 생선　**B 양고기**　C 닭고기

해설 보기가 모두 음식에 관련된 명사이므로 녹음에서 어떤 음식이 들리는지 확인한다. 남자의 두 번째 대화에서 听说这家饭馆的羊肉非常有名(이 식당의 양고기가 유명하다고 들었어)이라고 했으므로 보기 B에 '유명'이라고 메모한다. 질문에서 그 식당이 무엇이 유명한지 물었으므로 정답은 B이다.

어휘 菜单 càidān 명 메뉴 给 gěi 동 주다 都 dōu 부 모두 点 diǎn 동 주문하다 饭馆(儿) fànguǎn(r) 명 식당 羊肉 yángròu 명 양고기 有名 yǒumíng 형 유명하다 鱼 yú 명 생선 鸡肉 jīròu 명 닭고기

40 ★★☆ 하

女：我星期六要搬家，能来帮个忙吗？ 男：当然可以，你要搬到那儿住？ 女：学校附近。 男：那你上下班就方便多了。 问：女的想让男的做什么？	여: 나 토요일에 이사하는데 와서 도와줄 수 있어? 남: 당연히 가능하지. 너 어디로 이사 가? 여: 학교 근처. 남: 그럼 너 출퇴근이 편해지겠다. 질문: 여자는 남자가 무엇을 하길 바라는가?
A 去学校　　B 上班　　**C 帮搬家**	A 학교에 가다　　B 출근하다　　**C 이사를 돕다**

해설 보기가 모두 행동을 나타내므로 녹음에서 남녀의 행동을 집중해서 듣는다. 여자가 남자에게 我星期六要搬家，能来帮个忙吗？(나 토요일에 이사하는데 와서 도와줄 수 있어?)라고 했으므로 보기 C에 '여자'라고 메모한다. 질문에서 여자가 남자에게 바라는 것을 물었으므로 정답은 C이다.

어휘 搬家 bānjiā 동 이사하다　帮忙 bāngmáng 동 돕다　当然 dāngrán 부 당연히　可以 kěyǐ 형 좋다, 괜찮다　住 zhù 동 살다, 머무르다　学校 xuéxiào 명 학교　附近 fùjìn 명 근처, 부근　方便 fāngbiàn 형 편리하다　上班 shàngbān 동 출근하다　帮 bāng 동 돕다

독해 제1부분

[풀이전략] 먼저 문제 문장에서 핵심 키워드를 찾고, 보기 중에서 이와 동일한 키워드가 있거나 질문과 대답으로 연결되는 것을 정답으로 고른다.

41-45

A 快做好了，我去拿碗筷，你叫你哥哥下来吧。 B 雪越下越大了，你带伞了吗？ C 你先上去吧，我去超市买牛奶。 D 你脸上有东西，右边，对，就是那儿。 E 当然。我们先坐公共汽车，然后换地铁。 F 昨天的作业我有几个题不明白，你给我讲讲。	A 다 됐어. 내가 그릇하고 젓가락을 가지러 갈 테니까 너는 형한테 내려오라고 해라. B 눈이 내리면 내릴수록 많이 와. 너 우산 가져왔어? C 너 먼저 올라 가. 나는 우유 사러 마트에 갈게. D 너 얼굴에 뭐 있어. 오른쪽. 맞아. 거기야. E 당연하지요. 우리는 먼저 버스를 타고 그 다음에 지하철로 갈아타면 돼요. F 어제 숙제에서 나는 몇 문제를 잘 모르겠어. 나에게 알려 줘.

41 ★☆☆ 하

我跟你一起去，家里没鸡蛋了。	나 너랑 같이 갈래. 집에 달걀이 없어.
(C 你先上去吧，我去超市买牛奶。)	(C 너 먼저 올라 가. 나는 우유를 사러 마트에 갈게.)

해설 문제에 我跟你一起去(나 너랑 같이 갈래)라고 하여 동사 去(가다)가 사용되었고 보기 C에 我去超市买牛奶(나는 우유를 사러 마트에 갈게)라고 하여 동일한 키워드가 등장했으므로 내용이 연결됨을 알 수 있다.

어휘 跟 gēn 개 ~와/과　一起 yìqǐ 부 같이, 함께　去 qù 동 가다　鸡蛋 jīdàn 명 달걀　先 xiān 부 먼저　上去 shàngqù 동 올라가다　超市 chāoshì 명 마트　买 mǎi 동 사다　牛奶 niúnǎi 명 우유

42 ★★☆ 하

奶奶，还有多久才能吃饭？	할머니, 얼마나 더 있어야 밥 먹을 수 있어요?
(A 快做好了，我去拿碗筷，你叫你哥哥下来吧。)	(A 금방 다 된다. 내가 그릇하고 젓가락을 가지러 갈 테니까 너는 형한테 내려오라고 해라.)

해설 문제에서 还有多久才能吃饭？(얼마나 더 있어야 밥 먹을 수 있어요?)이라고 하여 얼마나 더 있어야 하는지 물었으므로 보기 A의 快做好了(금방 다 된다)와 내용이 연결됨을 알 수 있다. 또한 문제의 키워드 吃饭(밥을 먹다)은 보기 A의 碗筷(그릇과 젓가락)와 연결되는 의미이다.

어휘 奶奶 nǎinai 명 할머니 多 duō 형 얼마나 久 jiǔ 형 오래다 才 cái 부 비로소 能 néng 조동 ~할 수 있다 吃 chī 동 먹다 饭 fàn 명 밥 拿 ná 동 가지다 碗筷 wǎnkuài 명 그릇과 젓가락 叫 jiào 동 부르다

43 ★☆☆ 중

现在呢？干净了吗？	지금은? 깨끗해졌어?
(D 你脸上有东西，右边，对，就是那儿。)	(D 너 얼굴에 뭐 있어. 오른쪽. 맞아. 거기야.)

해설 문제에서 干净了吗？(깨끗해졌어?)라고 물었으므로 대답은 깨끗하다 또는 아직 지저분하다라는 내용이 이어져야 한다. 보기 D에서 你脸上有东西(너 얼굴에 뭐 있어)라고 했으므로 두 문장이 서로 연결됨을 알 수 있다.

어휘 现在 xiànzài 명 지금, 현재 干净 gānjìng 형 깨끗하다 脸 liǎn 명 얼굴 有 yǒu 동 있다 东西 dōngxi 명 물건

44 ★☆☆ 하

是没做的这些题吗？我看看。	못 푼 게 이 문제들이야? 내가 볼게.
(F 昨天的作业我有几个题不明白，你给我讲讲。)	(F 어제 숙제에서 나는 몇 문제를 잘 모르겠어. 나에게 알려 줘.)

해설 문제에서 是没做的这些题吗？(못 푼 게 이 문제들이야?)라고 물었으므로 이에 관한 대답이 이어져야 한다. 동일한 키워드 题(문제)가 보기 F에 我有几个题不明白(나는 몇 문제를 잘 모르겠어)라고 언급됐으므로 두 문장이 서로 연결됨을 알 수 있다.

어휘 做 zuò 동 하다 题 tí 명 문제 作业 zuòyè 명 문제 明白 míngbai 동 알다, 이해하다 给 gěi 개 ~에게 讲 jiǎng 동 말하다, 강의하다

45 ★★☆ 중

没有，我早上上班的时候还没下呢。	아니. 나 아침에 출근할 때는 내리지 않았어.
(B 雪越下越大了，你带伞了吗？)	(B 눈이 내리면 내릴수록 많이 와. 너 우산 가져왔어?)

해설 문제 문장이 没有(아니)라고 시작하므로 질문에 대한 대답임을 알 수 있다. 보기 B가 你带伞了吗？(너 우산 가져왔어?)로 끝나고 문제의 키워드인 下(내리다)가 보기 B에도 있으므로 두 문장의 의미가 서로 연결된다.

어휘 早上 zǎoshang 명 아침 上班 shàngbān 동 출근하다 的时候 de shíhou ~할 때 雪 xuě 명 눈 下 xià 동 내리다 越A越B yuè A yuè B A하면 할수록 B하다 带 dài 동 지니다, 휴대하다 伞 sǎn 명 우산

46-50

A 这是我刚才去商店给姐姐买的生日礼物。 B 妈妈，还想听一遍昨天你给讲的那个故事吗？ C 大家站得近一点儿，个子矮的同学站前面。 D 除了每天上班加班，她还要照顾孩子。 E 冰箱里只有羊肉和鸡蛋，没有喝的东西了。	A 이것은 방금 내가 상점에 가서 언니에게 주려고 산 생일 선물이야. B 엄마, 어제 들려준 그 이야기를 또 듣고 싶어요. C 모두들 좀 가까이 서세요. 키가 작은 학우들은 앞에 서세요. D 매일 출근, 야근하는 거 외에도 그녀는 또 아이를 돌봐야 한다. E 냉장고에 양고기와 달걀밖에 없어. 마실 건 없어.

46 ★★☆ 중

准备好了吗？笑一笑，一、二、三。	준비됐나요? 웃어요. 하나, 둘, 셋.
(C 大家站得近一点儿，个子矮的同学站前面。)	(C 모두들 좀 가까이 서세요. 키가 작은 학우들은 앞에 서세요.)

해설 문제에서 笑一笑，一、二、三(웃어요. 하나, 둘, 셋)이라고 했으므로 사진을 찍는 상황임을 알 수 있다. 보기 중 사진 찍을 때 쓸 수 있는 표현인 大家站得近一点儿(모두들 좀 가까이 서세요)이 있는 C가 정답이다.

어휘 准备 zhǔnbèi 동 준비하다 笑 xiào 동 웃다 站 zhàn 동 서다 近 jìn 형 가깝다 个子 gèzi 명 키 矮 ǎi 형 작다, 낮다

47 ★★☆ 하

好，但听完了就要睡觉。	좋아. 하지만 다 들으면 바로 자야 해.
(B 妈妈，还想听一遍昨天你给讲的那个故事。)	(B 엄마, 어제 들려준 그 이야기를 또 듣고 싶어요.)

해설 문제의 키워드 听(듣다)이 보기 B에도 등장했다. 의미상 다 들으면 자야 한다는 것과 어울리는 문장은 아이가 엄마에게 이야기를 또 듣고 싶다고 말하는 것임을 알 수 있다. 따라서 정답은 B이다.

어휘 但 dàn 접 그러나, 하지만 听 tīng 동 듣다 完 wán 동 다하다 要 yào 조동 ~해야 한다 睡觉 shuìjiào 동 잠자다 想 xiǎng 조동 ~하고 싶다 遍 biàn 양 번 讲 jiǎng 동 말하다 故事 gùshi 명 이야기

48 ★★☆ 중

金老师每天都很忙。	김 선생님은 매일 바쁘다.
(D 除了每天上班加班，她还要照顾孩子。)	(D 매일 출근하고 야근하는 거 외에도 그녀는 또 아이를 돌봐야 한다.)

해설 문제에 每天都很忙(매일 바쁘다)이 있고, 보기 D에 每天上班加班(매일 출근하고 야근하다), 还要照顾孩子(또 아이를 돌봐야 한다)라는 바쁜 일들을 나열했으므로 의미가 연결된다. 따라서 D가 정답이다. 또한 문제와 보기에 시간 명사 每天(매일)이 동일하게 등장했으므로 연결되는 문장임을 알 수 있다.

어휘 每天 měitiān 명 매일 都 dōu 부 모두 忙 máng 형 바쁘다 除了 chú le 접 ~를 제외하고 还 hái 부 또, 더 要 yào 조동 ~해야 한다 照顾 zhàogu 동 돌보다 孩子 háizi 명 아이

49 ★☆☆ 중

看上去很不错，她一定会喜欢的。

(A 这是我刚才去商店给姐姐买的生日礼物。)

괜찮아 보인다. 그녀가 반드시 좋아할 거야.

(A 이것은 방금 내가 상점에 가서 언니에게 주려고 산 생일 선물이야.)

해설 문제에서 很不错(아주 괜찮다), 她一定会喜欢的(그녀가 반드시 좋아할 거야)라고 했으므로 她(그녀)에 해당하는 대상을 보기에서 찾는다. 보기 A에 姐姐(언니), B에 妈妈(엄마)가 있다. 하지만 B는 이미 47번 정답으로 쓰였고 문장이 어울리지 않으므로 제외시킨다. 보기 A에서 给姐姐买的生日礼物(언니에게 주려고 산 생일 선물)라고 했으므로 '생일 선물'과 '좋아할 것'이 의미가 연결됨을 알 수 있다. 따라서 정답은 A이다.

어휘 不错 búcuò 형 좋다, 괜찮다 一定 yídìng 부 반드시 会……的 huì……de ~할 것이다 刚才 gāngcái 명 방금 商店 shāngdiàn 명 상점 给 gěi 개 ~에게 姐姐 jiějie 명 언니 生日 shēngrì 명 생일 礼物 lǐwù 명 선물

50 ★☆☆ 하

那我们晚上去超市买点儿喝的吧。

(E 冰箱里只有羊肉和鸡蛋，没有喝的东西了。)

그럼 우리 저녁에 마트에 가서 마실 것을 좀 사자.

(E 냉장고에 양고기와 달걀밖에 없어. 마실 건 없어.)

해설 문제에서 买点儿喝的吧(마실 것을 좀 사자)라고 제안하였다. 문제의 키워드 喝(마시다)가 보기 E에 그대로 등장했다. 보기 E에서 没有喝的东西了(마실 건 없어)라고 했으므로 문제의 문장이 그 뒤에 이어지는 제안임을 알 수 있다. 따라서 정답은 E이다.

어휘 喝 hē 동 마시다 冰箱 bīngxiāng 명 냉장고 只 zhǐ 부 오직, 단지 和 hé 개 ~와/과

독해 제2부분

[풀이전략] 문제 문장의 빈칸 앞뒤를 보고 어떤 문장 성분이 들어가야 하는지 확인한 뒤, 보기에서 알맞은 품사와 뜻을 가진 단어를 찾아 넣는다.

51-55

A 像	B 坏	C 一直
D 好	E 声音	F 回答

A 닮다	B 상하다, 썩다	C 계속, 줄곧
D 좋다	E 목소리	F 대답하다

51 ★★☆ 중

你过来看看，黄河在图片上看起来很（ A 像 ）一个"几"字。

이리 와서 봐 봐. 황허강이 사진에서 보니 '几'자와 (A 같게) 보인다.

해설 빈칸의 구조가 [정도부사(很)+___+관형어(一个)+목적어("几"字)]이므로 빈칸은 동사 술어가 들어가야 한다. 문장이 '황하가 几자와 ~하다'라는 뜻을 나타내므로 의미상 알맞은 동사는 A 像(닮다)이다.

어휘 过来 guòlái 동 이리 오다 黄河 Huánghé 지명 황하 在 zài 개 ~에서 图片 túpiàn 명 그림 像 xiàng 동 닮다

52 ★☆☆ 하

我相信在她的帮助下，你的汉语水平一定会越来越（ D 好 ）的。	나는 그녀의 도움 아래 너의 중국어 실력이 점점 더 (D 좋아질) 것이라고 믿는다.

해설 빈칸의 구조가 [관형어(你的)+주어(汉语水平)+부사어(一定会越来越)+____+어기조사(的)]이므로 빈칸은 술어 자리이다. 부사 越来越(점점 더 ~하다) 뒤에는 동사 또는 형용사가 오는데, 주어 汉语水平(중국어 실력)과 어울리는 것은 D 好(좋다)이다.

어휘 相信 xiāngxìn 동 믿다 帮助 bāngzhù 동 돕다 水平 shuǐpíng 명 수준 一定 yídìng 부 반드시 会……的 huì……de ~할 것이다 越来越 yuèláiyuè 부 점점 더 ~하다

53 ★★☆ 중

谁能（ E 回答 ）黑板上的这个问题？	누가 칠판 위의 이 문제를 (E 대답할) 수 있나요?

해설 빈칸의 구조가 [주어(谁)+부사어(能)+____+관형어(黑板上的这个)+목적어(问题)]이므로 빈칸은 동사 술어가 들어가야 한다. 목적어 问题(문제)와 의미가 어울리는 동사는 E 回答(대답하다)이다.

어휘 谁 shéi 대 누구 能 néng 조동 ~할 수 있다 回答 huídá 동 대답하다 黑板 hēibǎn 명 칠판 问题 wèntí 명 문제

54 ★★☆ 상

到会议结束，大家也没想出办法，所以到现在还（ C 一直 ）在想办法。	회의가 끝날 때까지 모두가 방법을 생각해내지 못했다. 그래서 지금까지 여전히 (C 계속) 방법을 생각하고 있는 중이다.

해설 빈칸의 구조가 [부사어(到现在还)+____+부사어(在)+술어(想)+목적어(办法)]이므로 빈칸에는 부사어가 들어가야 한다. 문장이 '지금까지 아직 ~하게 생각하고 있는 중이다'를 나타내고 빈칸 앞에 还(여전히)가 있으므로 어울리는 단어는 C 一直(계속)이다.

어휘 到 dào 개 ~까지 会议 huìyì 명 회의 结束 jiéshù 동 끝나다 想 xiǎng 동 생각하다 办法 bànfǎ 명 방법 所以 suǒyǐ 접 그래서 还 hái 부 여전히, 아직도 一直 yìzhí 부 계속, 줄곧 在 zài 부 ~하고 있다

55 ★☆☆ 하

你是不是忘记把牛奶放冰箱里了？两包都（ B 坏 ）了。	우유를 냉장고에 넣는 거 잊었어? 두 개 모두 (B 상했어).

해설 빈칸의 구조가 [주어(两包)+부사어(都)+____+동태조사(了)]이므로 빈칸은 술어가 들어가야 한다. 빈칸의 앞문장에서 '우유를 냉장고에 넣는 거 잊었어?'라고 했으므로 빈칸에 어울리는 술어는 B 坏(상하다)임을 알 수 있다.

어휘 忘记 wàngjì 동 잊다 牛奶 niúnǎi 명 우유 放 fàng 동 넣다 冰箱 bīngxiāng 명 냉장고 包 bāo 양 포 都 dōu 부 모두 坏 huài 동 상하다, 썩다

56-60

A 打算	B 双	C 应该	A ~할 계획이다	B 쌍, 켤레	C 마땅히 ~해야 한다
D 爱好	E 皮鞋	F 记得	D 취미	E 구두	F 기억하다

56 ★★☆ 하

A：服务员，我们这儿还需要一（ B 双 ）筷子。 B：对不起，我马上给您拿。	A: 저기요, 우리 여기 젓가락 한 (B 쌍)이 더 필요해요. B: 죄송합니다. 바로 가져다 드릴게요.

해설 빈칸의 구조가 [수사(一)+____+명사(筷子)]이므로 빈칸은 양사가 들어가야 한다. 명사 筷子(젓가락)와 어울리는 양사는 B 双(쌍)이다.

어휘 服务员 fúwùyuán 명 종업원 还 hái 부 더 需要 xūyào 동 필요하다 双 shuāng 양 쌍, 켤레 筷子 kuàizi 명 젓가락 马上 mǎshàng 부 곧, 즉시 给 gěi 개 ~에게 拿 ná 동 가지다

57 ★☆☆ 중

A：今天就到这儿，回家后（ E 记得 ）要再复习一遍。 B：好的。老师再见。	A: 오늘은 여기까지 할게요. 집에 가서 복습 한 번 해야 하는 거 (E 기억하세요). B: 알겠습니다. 선생님, 안녕히 계세요.

해설 빈칸의 구조가 [부사어(回家后)+____+목적어(要再复习一遍)]이므로 빈칸은 동사 술어가 들어가야 한다. 빈칸의 위치만 봐서는 주어가 들어갈 것 같지만 보기 중 주어로 쓰일 만한 단어가 없으므로 빈칸 뒤를 목적어로 가지는 동사를 넣는다. 의미상 알맞은 것은 E 记得(기억하다)이다.

어휘 记得 jìde 동 기억하다 要 yào 조동 ~해야 한다 再 zài 부 다시 复习 fùxí 동 복습하다 遍 biàn 양 번

58 ★★☆ 중

A：那家公司打电话让我去面试，你说我去不去？ B：我觉得这个机会很不错，你（ C 应该 ）试试。	A: 그 회사에서 면접을 보라고 전화가 왔는데 나 갈까? B: 나는 이 기회가 괜찮다고 생각해. 넌 해 봐(C 야 해).

해설 빈칸의 구조가 [주어(你)+____+술어(试试)]이므로 빈칸은 동사를 꾸며주는 부사어가 들어가야 한다. 조동사로서 동사를 꾸며주는 C 应该(마땅히 ~해야 한다)를 넣는다.

어휘 公司 gōngsī 명 회사 打电话 dǎ diànhuà 동 전화를 걸다 让 ràng 동 ~하게 하다 面试 miànshì 명 면접 觉得 juéde 동 ~라고 생각하다 机会 jīhuì 명 기회 应该 yīnggāi 조동 마땅히 ~해야 한다 试 shì 동 시도해보다

59 ★★☆ 중

A：我（ A 打算 ）明天早上去北京南站买火车票。 B：为什么不在上网买呢？现在网上买票很方便。	A: 나는 내일 오전에 북경 남역에 가서 기차표를 살 (A 계획이야). B: 왜 인터넷으로 안 사? 인터넷으로 표를 사는 건 편리해.

해설 빈칸의 구조가 [주어(我)+____+부사어(明天早上)+술어(去)+목적어(北京南站)+술어(买)+목적어(火车票)]이며 '나는 내일 오전에 북경 남역에 가서 기차표를 사러 ~하다'라는 뜻을 나타낸다. 빈칸이 주어와 술목구 사이에 위치하므로 부사어를 넣어야 하는데 의미상 알맞은 것은 조동사 A 打算(~할 계획이다)이다.

어휘 打算 dǎsuàn 동 ~할 계획이다 站 zhàn 명 역 火车票 huǒchēpiào 명 기차표 为什么 wèishénme 대 왜 上网 shàngwǎng 동 인터넷하다 网上 wǎngshàng 명 인터넷 方便 fāngbiàn 형 편리하다

60 ★☆☆ 하

A：我们是去爬山，不是去喝红酒，你怎么穿（ D 皮鞋 ）呢？ B：啊，我忘记换了。	A: 우리 등산하러 가는 거야. 와인 마시러 가는 게 아닌데 왜 (D 구두)를 신었어? B: 아, 나 갈아 신는 것을 잊었어.

해설 빈칸의 구조가 [주어(你)+부사어(怎么)+술어(穿)+____+어기조사(呢)]이므로 빈칸은 목적어가 들어가야 한다. 술어 穿(입다/신다)과 어울리는 목적어는 D 皮鞋(구두)이다.

어휘 爬山 páshān 통 등산하다 喝 hē 통 마시다 红酒 hóngjiǔ 명 와인 怎么 zěnme 대 어째서 穿 chuān 통 신다, 입다 皮鞋 píxié 명 구두 忘记 wàngjì 통 잊다 换 huàn 통 바꾸다

독해 제3부분

[풀이전략] 먼저 질문과 보기를 보고 핵심 키워드를 파악한 뒤, 이 키워드를 중심으로 지문을 읽고 보기와 대조하여 알맞은 정답을 고른다.

61 ★☆☆ 중

房子很好，附近环境也还可以，但还是要等我妻子看了以后才能决定。	집도 좋고 근처 환경도 괜찮지만 제 아내가 보고 나서야 결정을 할 수 있어요.
★ 说话人是什么意思？ A 他不同意 **B 现在不能决定** C 对房子不满意	★ 화자는 무슨 의미입니까? A 그가 동의하지 않는다 **B 지금 결정을 할 수 없다** C 집에 만족하지 않는다

해설 질문에서 화자가 하는 말의 뜻을 묻고 있다. 지문의 시작 부분에서는 집이 마음에 든다고 했지만 전환을 나타내는 접속사 但(그러나)의 뒷부분에 还是要等我妻子看了以后才能决定(제 아내가 보고 나서야 결정을 할 수 있어요)이라고 했으므로 지금은 결정할 수 없다는 뜻임을 알 수 있다. 따라서 정답은 B이다.

어휘 房子 fángzi 명 집 环境 huánjìng 명 환경 但 dàn 접 그러나, 하지만 要 yào 조동 ~해야 한다 等 děng 통 기다리다 妻子 qīzi 명 아내, 부인 才 cái 부 비로소 能 néng 조동 ~할 수 있다 决定 juédìng 통 결정하다 意思 yìsi 명 의미, 뜻 同意 tóngyì 통 동의하다 满意 mǎnyì 형 만족하다

62 ★☆☆ 하

我想找几个关于中国茶文化的小故事，明天要给班里的学生讲，你那儿有吗？	중국 차 문화에 대한 몇 가지 이야기를 찾고 싶은데, 내일 반 학생들에게 이야기해 주려고. 네가 사는 곳에 있어?
★ 他最可能是做什么的？ A 服务员 B 医生 **C 老师**	★ 그는 아마도 무엇을 하는 사람인가? A 종업원 B 의사 **C 선생님**

해설 질문에서 그가 무엇을 하는 사람인지 물었으므로 화자의 직업을 확인한다. 지문에서 明天要给班里的学生讲(내일 반 학생들에게 이야기해 주려고)이라고 했으므로 직업이 선생님임을 알 수 있다. 따라서 정답은 C이다.

어휘 想 xiǎng 조동 ~하고 싶다 找 zhǎo 동 찾다 关于 guānyú 개 ~에 관해 文化 wénhuà 명 문화 故事 gùshi 명 이야기 班 bān 명 반 学生 xuésheng 명 학생 讲 jiǎng 동 말하다 服务员 fúwùyuán 명 종업원 医生 yīshēng 명 의사 老师 lǎoshī 명 선생님

63 ★★☆ 상

欢迎大家来这儿旅游。虽然我们这个城市不大，但已经有几千年的历史了。上午我先带你们去一条有名的街道走走，那儿不但有很多好吃的，而且街道两边的房子也很特别，来这儿的人是一定要去看看的。

이곳에 여행을 오신 여러분 환영합니다. 비록 저희의 이 도시는 크지는 않지만, 이미 몇 천 년의 역사를 가지고 있습니다. 오전에 제가 먼저 여러분을 모시고 유명한 거리를 걸을 것입니다. 그곳은 맛있는 것도 많을 뿐만 아니라 게다가 거리 양쪽에 있는 집들도 특이해서 여기 오는 사람들은 꼭 가봐야 합니다.

★ 关于那个城市，可以知道：

A 街道很有名
B 历史不久
C 人很热情

★ 그 도시에 관해서 알 수 있는 것은?

A 거리가 유명하다
B 역사가 길지 않다
C 사람이 친절하다

해설 문제의 키워드는 那个城市(그 도시)이므로 지문에서 그 도시에 관해 어떤 내용이 등장했는지 살펴본다. 지문은 도시에 관한 소개로 去一条有名的街道走走(유명한 거리를 걷다)라고 했으므로 이 도시에 유명한 거리가 있음을 알 수 있다. 따라서 알맞은 정답은 A이다. 이 도시는 몇 천 년의 역사를 가진다고 했으므로 B는 틀린 내용이며, C는 언급되지 않았다.

어휘 欢迎 huānyíng 동 환영하다 旅游 lǚyóu 동 여행하다 虽然A, 但B suīrán A, dàn B 비록 A하지만 B하다 城市 chéngshì 명 도시 已经 yǐjīng 부 이미, 벌써 历史 lìshǐ 명 역사 带 dài 동 데리다 有名 yǒumíng 형 유명하다 街道 jiēdào 명 거리 不但A, 而且B búdàn A, érqiě B A할 뿐만 아니라 게다가 B하다 房子 fángzi 명 집 特别 tèbié 형 특별하다, 특이하다 一定 yídìng 부 반드시 久 jiǔ 형 오래다 热情 rèqíng 형 친절하다

64 ★☆☆ 중

以前我每天早上都会跑一个小时的步，我觉得这是一个好习惯，对身体很好，但后来因为工作太忙，就没时间跑了。

이전에 나는 매일 아침 한 시간씩 달리기를 했는데, 이것이 좋은 습관이라고 생각한다. 몸에 아주 좋지만 나중에는 일이 너무 바빠서 달리기를 할 시간이 없었다.

★ 他现在：

A 不累
B 身体很好
C 不跑步了

★ 그는 지금?

A 힘들지 않다
B 몸이 좋다
C 달리기를 하지 않는다

해설 질문에서 그의 현재 상태를 묻고 있다. 지문에서 이전에는 매일 한 시간씩 달리기를 했지만 전환을 나타내는 접속사 但(그러나) 뒷부분에 일이 너무 바빠서 就没时间跑了(달리기를 할 시간이 없다)라고 했으므로 보기 C가 정답임을 알 수 있다. 현재 몸 상태에 관한 내용은 없으므로 B는 정답이 될 수 없다.

어휘 以前 yǐqián 명 이전 每天 měitiān 명 매일 跑 pǎo 동 달리다 觉得 juéde 동 ~라고 생각하다 习惯 xíguàn 명 습관 对 duì 개 ~에게, ~에 대하여 身体 shēntǐ 명 몸, 신체 因为 yīnwèi 접 왜냐하면 忙 máng 형 바쁘다 时间 shíjiān 명 시간

65 ★☆☆ 하

很多人会根据自己的兴趣来选择工作，他们觉得选择自己喜欢的工作，更容易做出成绩。	많은 사람들은 자신의 흥미에 따라 직업을 선택할 것이고, 그들은 자신이 좋아하는 일을 고르는 것이 더 쉽게 성적을 낼 수 있다고 생각한다.
★ 根据爱好来选择工作，会： A 不喜欢工作 **B 更容易出成绩** C 找不到工作	★ 취미에 따라 직업을 선택하는 것은? A 일을 좋아하지 않는다 **B 성적을 쉽게 낼 수 있다** C 일자리를 찾을 수 없다

해설 질문에서 취미에 따라 직업을 선택하는 것이 어떤지 묻고 있다. 지문에서 문제의 키워드 뒷부분에 更容易做出成绩(더 쉽게 성적을 낼 수 있다)라고 했으므로 보기 B가 정답임을 알 수 있다.

어휘 根据 gēnjù 개 ~에 근거해서 自己 zìjǐ 대 자기, 스스로 兴趣 xìngqù 명 흥미 选择 xuǎnzé 동 선택하다 工作 gōngzuò 명 일자리, 직장 更 gèng 부 더 容易 róngyì 형 쉽다 成绩 chéngjì 명 성적

66 ★☆☆ 하

这几个月，他的汉语水平提高了很多，对中国的了解也越来越多，这跟他经常看中文新闻和电影有很大的关系。	이 몇 달 동안 그의 중국어 실력이 많이 향상되었고 중국에 대한 이해도 점점 더 많아졌다. 이것은 그가 중국어 뉴스와 영화를 자주 보는 것과 큰 관계가 있다.
★ 关于他，可以知道： A 不会说汉语 B 爱看体育新闻 **C 中文水平提高了**	★ 그에 관해서 알 수 있는 것은? A 중국어를 할 줄 모른다 B 체육 뉴스를 즐겨본다 **C 중국어 실력이 향상되었다**

해설 질문에서 그에 관한 옳은 내용을 묻고 있다. 지문의 첫 문장에서 他的汉语水平提高了很多(그의 중국어 실력이 많이 향상되었다)라고 했으므로 C가 정답임을 알 수 있다.

어휘 汉语 Hànyǔ 명 중국어 水平 shuǐpíng 명 수준 提高 tígāo 동 향상하다 了解 liǎojiě 동 알다, 이해하다 越来越 yuèláiyuè 부 점점 더 ~하다 经常 jīngcháng 부 종종, 자주 中文 Zhōngwén 명 중국어 新闻 xīnwén 명 뉴스 和 hé 개~ 와/과 关系 guanxi 명 관계 体育 tǐyù 명 체육

67 ★★☆ 중

邻居张奶奶是小学校长。她每天都第一个到学校，最后一个离开。她常说，如果工作是你自己感兴趣的，再累也是幸福的。	이웃인 장 할머니는 초등학교 교장이다. 그녀는 매일 첫 번째로 학교에 도착하고 마지막에 떠난다. 그녀는 만약 일이 자신이 흥미를 느끼는 것이라면 아무리 피곤해도 행복하다고 자주 말한다.
★ 张奶奶： A 不帮助学生 B 对老师们很热情 **C 喜欢自己的工作**	★ 장 할머니는? A 학생을 돕지 않는다 B 선생님에게 친절하다 **C 자신의 일을 좋아한다**

해설 질문이 장 할머니에 관한 내용이므로 지문에서 찾아보면 장 할머니가 자주 하시는 말씀을 소개하며 如果工作是你自己感兴趣的，再累也是幸福的(만약 일이 자신이 흥미를 느끼는 것이라면 아무리 피곤해도 행복하다)라고 했고, 또 학교에 가장 먼저 가고 나중에 떠난다는 내용을 통해 그녀는 자신의 일을 좋아한다는 것을 알 수 있다. 따라서 정답은 C이다.

어휘 邻居 línjū 명 이웃　小学 xiǎoxué 명 초등학교　校长 xiàozhǎng 명 교장　到 dào 동 도착하다　学校 xuéxiào 명 학교　离开 líkāi 동 떠나다　如果 rúguǒ 접 만약　感 gǎn 동 느끼다　兴趣 xìngqù 명 흥미　幸福 xìngfú 형 행복하다　帮助 bāngzhù 동 돕다

68 ★☆☆ 하

这个冰箱用了7年了，几乎没出过什么问题。但儿子担心它声音太大，晚上会影响家人休息，所以一定要给我们换个新的。

이 냉장고는 7년째 사용하고 있는데 거의 문제가 생긴 적은 없다. 그러나 아들은 소리가 너무 커서 저녁에 가족이 쉬는데 영향을 미칠까 걱정을 해서 우리에게 새것으로 바꿔 주려고 한다.

★ 根据这段话，儿子：

★ 이 글에 따르면 아들은?

A 生气了
B 要换个冰箱
C 不同意换冰箱

A 화가 났다
B 새 냉장고로 바꾸려 한다
C 냉장고 바꾸는 것을 동의하지 않는다

해설 질문에서 아들에 관한 옳은 내용을 묻고 있다. 지문에서 오랫동안 사용한 냉장고의 소리가 커서 儿子……一定要给我们换个新的(아들이 우리에게 새것으로 바꿔 주려고 한다)라고 했으므로 정답이 B임을 알 수 있다.

어휘 冰箱 bīngxiāng 명 냉장고　用 yòng 동 사용하다　几乎 jīhū 부 거의　儿子 érzi 명 아들　担心 dānxīn 동 걱정하다　声音 shēngyīn 명 소리　影响 yǐngxiǎng 동 영향을 주다　换 huàn 동 바꾸다　新 xīn 형 새롭다　生气 shēngqì 동 화내다

69 ★★☆ 하

这个地方的苹果特别有名，每年秋季有一个苹果节，很多人都会来参加，有些还是从国外来的朋友。

이곳은 사과가 특히 유명해서 매년 가을 사과 축제가 있다. 많은 사람들이 참가하고 일부는 외국에서 온 친구이기도 하다.

★ 那个地方：

★ 그곳은?

A 苹果很有名
B 啤酒好喝
C 人们不习惯喝茶

A 사과가 유명하다
B 맥주가 맛있다
C 사람들이 차 마시는 것에 익숙하지 않다

해설 질문에서 그곳에 관한 옳은 내용을 묻고 있다. 지문의 첫 문장에서 这个地方的苹果特别有名(이곳은 사과가 특히 유명하다)이라고 했으므로 일치하는 내용인 A가 정답이다.

어휘 地方 dìfang 명 곳, 장소　苹果 píngguǒ 명 사과　秋季 qiūjì 명 가을　参加 cānjiā 동 참가하다　从 cóng 개 ~에서부터　国外 guówài 명 해외　啤酒 píjiǔ 명 맥주

70 ★★☆ 중

去国外留学对很多年轻人来说是一种锻炼。因为一个人在国外，不但要学会照顾自己，而且还要学着去解决自己以前没遇到过的问题。

해외 유학은 많은 젊은이들에게 있어서 하나의 훈련이다. 한 사람이 외국에 있으면 자신을 돌볼 줄 알아야 할 뿐만 아니라 이전에는 보지 못했던 문제를 해결하는 것도 배워야 하기 때문이다.

★ 根据这段话可以知道，出国留学：	★ 이 글에 따르면 해외 유학은?
A 比较难	A 비교적 어렵다
B 能锻炼自己	**B 자신을 단련할 수 있다**
C 需要别人帮忙	C 다른 사람의 도움이 필요하다

해설 질문에서 해외 유학이 어떤지 묻고 있다. 지문이 긴 경우 보기의 단어가 지문에 언급되는지 찾는 방법을 사용하면 비교적 빠르게 문제를 풀 수 있다. 보기 A의 难(어렵다)은 지문에 언급되지 않았고, 지문의 첫 문장에서 去国外留学(해외 유학)는 是一种锻炼(하나의 훈련)이라고 했으므로 보기 B가 정답임을 알 수 있다.

어휘 留学 liúxué 동 유학하다 锻炼 duànliàn 동 단련하다 学 xué 동 배우다 照顾 zhàogu 동 돌보다 自己 zìjǐ 대 자기, 스스로 解决 jiějué 동 해결하다 遇到 yùdào 동 마주치다 问题 wèntí 명 문제 难 nán 형 어렵다 需要 xūyào 동 필요하다 别人 biérén 명 다른 사람 帮忙 bāngmáng 동 돕다

쓰기 제1부분

[풀이전략] 어순 배열 문제는 가장 먼저 술어를 찾아야 한다. 그리고 술어와 어울리는 주어와 목적어를 배치한 뒤 관형어, 부사어와 같은 수식 성분을 배치하도록 한다.

71 ★★☆ 중

两万　这次旅游　花了　块

관형어	주어	술어	관형어	목적어
这次 지시대사+양사	旅游 명사	花了 동사+了	两万块 수사+양사	(생략)。

이번 여행에 2만 위안을 썼다.

해설 **술어 배치** 동태조사 了가 결합되어 있는 花(쓰다)를 술어에 배치한다.
주어 목적어 배치 술어 花는 돈이나 시간을 '쓰다, 소비하다'라는 뜻을 나타내므로 목적어에 수사 两万(2만)과 양사 块(위안)를 결합시켜 两万块(2만 위안)를 배치하고, 주어에 这次旅游(이번 여행)를 배치한다.
남은 어휘 배치 '지시대사+양사'인 这次(이번)는 관형어로 이미 주어 旅游 앞에 결합되어 있으므로 这次旅游花了两万块로 문장을 완성한다.

어휘 次 cì 양 번 旅游 lǚyóu 동 여행하다 花 huā 동 쓰다, 소비하다 万 wàn 수 만 块 kuài 양 위안(중국 화폐 단위)

72 ★☆☆ 하

他妻子　历史　在大学教

주어	부사어	술어	목적어
他妻子 인칭대사+명사	在大学 개사구(개사+명사)	教 동사	历史。 명사

그의 아내는 대학교에서 역사를 가르친다.

해설 **술어 배치** '개사구+동사'인 在大学教에서 동사 教(가르치다)를 술어에 배치한다.
주어 목적어 배치 술어 教의 대상으로 历史(역사)를 목적어에 배치하고, 가르치는 주체로 他妻子(그의 아내)를 주어에 배치한다.
남은 어휘 배치 개사구 在大学(대학에서)는 이미 술어 앞에 결합되어 있으므로 他妻子在大学教历史로 문장을 완성한다.

어휘 妻子 qīzi 명 아내, 부인 在 zài 개 ~에서 大学 dàxué 명 대학교 教 jiāo 동 가르치다 历史 lìshǐ 명 역사

73 ★☆☆ 중

还没 你的脸 干净 洗

관형어	주어	부사어	술어	보어
你的 인칭대사+的	脸 명사	还没 부사+부정부사	洗 동사	干净。 형용사

너의 얼굴이 아직 깨끗하게 닦이지 않았다.

해설 **술어 배치** 제시어 중 술어가 될 수 있는 동사 洗(닦다)를 술어에 배치한다.
주어 목적어 배치 제시어 중 명사는 你的脸(너의 얼굴) 하나이므로 이것을 주어에 배치한다.
남은 어휘 배치 형용사 干净(깨끗하다)은 술어 洗 뒤에 결과보어로 배치하고, '부사+부정부사'인 还没(아직 안)는 부사어이므로 술어 앞에 배치하여 문장을 완성한다.

어휘 脸 liǎn 명 얼굴 还 hái 부 여전히, 아직도 洗 xǐ 동 씻다, 닦다 干净 gānjìng 형 깨끗하다

74 ★★★ 중

飞机 起飞 马上 就要 了

주어	부사어	술어
飞机 명사	马上就要 부사+부사+조동사	起飞了。 동사+了

비행기가 곧 이륙할 것이다.

해설 **술어 배치** 제시어에 就要와 了가 있으므로 '就要……了(곧 ~할 것이다)'의 구조임을 알 수 있다. 술어가 될 수 있는 동사 起飞(이륙하다)를 술어에 배치하여 就要起飞了를 완성한다.
주어 목적어 배치 술어 起飞의 주체로 飞机(비행기)를 주어에 배치한다.
남은 어휘 배치 남은 어휘 부사 马上(곧)은 부사어이므로 就要 앞에 배치하여 飞机马上就要起飞了로 문장을 완성한다. '马上就要……了'는 고정적으로 쓰이는 표현이므로 기억해 두도록 하자.

Tip▶ '就要……了(곧 ~할 것이다)'는 곧 동작이 발생할 것임을 나타내기 때문에 就要와 了 사이에 곧 발생할 동작을 사용한다.
예 等几天**就要**圣诞节**了**。 며칠 있으면 **곧** 크리스마스이다.

어휘 飞机 fēijī 명 비행기 马上 mǎshàng 부 즉시, 곧 就要……了 jiùyào……le ~할 것이다 起飞 qǐfēi 동 이륙하다

실전모의고사 5

75 ★★☆ 하

老人　这位　105岁　已经　了

관형어	주어	부사어	술어
这位 지시대사+양사	老人 명사	已经 부사	105岁了。 수사+양사+了

이 노인은 벌써 105살이다.

해설 **술어 배치** 제시어에 일반적으로 술어로 쓰이는 동사나 형용사가 없다. 따라서 명사술어문임을 예상하고 명사술어문은 날짜, 요일, 나이, 가격에 주로 사용하므로 105岁(105세)를 술어에 배치한다.
주어 목적어 배치 105세인 나이를 가진 사람으로 알맞은 老人(노인)을 주어에 배치한다.
남은 어휘 배치 '지시대사+양사'인 这位(이분)는 의미상 알맞은 老人 앞에 관형어로 배치하고, 부사 已经(이미)은 술어 앞에 배치하여 这位老人已经105岁了로 문장을 완성한다.

어휘 位 wèi 양 분　老人 lǎorén 명 노인　已经 yǐjīng 부 이미, 벌써　岁 suì 양 살, 세

쓰기 제2부분

[풀이전략] 빈칸 앞뒤의 단어 또는 글자와 의미가 연결되면서 상단의 병음에 해당하는 글자 또는 단어를 써 넣는다.

76 ★★☆ 하

他去机场了，刚才我（ 在 zài ）公司门口看见他了。	그는 공항에 갔어. 방금 회사 입구(에서) 그를 만났어.

해설 빈칸 뒤에 명사 公司门口(회사 입구)가 있고 그 뒤에 동사 술어가 있으므로 빈칸에는 개사 在를 넣어야 한다.

어휘 机场 jīchǎng 명 공항　刚才 gāngcái 명 방금　在 zài 개 ~에서　公司 gōngsī 명 회사　门口 ménkǒu 명 입구

77 ★★☆ 중

她的男朋友比她大（ 两 liǎng ）岁，很帅，而且很聪明。	그녀의 남자친구는 그녀보다 (두) 살이 많다. 잘생겼고 게다가 똑똑하다.

해설 빈칸 앞에는 '나이가 많다'라는 뜻으로 쓰인 大가 있고, 뒤에는 岁가 있으므로 빈칸에는 나이 차이를 나타내는 병음에 알맞은 숫자인 两을 넣어야 함을 알 수 있다.

어휘 男朋友 nánpéngyou 명 남자친구　比 bǐ 개 ~보다　大 dà 형 나이가 많다　岁 suì 양 살, 세　帅 shuài 형 잘생기다　而且 érqiě 접 게다가　聪明 cōngming 형 총명하다, 똑똑하다

78 ★☆☆ 하

菜点完了，你想（ 喝 hē ）什么？啤酒还是绿茶？	음식 주문했어. 너 무엇을 (마시고) 싶어? 맥주 아니면 녹차?

해설 빈칸 앞뒤에 조동사와 목적어가 있고, 뒷문장에 음료가 나열되므로 병음에 해당하는 한자는 喝임을 알 수 있다.

어휘 菜 cài 명 요리 点 diǎn 동 주문하다 想 xiǎng 조동 ~하고 싶다 喝 hē 동 마시다 什么 shénme 대 무슨, 무엇 啤酒 píjiǔ 명 맥주 绿茶 lǜchá 명 녹차

79 ★☆☆ 하

lěng 天气(冷)了，你多穿点儿衣服，小心感冒。	날씨가 (추워졌으니) 옷 많이 입고 감기 조심해.

해설 빈칸 앞에 주어로 天气(날씨)가 있고 뒷문장에 옷을 많이 입으라는 내용이 나오므로 병음에 해당하는 한자는 冷임을 알 수 있다.

어휘 天气 tiānqì 명 날씨 冷 lěng 형 춥다 穿 chuān 동 입다, 신다 衣服 yīfu 명 옷 小心 xiǎoxīn 동 조심하다 感冒 gǎnmào 동 감기에 걸리다

80 ★☆☆ 하

mén 银行马上就要关(门)了。	은행이 곧 (문)을 닫을 것이다.

해설 빈칸 앞에 关이 있으므로 병음에 해당하는 한자인 门을 넣는다. 关门은 '문을 닫다'라는 뜻이다.

어휘 银行 yínháng 명 은행 马上 mǎshàng 부 곧, 즉시 关 guān 동 닫다 门 mén 명 문

실전모의고사 5

MEMO

I wish you the best of luck!

AI면접은 win 시대로 www.sdedu.co.kr/winsidaero

좋은 책을 만드는 길
독자님과 함께하겠습니다.

도서에 궁금한 점, 아쉬운 점, 만족스러운 점이
있으시다면 어떤 의견이라도 말씀해 주세요.
시대고시기획은 독자님의 의견을 모아 더 좋은 책으로 보답하겠습니다.

www.sidaegosi.com

HSK 3급 고수들의 막판 7일! 실전모의고사 400제

초판1쇄 발행	2020년 04월 03일(인쇄 2020년 02월 12일)
발 행 인	박영일
책 임 편 집	이해욱
저 자	김혜연, 김보름
편 집 진 행	이지현, 신기원
표지디자인	이미애
편집디자인	양혜련, 장성복
발 행 처	(주)시대고시기획
출 판 등 록	제 10-1521호
주 소	서울시 마포구 큰우물로 75 [도화동 538 성지 B/D] 9F
전 화	1600-3600
팩 스	02-701-8823
홈 페 이 지	www.sidaegosi.com
I S B N	979-11-254-6768-7 (13720)
정 가	16,000원

※ 이 책은 저작권법의 보호를 받는 저작물이므로 동영상 제작 및 무단전재와 배포를 금합니다.
※ 잘못된 책은 구입하신 서점에서 바꾸어 드립니다.